资源型地区经济转型研究：
基于区域网络视角

赵康杰 等 ◎ 著

中国社会科学出版社

图书在版编目（CIP）数据

资源型地区经济转型研究：基于区域网络视角/赵康杰等著.
—北京：中国社会科学出版社，2024.3
ISBN 978-7-5227-3250-3

Ⅰ.①资… Ⅱ.①赵… Ⅲ.①区域经济发展—资源经济—转型经济—研究—中国 Ⅳ.①F127

中国国家版本馆 CIP 数据核字（2024）第 051764 号

出 版 人	赵剑英	
责任编辑	谢欣露	
责任校对	周晓东	
责任印制	王 超	

出 版		中国社会科学出版社
社 址		北京鼓楼西大街甲 158 号
邮 编		100720
网 址		http://www.csspw.cn
发 行 部		010-84083685
门 市 部		010-84029450
经 销		新华书店及其他书店
印 刷		北京明恒达印务有限公司
装 订		廊坊市广阳区广增装订厂
版 次		2024 年 3 月第 1 版
印 次		2024 年 3 月第 1 次印刷
开 本		710×1000 1/16
印 张		19
字 数		311 千字
定 价		98.00 元

凡购买中国社会科学出版社图书，如有质量问题请与本社营销中心联系调换
电话：010-84083683
版权所有 侵权必究

前　言

党的十九大指出,中国特色社会主义新时代主要矛盾已转化为"人民日益增长的美好生活需要和不平衡不充分的发展之间的矛盾",党的二十大进一步指出,"发展不平衡不充分问题仍然突出"。地区经济发展不平衡是主要矛盾的重要构成,体现在城乡间、城市间、省份间不平衡多个方面,也包括资源型地区与其他地区经济发展不平衡,也就是资源型地区经济发展相对落后,遭遇"资源诅咒"。资源型地区经济转型是老话题,但现有研究主要从资源型地区内部研究产业结构单一、科技创新落后、经济发展衰退等问题,很少将其转型与外部环境紧密结合起来。本书在化解新时代主要矛盾背景下,基于多维区域网络视角,以破解资源型地区经济发展缓慢难题("资源诅咒")为切入点,在分析交通基础设施对"资源诅咒"缓解效应的基础上,重点构建多维区域网络分析资源型地区的网络地位与节点特征,寻求优化区域网络改善资源型地区与其他地区的区际关系,加快资源型地区经济转型,探索中国资源型地区与其他地区经济协调发展的基本规律。

本书使用机理分析、社会网络分析、统计与计量检验等方法,基于多维区域网络视角,研究资源型地区与其他地区经济发展不平衡问题。首先,对区域网络、"资源诅咒"、资源型地区经济转型等文献进行梳理,提出现有研究的缺口及研究的切入点;其次,基于多维区域网络视角,搭建"资源诅咒"形成与资源型地区经济转型的理论框架;再次,在描述资源型地区与其他地区经济发展不平衡(资源型地区遭遇"资源诅咒")特征事实的基础上,对中国省级层面"资源诅咒"现象及交通基础设施的缓解效应进行检验;复次,分别构建人口跨省流动网络、创新合作网络、创业关联网络、产业空间关联网络分析资源型地区特征表现,并检验资源依赖对人口流动、创新合作、创业活力、产业升级的影响;最后,从资源型地区内部资源管制与外部网络优化两方面提出促进资源型地区经济转型的建议。

研究的主要观点与结论如下：

（1）搭建多维区域网络视角的"资源诅咒"形成与资源型地区经济转型理论框架。在有限开放经济中，资源繁荣吸引制造业部门要素流向资源产业部门，形成资源依赖现象，而资源依赖对人力资本、科技创新、制造业、优质服务、基础设施等产生挤出效应，导致经济发展缓慢，形成"资源诅咒"。全面开放带来资源型地区位于多维区域网络"核心—边缘"结构的"边缘"位置，区际网络联系异化体现在人口跨地区流动网络中资源型地区人才、劳动力流失严重，创新挤出导致参与创新的合作网络较少，创业活力较低从而创业资源向区外溢出，产业空间关联网络地位边缘化而关联度低。区际网络联系异化通过技术性锁定、功能性锁定、认知性锁定、连通性（基础设施）锁定、关系性锁定等强化资源型地区"资源诅咒"，加剧资源型地区与其他地区经济发展不平衡。资源型地区规避"资源诅咒"，需要在全面开放条件下，在内部开展资源产业管制，弱化资源依赖，促进产业多元化，加大人力资本与科技创新投入，改善地区服务能力与基础设施配套水平。在对外关系上，要优化开放网络，矫正人口流动、创新合作、创业关联、产业分工等区际关系，发挥区域网络正效应，助力资源型地区经济转型。

（2）"资源诅咒"是中国地区经济发展不平衡的重要表现，交通改善对"资源诅咒"存在缓解效应。特征事实分析表明，中国存在资源型地区与其他地区经济发展不平衡，高资源依赖地区经济发展水平较低。散点图显示，资源依赖与地区经济发展为负相关，交通基础设施对经济发展具有明显促进作用。对于资源依赖度较高的资源型地区来说，交通基础设施发挥的正向促进作用，甚至可以使低经济发展水平地区超越原先更具备经济优势的地区。交通基础设施密度和交通基础设施运输效率的改善能够缓解资源依赖对经济增长的负向作用；现阶段交通基础设施运输效率对"资源诅咒"缓解作用弱于交通基础设施密度。资源依赖对经济发展水平的负向影响在东部、中部、西部区域均显著。西部交通基础设施密度提升能有效缓解资源依赖对经济发展的负向作用。中、低资源依赖地区交通基础设施密度提升能显著缓解资源依赖对地区经济发展的负向影响，低资源依赖地区交通基础设施运输效率提升能减小资源依赖对地区经济发展造成的负向伤害。产业转移、技术创新以及人口集聚皆是资源依赖影响经济发展水平的重要路径，交通基础设施密度提升能够通过"产业转移升级效应""技术创新效应""人力资源集聚效应"间接地缓解资源依赖对经济发展的负向影响。

（3）在中国人口跨省流动网络中，中、高资源依赖地区人口流失突出，资源依赖抑制人口流入。中国省际人口流动规模随地区资源依赖度的提高而减弱，资源型地区人口流动强度最低，人口流失集中在中、高资源依赖省份。相比于非资源型城市，资源型城市人口流失带来的人口收缩问题更为严重。随时间推移，中国省际人口流动网络联系增强，网络结构更加稳健；高资源依赖省份人口流动范围较小，"权力"较弱；高资源依赖地区中间中心度较低，在人口流动网络中处于重要位置省份数量少；西部高资源依赖地区在人口流动网络中受其他节点限制较大。资源依赖、经济发展、科教、医疗、环境等是影响地区人口流动的重要因素；资源依赖和环境污染对人口流入存在负向作用，经济发展、科技、教育、医疗、绿化对人口流入有显著正向影响；地理空间邻近性既能够强化资源依赖对人口流动的抑制作用，也可以有效增强工资和医疗对人口流入的促进作用，还有助于发挥教育的人口吸引作用；网络邻近度提升能有效缓解资源依赖对人口流入的负向抑制作用。

（4）资源依赖会挤出创新创业活力，但高铁通达能在一定程度上改善创新创业环境。资源依赖度越高的地区，创新能力、创业活力越低；高铁通达性与创新能力、创业活力呈正相关。从创新合作网络看，高资源依赖省份网络关联度不断增强，但在整体创新合作网络中地位仍然较低。不管是高资源依赖省份还是中、低资源依赖省份，资源依赖都会抑制区域创新合作。资源依赖通过对生产要素流动、产业结构升级和创新网络结构优化的负向效应挤出了创新合作。高铁通达通过增加投资要素投入、提升第三产业占比、优化创新网络结构推动了区域创新合作水平的提升。从创业关联网络看，省际创业关联关系逐年增强，高资源依赖地区关联强度低，省际创业关联网络整体呈现出溢出大于受益的网络特征，中、高资源依赖地区多为溢出方；高资源依赖地区接近中心度和中间中心度较低，接受其他省份创业溢出的能力较弱且多为被支配方。资源依赖对地区创业活力存在明显的抑制作用。积极融入区域创业网络，能够有效促进本地区创业活力提高，且地区间创业关联度提升能强化第二产业集聚的创业效应；高铁服务供给会强化资源依赖对地区创业活动的挤出效应，但也会扩大市场化水平和第二产业集聚的创业效应。

（5）拓展产品空间理论解释资源型地区产业演进锁定及作用机制。使用2003—2013年中国工业企业数据库四位代码行业数据，在邻近度计算中将赋值范围从传统[0，1]拓展为[-1，1]，构建中国正、负产业空间关联网络基准图。正产业空间关联网络呈"核心致密—边缘稀疏"结构，核心区域为纺织、电气机械与器材、电子通信设备等高邻近度制造业，边缘区域为采矿业、炼焦、金属冶炼等低邻近度资源型产业。负产业空间关联网络呈许多小范围的一个产业与多个产业之间构成的"中心—外围"结构，"中心"与"外围"产业为互斥、抑制关系。"中心"多是采矿业等资源型产业，与之相连的是受资源型产业"抑制"的装备制造、纺织等产业。高资源依赖的山西、青海等资源型省份优势产业数量少，优势产业邻近度综合指数和产业密度均较低。计量结果显示，资源依赖度提升会导致显性比较优势产业个数、区域优势产业邻近度综合指数显著下降，也就是资源依赖导致产业逆向演进。

（6）内部治理与外部优化相结合促进资源型地区经济转型。激发资源型地区内生发展动力，需要开展资源产业管制，要基于三次收入分配理论构建资源收益分配机制，健全区内制造业发展激励政策，加大人力资本、创新支持力度，完善经济转型配套服务设施。改善资源型地区对外合作能力，需要优化区域开放网络，要加快"铁公机"建设完善对外交通网络，促进人才、劳动力流入升级要素禀赋，加强科技创新互动合作改善转型动力，加大吸引内外创业资源增强发展活力，加倍培育制造优势产业融入全国生产网络。

目　录

第一章　导论 …………………………………………………………… 1

　第一节　问题的提出 ……………………………………………………… 1
　　一　研究背景 …………………………………………………………… 1
　　二　研究意义 …………………………………………………………… 2
　第二节　研究思路与方法 ………………………………………………… 4
　　一　研究思路 …………………………………………………………… 4
　　二　研究方法 …………………………………………………………… 4
　第三节　主要内容与创新之处 …………………………………………… 5
　　一　基本构架与主要内容 ……………………………………………… 5
　　二　主要创新之处 ……………………………………………………… 7

第二章　区域网络与资源型地区经济转型研究述评 ………………… 9

　第一节　区域网络与经济发展研究进展 ………………………………… 9
　　一　区域网络的内涵与类型 …………………………………………… 9
　　二　区域网络的构建方法与测度指标 ………………………………… 14
　　三　区域网络演进的时空特征 ………………………………………… 20
　　四　区域网络对区域经济发展的影响 ………………………………… 24
　第二节　"资源诅咒"与资源型地区经济转型研究动态 ……………… 29
　　一　"资源诅咒"的国内外表现 ……………………………………… 29
　　二　"资源诅咒"的成因解释 ………………………………………… 32
　　三　资源型地区经济转型研究进展 …………………………………… 36
　　四　中国资源型地区经济转型的政策支持与实践成效 ……………… 39
　第三节　文献评述 ………………………………………………………… 42

第三章 资源型地区经济转型：一个理论分析框架 …… 44

第一节 概念界定与基本假定 …… 44
一 概念界定 …… 44
二 基本假定 …… 46

第二节 有限开放经济下资源依赖与"资源诅咒"的形成机理 …… 48
一 资源无约束开发、要素部门间流动与资源繁荣 …… 49
二 资源繁荣、制造业发展缓慢与资源依赖形成 …… 50
三 资源依赖挤出、"资源诅咒"与区域发展不平衡 …… 51

第三节 全面开放经济下网络联系异化与"资源诅咒"强化锁定 …… 55
一 区际全面开放条件下资源型地区网络结构及异化特征 …… 55
二 资源依赖对资源型地区多维区域网络联系的异化机制 …… 57
三 多维区域网络联系异化对"资源诅咒"的锁定机制 …… 65

第四节 资源产业管制、开放网络优化与资源型地区经济转型升级 …… 68
一 资源产业管制、多元化导向与内生转型动力增强 …… 68
二 开放网络优化、区际关系矫正与化解区域发展不平衡 …… 72

第五节 本章小结 …… 73

第四章 交通基础设施缓解"资源诅咒"实证分析 …… 75

第一节 特征事实分析 …… 75
一 "资源诅咒"与地区经济发展不平衡 …… 75
二 交通基础设施建设与资源型地区经济增长 …… 79

第二节 模型设定与数据来源 …… 85
一 模型设定 …… 85
二 变量选取 …… 86
三 数据来源 …… 87

第三节　实证检验 …………………………………………… 88
　　　一　基准回归 ……………………………………………… 88
　　　二　稳健性讨论 …………………………………………… 89
　　　三　异质性考察 …………………………………………… 92
　　　四　机制分析 ……………………………………………… 95
　　第四节　本章小结 …………………………………………… 101

第五章　资源型地区人口流失的特征事实及影响因素分析 ………… 103
　　第一节　中国人口跨地区流动时空演变特征 ………………… 103
　　　一　省级层面人口流动特征 ……………………………… 103
　　　二　地级市层面人口流动特征 …………………………… 110
　　第二节　中国人口跨省流动网络构建与特征分析 …………… 113
　　　一　人口跨省流动网络构建方法和指标 ………………… 113
　　　二　人口跨省流动网络特征分析 ………………………… 114
　　第三节　模型设计与数据来源 ………………………………… 123
　　　一　变量选择 ……………………………………………… 123
　　　二　模型设定 ……………………………………………… 124
　　　三　数据来源 ……………………………………………… 125
　　第四节　实证结果分析 ………………………………………… 125
　　　一　QAP 回归结果 ………………………………………… 125
　　　二　面板数据回归 ………………………………………… 128
　　第五节　本章小结 …………………………………………… 134

第六章　资源依赖对创新创业的挤出效应及缓解机制 ……………… 136
　　第一节　经济发展活力不平衡 ………………………………… 136
　　　一　资源型地区创新能力相对较弱 ……………………… 137
　　　二　资源型地区创业活跃度相对较低 …………………… 151
　　第二节　中国区际创新合作网络特征及影响因素分析 ……… 160
　　　一　中国区际创新合作网络构建方法及计量模型设定 … 160
　　　二　高资源依赖地区创新合作网络的时空特征分析 …… 164
　　　三　资源依赖对区域创新合作的挤出效应检验 ………… 169
　　　四　高铁通达对区域创新合作的挤进效应检验 ………… 175

第三节　中国省际创业关联网络特征及影响因素分析 …… 181
　　一　中国省际创业关联网络构建方法及计量模型设定 …… 181
　　二　中国省际创业关联网络的时空特征分析 …… 184
　　三　资源依赖对创业活力的挤出效应及缓解机制检验 …… 197
第四节　本章小结 …… 202

第七章　中国资源型地区产业逆向演进与锁定的实证分析 …… 204

第一节　中国资源型省份产业演进的测度与特征：
　　　　基于产品空间理论 …… 204
　　一　基于产品空间理论的测度概念与方法 …… 204
　　二　中国产业空间网络构建方法 …… 209
　　三　中国产业空间网络的总体特征 …… 209
第二节　中国资源型地区产业演进升级能力评价 …… 213
　　一　省级层面中国资源型地区的划分依据 …… 213
　　二　显性比较优势产业与产业空间网络特征 …… 214
　　三　区域优势产业邻近度综合指数特征 …… 221
　　四　生产能力禀赋与产业密度特征 …… 223
第三节　资源依赖对区域产业演进影响的实证检验 …… 225
　　一　模型设定与样本选择 …… 225
　　二　基准计量检验：2003—2013 年 …… 227
　　三　补充计量检验：2007—2017 年 …… 234
第四节　本章小结 …… 240

第八章　中国资源型地区经济转型的建议 …… 243

第一节　资源产业管制与提升资源型地区内生发展动力 …… 243
　　一　建立三次资源收益分配机制 …… 243
　　二　健全区内制造业发展激励政策 …… 248
　　三　加大人力资本、创新支持力度 …… 249
　　四　完善经济转型配套服务设施 …… 251
第二节　优化区域网络与改善资源型地区对外合作能力 …… 253
　　一　加快"铁公机"建设完善对外交通网络 …… 253
　　二　加紧人才、劳动力流入升级要素禀赋 …… 254

三　加强科技创新互动合作改善转型动力 …………………… 256
　　四　吸引区内外创业资源增强发展活力 …………………… 256
　　五　培育制造优势产业融入生产网络 ……………………… 257
　第三节　本章小结 ……………………………………………… 258
参考文献 ………………………………………………………… 260
后　记 …………………………………………………………… 291

第一章　导论

第一节　问题的提出

一　研究背景

党的十九大指出，中国特色社会主义新时代主要矛盾已转化为"人民日益增长的美好生活需要和不平衡不充分的发展之间的矛盾"，党的二十大进一步指出，"发展不平衡不充分问题仍然突出"。地区经济发展不平衡是主要矛盾的重要构成，体现在四大板块间、城乡间、城市间、省份间不平衡等多个方面，也包括资源型地区与其他地区不平衡。主要是与其他地区相比，资源型地区经济发展相对落后，遭遇"资源诅咒"。虽然也存在因为资源能源产品价格上涨所带来的资源繁荣、资源型地区经济增长速度较快的情形，但是资源型地区总体经济发展水平在全国仍然相对靠后。资源型地区不能因为一时的资源繁荣而忽视经济转型，如果不及时转型，繁荣、资源枯竭之后必然进入衰退与萧条。因而，加快经济转型是实现资源型地区经济可持续增长的必由之路。党的十九大报告在协调发展中明确提出"支持资源型地区经济转型发展"，再次将其提升到国家战略高度。特别是针对山西作为国家资源型经济转型综合配套改革试验区，2017年9月，国务院出台《国务院关于支持山西省进一步深化改革促进资源型经济转型发展的意见》（国发〔2017〕42号），支持山西为全国资源型地区经济转型探路。2021年，国家发展改革委、财政部、自然资源部联合印发了《推进资源型地区高质量发展"十四五"实施方案》，引导资源型地区强化能源资源保障职能，同时要着力推动高质量发展，服务和融入新发展格局。党的二十大报告明确指出，要"深入实施区域协调发展战略、区域重大战略、主体功能区战略、新型城镇化战略，优化重大生产力布局，构建优势互补、高质量发展的区域经济布局和国土空间体系"，而促进区域协调发展亟须补齐资源型地区高质量发展短板，需要在立足资源能源优势的基础上，加快资源型地区与其他地区的开放合作，优化资源型地区在全国双循环发展格局中的地位，实现资源型地区经济转型发展。

资源型地区经济转型是老话题，但现有研究主要从资源型地区内部研究产业结构单一、科技创新落后、经济发展衰退等问题，很少将其转型与外部环境紧密结合起来，没有涉及区际关系单一畸化问题，导致转型思路不开阔、转型效果欠佳，老问题依然存在；同时，在新时代资源型地区面临新挑战，在构建国际国内双循环发展格局的背景下，全国各地在加快推进高质量发展、协调发展，如果资源型地区不加快转型、融入其中，与其他地区之间的经济差距将会拉大。老问题与新挑战的叠加需要资源型地区创新转型路径，在区域经济联系网络化背景下，以开放合作融入全国区域网络为资源型地区经济转型提供了新机遇，发挥要素流动与基础设施网络支撑保障作用，弱化资源产品在产业关联网络的强势地位，补齐资源型地区制造业的短板，实现与其他地区融合协作发展，是资源型地区经济转型的可行路径。本书在化解新时代主要矛盾背景下，基于多维区域网络视角，以破解资源型地区经济发展缓慢难题（"资源诅咒"）为切入点，在分析融入交通网络对"资源诅咒"缓解效应的基础上，重点构建全国人口跨省流动网络、创新合作网络、创业关联网络、产业空间关联网络，分析资源型地区的网络地位与节点特征，寻求优化区域网络改善资源型地区与其他地区的区际关系，加快资源型地区经济转型，探索中国资源型地区与其他地区经济协调发展的基本规律。

二 研究意义

（一）理论意义

作为"问题区域"，资源型地区经济转型备受关注，但现有研究主要从资源耗竭、产业单一、要素禀赋初级化、制度弱化等内部因素开展"资源诅咒"理论解释，转型思路主要局限于区域内部。本书基于区域网络视角搭建"资源诅咒"形成与资源型地区经济转型的理论框架，从区际关系角度阐释资源型地区经济发展难题，对于开拓"资源诅咒"、资源型地区经济转型研究视野具有重要理论价值。基于区域经济学区际关系、区域合作，以及产业经济学产业演进、产业关联等理论，在搭建多维区域网络视角下"资源诅咒"与资源型地区经济转型理论框架的基础上，重点使用社会网络分析法，构建了中国人口跨省流动网络、省际创新合作网络、省际创业关联网络、全国产业空间关联网络，理论与实际相结合，阐释资源型地区"资源诅咒"的形成机理与转型机制，深入剖析了中国资源型地区网络联系异化的特征表现，为"资源诅咒"与资源型地区经济转型研究探索了理论新视野，对丰富区域经济学和产业经济学中区际关系、问题区域、产业关联理论具有重要理论意义。

（二）现实意义

党的十九大让资源型地区经济转型再次成为热点，实际上国家一直很重视资源型地区转型，"十三五"以来国家出台了《中共中央国务院关于全面振兴东北地区等老工业基地的若干意见》（中发〔2016〕7号）、《关于支持老工业城市和资源型城市产业转型升级的实施意见》（发改振兴规〔2016〕1966号）、《国务院关于支持山西省进一步深化改革促进资源型经济转型发展的意见》（国发〔2017〕42号）等系列文件支持资源型地区经济转型，习近平总书记在2017年、2020年、2022年三次视察典型资源型省份山西，都体现出国家对资源型地区经济转型的高度关注。党的二十大将"促进区域协调发展""实现共同富裕"作为未来一段时期的重点任务、目标，而完成任务、实现目标需要解决资源型地区经济发展相对落后、资源枯竭型地区经济衰退明显等难题。资源型地区转型势在必行，但怎样有效转型仍需探索。本书在概括中国资源型地区与其他地区经济发展不平衡（即资源型地区经济发展缓慢，遭遇"资源诅咒"）的基础上，研究了交通完善对"资源诅咒"的缓解效应；构建了人口跨省流动网络分析资源型地区的人口流失现象，构建创新合作网络分析资源型地区创新挤出与创新能力低下问题，构建创业关联网络阐明资源型地区创业关联弱与创业活力不足问题，构建产业空间关联网络表征资源型地区优势产业"边缘"弱关联问题，为理解中国资源型地区经济转型面临的现实难题提供了新视角，为化解资源型地区转型难题提供了新思路。本书提出的内部资源产业管制、外部优化开放网络，对于资源型地区优化区际关系，提升区域网络地位，促进资源型地区经济转型与高质量发展具有重要应用价值。

第二节　研究思路与方法

一　研究思路

本书遵循"问题提出—理论阐释—实证检验—对策建议"的思路进行研究。首先，梳理区域网络内涵特征及其影响、"资源诅咒"与资源型地区经济转型相关文献并进行评述；其次，提出资源型地区与其他地区区际关系的基本假定，并搭建多维区域网络视角下资源型地区"资源诅咒"与经济转型的理论框架；再次，检验"资源诅咒"及其成因，并从交通基础设施完善分析"资源诅咒"的缓解效应与机制；复次，利用社会网络分析，分别构建全国人口跨省流动网络、创新合作网络、创业关联网络、产业空间关联网络并对资源型地区的网络特征进行分析，检验资源依赖对人口流动、创新合作、创业活力、产业升级的影响；最后，从优化多维区域网络、改善区际开放关系角度提出资源型地区经济转型的政策建议。

二　研究方法

第一，归纳演绎与机理分析。在资源丰裕、要素禀赋、产业结构、开放经济及制度安排等假定下，分析有限开放下资源依赖形成的"资源诅咒"效应，进而在全面开放下从人口流动、创新合作、创业关联、产业空间关联等多维区域网络异化角度分析资源型地区"资源诅咒"强化锁定效应。基于内部资源产业管制、外部优化区域网络联系构建资源型地区经济转型机制。

第二，社会网络分析。使用社会网络分析法，从全国人口流动、创新合作、创业关联、产业空间关联四个维度构建区域联系网络。基于"五普""六普""七普"全国省际人口流动数据构建有向全国人口跨省流动网络，分析资源型地区近20年来的人口流动特征。基于SCI中国省际论文合作数，构建无向全国创新合作网络，分析资源型地区的创新合作水平。基于爱企查新注册企业数，使用修正后的引力模型，构建中国省际创业关联虚拟网络。基于中国工业企业数据库数据，利用产品空间理论，构建全国产业空间关联网络，分析资源型地区优势产业在全国产业空间关联网络中的特征。

第三，描述统计与计量检验。使用统计描述方法分析资源型地区与其他地区经济发展不平衡，分析资源型地区人口流动网络、创新合作网络、创业关联网络、产业空间关联网络的时空演化特征；使用面板数据模型，检验资源依赖导致的"资源诅咒"以及交通设施完善对"资源诅咒"的缓解效应。与多维区域网络分析相对应，使用 QAP 回归、面板数据模型、截面数据模型分析资源依赖与人口流动、创新合作、创业活力、产业演进的关系，重点检验资源依赖带来的人口流失、创新挤出、创业活力不足、产业逆向演进。

第三节 主要内容与创新之处

一 基本构架与主要内容

研究的基本构架如图 1-1 所示，主要包括问题提出、理论阐释、实证研究、对策建议四大部分。具体来看，主要内容包括以下几方面。

第一，文献评述。主要从区域网络与区域经济发展研究进展、"资源诅咒"与资源型地区经济转型研究动态两个方面展开分析，并在此基础上归纳现有研究贡献及可能存在的研究缺口，进而提出从区域网络视角研究"资源诅咒"问题的可行性及创新性。

第二，基于区域网络视角的"资源诅咒"与资源型地区经济转型理论框架。在界定经济发展不平衡、"资源诅咒"、区域网络、资源型地区经济转型等相关概念的基础上，搭建多维区域网络视角下的资源型地区"资源诅咒"形成与经济转型的理论分析框架。在资源丰裕、要素禀赋、产业结构、开放经济、区域网络、制度安排的假定下，从资源繁荣、资源依赖分析有限开放下的资源型地区"资源诅咒"形成的一般机理；进而基于全面开放从多维区域网络联系异化阐释"资源诅咒"的强化锁定机制；最后，提出内部开展资源产业管制、促进要素与产业集聚、对外优化开放网络、矫正区际关系促进资源型地区经济转型的作用机制。

第三，交通基础设施缓解资源型地区"资源诅咒"研究。交通基础设施的互联互通是区域网络联系的基础，也是资源型地区与其他地区区际联系的重要纽带，因此有必要考察交通基础设施对资源型地区经济增长的影响。在分析资源型地区与其他地区经济发展水平不平衡，也就是

```
问题提出 → 选题背景与意义    文献评述

理论阐释 → 基于区域网络视角的"资源诅咒"与
          资源型地区经济转型理论框架
          ├─ 有限开放下的资源依赖与"资源诅咒"形成机理
          ├─ 全面开放下区域网络异化与"资源诅咒"锁定
          └─ 资源产业管制、网络优化与资源型地区经济转型机制

实证研究 → 交通基础设施缓解资源型地区"资源诅咒"研究：
          经济发展不平衡与"资源诅咒"特征事实、资源依赖
          与经济增长缓慢检验、交通缓解"资源诅咒"检验
          ├─ 资源型地区人口流失的特征事实及影响因素分析：人口流失特征、人口跨省流动网络构建与分析、资源依赖与人口流动关系检验
          ├─ 资源依赖对资源型地区创新创业的挤出效应及缓解机制：创新创业活力不足特征、省际创新创业网络构建与分析、资源依赖挤出创新创业检验
          └─ 中国资源型地区产业逆向演进与锁定的实证分析：产业空间关联网络构建与分析、产业升级能力评价、资源依赖与产业逆向演进

对策建议 → 优化区域网络促进中国资源型地区经济转型的建议
          ├─ 资源产业管制与提升资源型地区内生发展动力
          └─ 优化区域网络与改善资源型地区对外合作能力
```

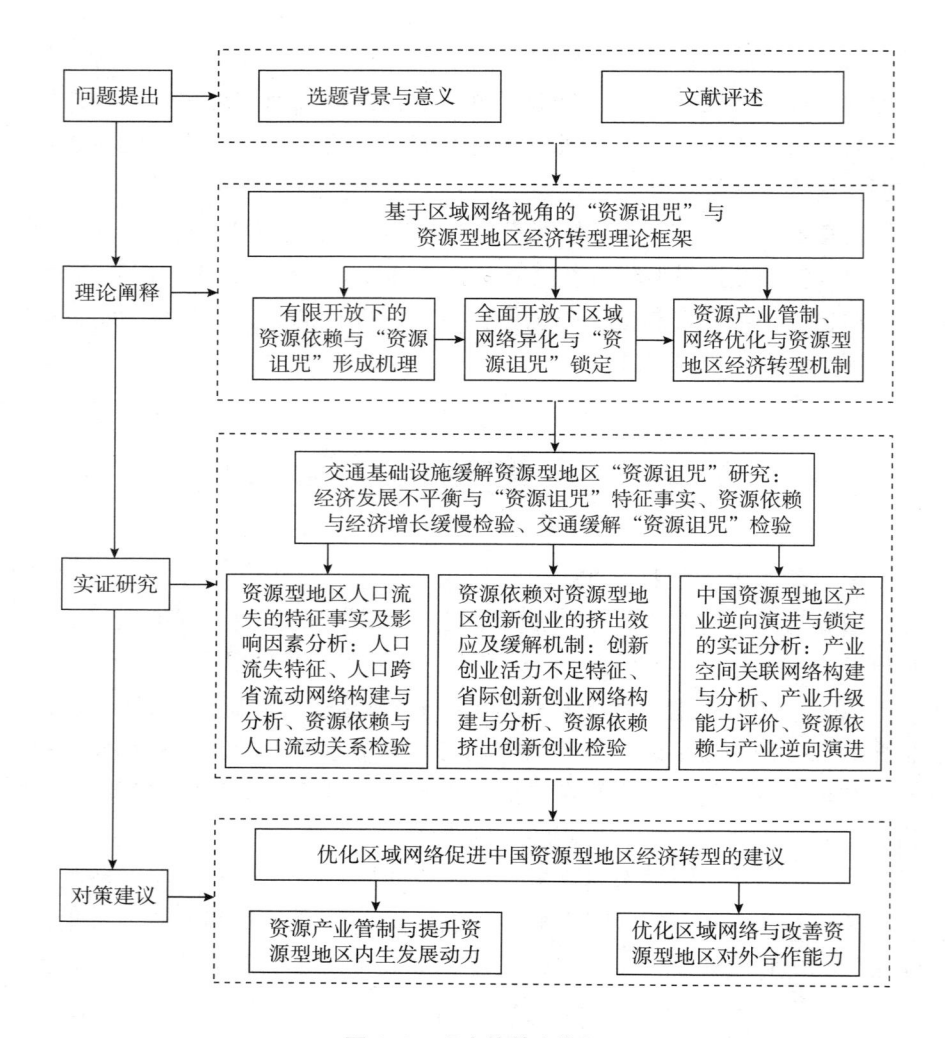

图 1-1 研究的基本构架

资源型地区经济发展落后、遭遇"资源诅咒"的基础上，考察交通基础设施的完善是否有利于资源型地区缓解"资源诅咒"效应以及缓解"资源诅咒"的作用机制。

第四，资源型地区人口流失的特征事实及影响因素分析。人口是一个地区经济发展最基础也最重要的生产要素，在人口跨地区流动中资源型地区存在人口流失问题。在从省级层面、地级市层面分析中国资源型地区人口流失特征的基础上，从省级层面构建中国人口跨省流动网络，

分析资源型地区人口跨省流动的网络特征演变，并对资源依赖是否是导致资源型地区人口流失的影响因素进行检验。

第五，资源依赖对资源型地区创新创业的挤出效应及缓解机制。资源型地区与其他地区经济发展不平衡不仅体现在发展水平不平衡，也体现在经济发展活力不平衡，也就是资源型地区创新创业活力不足。这里在分析资源型地区创新能力较弱、创业活力不足特征事实的基础上，分别构建中国省际创新合作网络、创业关联网络，分析资源型地区在全国创新创业网络中的地位与特征，并检验资源依赖对创新创业的挤出效应，并考察高铁发展缓解资源型地区创新创业挤出效应及作用机制。

第六，中国资源型地区产业逆向演进与锁定的实证分析。产品空间理论是利用社会网络分析法研究产业比较优势的前沿理论。主要使用中国工业企业数据库2003—2013年四位代码行业数据，通过统计描述及其与非资源型省份的比较，分析资源型省份的产业锁定特征。建立计量模型，分析资源依赖与显性比较优势产业个数、区域优势产业综合邻近度指数之间的负向关系。

第七，优化区域网络促进中国资源型地区经济转型的建议。在前面理论分析、实证检验的基础上，根据研究结论，提出相关政策建议。资源型地区内部需要开展资源产业管制，提升资源型地区内生发展动力；对外需要优化区域开放网络，提升网络权力与地位，改善资源型地区与其他地区的网络联系。

二　主要创新之处

本书可能的创新之处主要体现在以下几方面：

第一，视角创新。资源型地区与其他地区经济发展不平衡，也就是资源型地区经济发展落后，遭遇"资源诅咒"需要经济转型，是经济发展中的经典话题。但较多研究是基于资源型地区本身存在问题开展研究，没有从资源型地区与其他地区区际关系角度，也就是没有从区域开放角度对资源型地区经济转型开展研究。基于区域网络视角，通过资源型地区与其他地区的开放网络联系，分析"资源诅咒"锁定机理与转型机制，特别是在实证研究中构建人口跨省流动网络、省际创新合作网络、省际创业关联网络、产业空间关联网络分析资源型地区所处困境，在一定程度上突破了现有研究局限于资源型地区内部分析的缺陷。

第二，理论创新。基于多维开放网络视角，搭建了"资源诅咒"形成与资源型地区经济转型的理论分析框架，是可能的理论创新。在有限开放条件下，分析了资源繁荣导致资源依赖形成，进而通过产品区际流通形成"资源诅咒"的机制。在全面开放条件下，要素区际流动、产品区际流通通过人口跨省流动网络、省际创新合作网络、省际创业关联网络、产业空间关联网络的异化导致"资源诅咒"的强化。为规避"资源诅咒"，资源型地区内部要开展资源产业管制，弱化资源依赖，形成产业多元化的发展导向，完善生产要素、服务能力与基础设施配套水平；区际关系上要优化区域开放网络，矫正人口流动、创新合作、创业关联、产业分工等方面的区际关系，发挥网络正外部效应助力资源型地区经济转型，化解资源型地区与其他地区经济发展不平衡。

第三，实证创新。利用人口普查数据、SCI 论文合作数据、新注册企业数据、中国工业企业数据库数据，运用社会网络分析法，构建人口跨省流动网络、创新合作网络、创业关联网络、产业空间关联网络分析资源型地区区域网络联系异化特征，并对资源依赖与多维区域网络联系异化的关系进行实证检验。人口跨省流动网络显示，资源型省份人口流动点入度低而点出度高，人口流失严重；创新合作网络显示，资源型省份创新合作数少，点度中心度、中间中心度较低，创新能力较弱；创业关联网络显示，资源型省份创业关联性相对弱，创业资源外溢突出，创业活力不足；产业空间关联网络显示，资源型地区比较优势产业区位商高，但数量少、关联性弱、地位边缘，资源依赖特征明显。实证检验显示，资源依赖导致人口流失、创新挤出、创业活力不足、产业逆向演进等。

第四，政策创新。提出内部治理与外部优化相结合的资源型地区经济转型政策建议。激发资源型地区内生发展动力，需要开展资源产业管制，要基于三次收入分配理论构建资源收益分配机制，健全区内制造业发展激励政策，加大人力资本、创新支持力度，完善经济转型配套服务设施。改善资源型地区对外合作能力，需要优化区域开放网络，要加快"铁公机"建设完善对外交通网络，促进人才、劳动力流入升级要素禀赋，加强科技创新互动合作改善转型动力，加大吸引内外创业资源增强发展活力，加倍培育制造优势产业融入全国生产网络。

第二章 区域网络与资源型地区经济转型研究述评

本章主要从区域网络与经济发展研究进展、"资源诅咒"与资源型地区经济转型研究动态两个方面进行梳理,并归纳现有研究贡献及可能存在的研究缺口。

第一节 区域网络与经济发展研究进展

本节主要从区域网络的内涵与类型、区域网络的构建方法与测度指标、区域网络对区域经济发展的影响三个方面对现有文献进行归纳整理。

一 区域网络的内涵与类型

(一)区域网络的研究渊源

研究区域网络,首先要从网络的概念入手。网络原指电的系统中,由纤维线、金属线或其他类似物组成用以传输电信号的电路或电路中的部分,这是最直观的物理学含义。20世纪50—60年代,以Barnes (1954)、Bott (1955)、Mitchell (1969) 为代表的社会学者基于结构功能主义理论提出了社会网络的定义,即社会成员之间由于互动行为而结成的相对稳定的关系系统。之后,随着学科交叉融合工作的不断推进,社会网络理论得到进一步延伸,被广泛应用于地理学、管理学、经济学、政治学等多个学科领域。在社会网络分析过程中,主要采用图论的数学方法对网络结构形态进行科学描述。从这一角度,网络被视作由节点和连线组成的图,节点表示各种研究对象,而节点与节点之间的连线可以反映出对象之间错综复杂的相互关系(Scott, 2011)。

一方面,区域网络研究源自经济学中关于经济关系的研究。20世纪80年代,网络理论被引入主流经济学当中,用以研究企业和企业家行为。

Thorelli（1986）认为，网络是由"节点"（公司、家庭、多元化企业内的战略业务单位、贸易协会和其他类型的组织）及其之间的交互所表现的链接组成，网络的紧密程度取决于"节点"之间互动的数量（数目）、质量（强度）和类型（与所涉各方核心活动的密切程度）。Karlsson和Westin（1994）指出，经济现象中的网络可以归纳为两种类型：一是经济活动主体间的关系模式所构成的网络，如母公司与子公司、供求商与客户、技术研发过程中的各类参与者；二是产业间贸易所形成的网络。前者受亲缘关系影响，显示为流动的时间刚性和空间分散性，后者则更多地表现为突破地域限制的更广泛的经济网络。详细地，网络的概念被广泛应用于金融业（Iori and Mantegna，2018）、国际贸易（Alves et al.，2018）、农村与农业组织（Abid et al.，2017）、环境与碳排放（信猛等，2023）等研究领域。

另一方面，区域网络研究更多地受到地理学的影响。早在20世纪60年代，Haggett和Chorley（1969）就已经使用网络来抽象表述地理空间系统。之后的时间里，Kurant和Thiran（2006）、Barrat等（2004）、Latora和Marchiori（2002）、Kaluza等（2010）等学者对包含铁路、航空、地铁、货船在内的交通网络进行考察；Cardillo等（2006）、Amaral等（2000）、Ravasz和Barabási（2003）从街道、电路、互联网等多个维度对基础设施的网络结构特征进行分析，杨天荣等（2017）、王倩娜等（2023）对生态网络格局进行研究。大体上，地理学中的网络方法多应用于交通、管道、线路等有形地理要素，通过对其进行拓扑结构分析后，聚焦于网络结构对网络效率的影响分析。

（二）区域网络的相关概念

从区域经济学或者经济地理学来看，区域网络（regional networks）被视为一种经济社会结构，可以组织区内和区际的经济活动参与者（包含个人、团体、企业、产业、非盈利单位、城市），运用一系列连通手段，使技术、劳动力、资本、信息、商品等要素资源在区内、区际流通（Aoyama et al.，2010）。这一理解强调区域网络的组织作用。钟业喜等（2016）将区域网络定义为一个紧密协作的有机系统，区域内各城市节点之间通过经济活动中要素的集聚与扩散、产业结构升级、技术创新等共同推动区域网络系统的演变与优化。这种认识更关注区域网络的自组织性。Mueller（2015）研究认为，网络拓扑结构拓宽了经济地理学研究中对于距离和规模的认识，使现实地理空间结构被折叠和扁平化，地理距离相隔很远的两个主体在网络中可能存在邻近关系。因而，也有学者采用空间网络（spatial networks）概念进行研究。Andris 和 O'Sullivan（2021）在 Handbook of Regional Science 中提到，空间网络组织和人类的社会、经济、文化等系统，可以被视作嵌入地球表面的一种特殊类型的图。Faggini 等（2019）从动态视角进行分析，认为经济主体之间产生的相互作用会随着时间的推移而变化，使某一主体的行为容易受到其与其他主体之间联系的影响，并使其始终适应这些变化而做出行为决策。这意味着，由各类主体结成的空间经济网络在决定许多经济互动结果方面发挥着重要作用，反映出区域网络的复杂性。网络理论为区域经济研究开辟出一个新的演化视角，既提供了一种促进地区经济增长与创新水平提升的方式，也代表着一种分析整体和个体之间社会价值和经济利益的手段（Barina et al.，2019；李南等，2022）。在区域经济网络研究的过程中，也衍生出各种更具针对性的网络，如城市网络、区际要素流动网络、区域产业集群网络及协作网络，共同刻画出区内、区间复杂多样的经济关联。

20 世纪 80 年代以来，城市网络（urban networks，city networks）的研究日益活跃。Friedmann（1986）将网络经济理论与城市体系研究相结合，提出世界城市假说，即世界城市是全球经济系统的控制中心，世界城市的存在使得城市间建立起广泛的网络关联。随后，Sassen（1991）提出全球城市概念，认为高端生产性服务业主要集聚在少数全球城市，通过为各地区各生产行业提供服务而产生网络联系。Castells（1996）从"流"视角，对空间结构进行了考察，认为网络是空间的主要表现形式，各城市节点在多源"流"的作用下形成城市间的联系。Meijers（2005）对多中心城市协同和城市网络的概念进行辨析，指出城市网络是基于某种功能特征相互联系的远距离城市系统，或者位于彼此功能腹地内的邻近城市系统，多中心城市协同是后一种意义上的城市网络。从拓扑学上讲，城市网络是由城市节点和联系构成的一种空间组织形式，其中城市是行动者，联系是社会联系（Taylor，2001）。Glaeser 等（2016）将城市网络定义为能够进行商品、人员和思想交流的城市群体，并提出地区创新的规模回报、住房供应弹性以及地区便利设施建设是某一地区选择大城市还是小城市网络发展模式的重要影响因素。由于空间尺度和行为主体的不同，城市网络研究涵盖全球（王长建等，2022）、国家（张婷婷等，2022）、城市群（刘梅和赵曦，2019）、都市圈（许劼和张伊娜，2021）等多个尺度，企业生产（胡彬，2015）、交通通信（王雨飞等，2023；王宁宁等，2018）、知识创新（戴靓等，2022）、人口流动（王录仓等，2021）、社会资本（王先鹏和何金廖，2022）、文化（谢明慧等，2022）等多个维度。

多极网络空间（multipolar-network spatial）是近年来区域网络研究中涌现的新概念。胡军等（2014）在对区域经济空间结构演变进行研究的过程中，发现区域经济发展过程中同时存在空间极化现象和空间经济网络，并将其称为多极网络空间组织模式。覃成林等（2016）提出中国"十三五"期间应当积极推动建设多极网络空间的区域发展格局，并将增长极、发展轴和经济联系网络作为其基本构成要素。覃成林和黄丹（2022）研究指出，空间经济网络和多个增长极是构成多极空间网络的两个核心要素，二者共进共生。相较于传统的三大经济带、四大区域板块，多极网络空间能够较好地促进区域经济协调发展，是贴合中国当前经济发展实际的重要思想（孙久文，2017）。

（三）区域网络的其他类型

上述区域网络概念主要涉及的是区域经济网络，而在研究具体问题时也产生了区域创新网络、区域交通网络、区域人口流动网络等区域网络具体类型。

第一，区域创新网络。创新网络的研究最早集中在企业之间。Freeman（1991）首先在其文章中指出，创新网络是由于企业之间的创新协作关系而联结起来的一种网络形式。此后，对于创新网络的研究引起了学术界的广泛关注。Koschatzky（1999）认为，创新网络是不同创新主体为了知识交流而组织的学习的、非正式的、嵌入性的、可分解重组的联结系统；而 Hilmersson 和 Hilmersson（2021）基于网络理论、资源积累论扩展了创新网络的含义，认为网络化是创新主体在进行创新活动的过程中增强其竞争力的重要手段；Leite（2022）强调创新网络不仅是从一个商业目标发展而来，也是从一个社会目标中涌现出来的，它能够为企业的发展创造商机。国内学者王大洲（2001）界定了创新网络的概念，创新网络是一种基于企业创新活动而形成的正式或非正式的组织形式；刘兰剑和司春林（2009）则从管理过程的角度出发，认为创新网络是一个以知识交流与共享为基础、以现代化信息技术为支撑、以产品创新为目标的松散耦合的动态组织形式；类似地，李永周等（2018）将创新网络定义为企业在与外部频繁进行知识交流与信息共享时发展成的一种网络化的组织模式，并指出创新网络嵌入能够激发创新潜力、提高创新绩效。

随着对创新网络的研究越来越多，研究视角逐渐多元扩散，进一步丰富了创新网络的节点主体。Nonaka 和 Takeuchi（1995）拓展了创新网络的研究范畴，认为研发机构和大学也应是创新网络中的重要节点，企业通过与大学、研发机构密切合作进行知识互动与共享，这开始体现要素的流动和相互作用；Cooke 和 Schienstock（2000）提出一定区域内的创新主体在与研发机构、大学、中介组织等的互动中不断学习和改进，当这种互动发展到一定程度时将形成区域创新网络；类似地，盖文启和王缉慈（1999）也指出，创新网络是企业、大学、政府机构、科研机构等在长期的合作交易中形成的一种正式或非正式的、较为稳定的关系；高勇等（2006）将区域创新网络总结为特定区域内相互关联的企业与大学、政府、研发机构等在长期正式或非正式的交易合作中形成的一种区域共同体；梁丽娜和于渤（2021）指出，创新网络是创新主体为了打破资源共享的各种阻碍构建的一种复杂而紧密的网络联系。

第二，区域交通网络。交通网络，又称运输网络，是由各种运输网、邮电网组成的整体性交通网络（霍恩比，2014）。交通基础设施具有明显的连接属性，且其分布密度、运载能力、运输速度等特征均能较好地反映出交通节点间的联系强弱，是最常规的空间网络体系（李夏苗和曾明华，2010）。根据运输工具的不同，交通基础设施可以进一步细分为铁路、公路、内河航道、航空、管道等。金凤君（2012）指出，交通基础设施建立了地理空间中各类城市间的有效联系，通过考察交通基础设施网络能够清楚地刻画出人类经济社会活动在地域间的相互联系和影响。刘承良等（2018）指出，交通基础设施网络是当前新型城镇化建设的重要一环，在推动城市内外联系与城市经济地理区位演变中充当着关键角色。方晨晨等（2021）认为，交通网络是经济联系产生的重要途径，交通网络不仅会对区域间经济联系的距离产生影响，而且还会改变区域间经济联系的形式。

第三，区域人口流动网络。人口流动是多学科交叉研究的一个课题，国际上将人口迁徙定义为人口在两个地区之间的地理移动。魏津生

(1984）认为，人口迁徙为中国户籍制度下人口在地区之间改变户籍居住地的一种人口移动行为。段成荣等（2006）将迁徙主体的户籍地是否发生改变作为区分人口迁徙和人口流动的标准。Fan（2007）提出，通过永久迁徙和临时迁徙与户籍迁徙和非户籍迁徙等对偶词来区分人口迁徙和人口流动。部分学者进一步将人口流动定义为在不改变原居住地户口的情况下，以工作、经商等谋生为目的（旅游、上学、看病等除外）的一种自发性地理移动行为（姚华松和许学强，2008）。叶裕民和黄壬侠（2004）按照迁徙距离将人口流动分为近邻流动、中程流动和远程流动。马忠东和王建平（2010）按照迁徙目的将人口流动分为访客型人口流动、跨省经济型短期人口流动、省内跨市经济型人口流动、市内经济型短期人口流动、长期跨省人口流动、长期省内跨市人口流动、长期市内人口流动。

  人口流动网络是人口在区域间自由地流动的同时带动区域内生产要素优化的过程中形成的（蒋小荣和汪胜兰，2017），将区域（城市、省份等）作为"节点"，不同区域之间的人口流动作为"边"，便构成了区域人口流动网络（李天籽和陆铭俊，2022）。国外的学者多将人口流动描述为人口迁徙，Fagiolo 和 Mastrorillo（2013）在从复杂网络的角度研究国际迁徙时，将国际移民网络（IMN）定义为加权定向图，其中节点是世界各国，链接则是指在某一时间点原籍在某一个国家但居住于另一个国家的移民存量。Aleskerov 等（2016）在采用网络方法解决国际迁移问题的时候，将节点对应于国家，边缘对应于移徙流，对人口迁移网络给出了相似的定义。

二 区域网络的构建方法与测度指标

（一）区域网络的构建方法

  社会网络与复杂网络分析法为实证研究区域间联系和空间组织结构的深层逻辑提供了可行方案（刘奕彤等，2021）。在应用于区域网络时，将各区域视作"节点"，区域间空间关联关系为区域网络中的"线"（李敬等，2014）。一般来说，空间关联关系的测度方式可以归为以下几类。

  第一，"流态"数据。对于大部分具体的物质网络，可以通过"流态"数据来考察区域之间的流入流出情况，进而确定区域间的空间关联关系。朱鹏程等（2019）利用腾讯位置大数据平台，整理得到具有城市间移动轨迹的流动人口数据，用来衡量城市间的空间关联关系。任梦瑶等（2020）依据物流订单数据中的始发地、到达地、路线等信息，得到全国各个地级行政单元之间的货运联系矩阵，用以构建城际物流网络。Dai 等（2018）、王姣娥等（2019）基于汽车、铁路、航空等交通工具的班次数据，考察城市间交通关联程度。Wang 等（2021）根据移动电话公司的通话记录数据，并基于电话号码确定用户所在地理位置，从而搭建起区域间的网络联系。Liu 等（2019）利用专利所有权交易信息数据，对城市间技术转移网络的空间特征进行分析。

对于部分非实体性网络，也可以通过"流态"数据来反映。程利莎等（2017）基于百度搜索指数构建起城市间的信息关联网络。黎智枫和赵渺希（2016）采用某一地区豆瓣同城用户对其他地区活动的关注程度作为地区间信息联系强弱的代理变量。丁亮等（2022）认为，企业投资行为可以被视作一种资本控制，被控制企业的利润会依照投资比例分配给控制企业，从而表现为企业间的资金流向关系，因而用各城市企业间的相互投资规模可以较好地表征城市间的经济联系。王垚等（2018）基于手机信令数据，识别手机用户在样本期内跨越区域空间的位置移动频次，并将其作为区域间空间关联关系的表征。

第二，连锁网络模型。Taylor（2001）提出一种区域联系的构建方法——连锁网络模型，以高级服务供给（APS）公司的网站作为数据源，将城市之间的关联转化为企业内部网络联系，即同一公司位于不同城市的办事处之间的关联关系，联系的强弱程度通过城市内企业数量、企业的服务价值或重要性衡量。而后，连锁网络的构建思想被广泛应用于区域网络分析。Akhavan 等（2020）基于 27 家物流公司的 722 个办事处位置和等级信息，构建起欧洲城市空间关联网络。任会明等（2021）利用银行网点在城市间的布局信息，考察城市间金融网络的连接程度。王聪（2017）依据长三角地区内设有总部或分支机构的 11 类生产性服务企业的地址信息和业务联系，对该区域的空间网络特征进行分析。朱艳硕等（2019）、李雨婕和肖黎明（2021）分别基于装备制造业、绿色金融产业分布数据对城市空间组织关系进行探讨。由于 APS 公司在中国的大多数城市没有办事处，Pan 等（2017）以上市过程中 APS 公司与其客户（证券公司、会计师事务所、律师事务所）之间的业务联系构建城市网络矩阵。张旭和孙传祥（2022）利用污染型企业总部与分支机构的关联矩阵，测度城市间依附于污染型企业搭建的网络联系强度，并从中挖掘城市间污染转移的特征规律。

第三，虚拟"流"数据。对于抽象的经济联系或经济组织网络，学者们通常使用引力模型、VAR 模型等数理手段来模拟区域间的各种"流"。王越和王承云（2018）基于创新规模和城市间的最短行车距离构建城市间创新联系的引力模型。Gan 等（2021）、黄爱莲等（2021）、王新越和刘晓艳（2022）以旅游接待人数和旅游收入水平表征旅游经济发展情况，以公路、航空、高铁等的最短旅行时间表征区间距离，采用引力模型测度区域间旅游"流"，并进一步构建区域间的旅游经济网络。姚永玲和邵璇璇（2020）基于人口规模数据，运用引力模型对城市间的人"流"进行测度。在更多情况下，这些虚拟"流"数据可以解释为地区间的相互作用力。Yin 等（2017）基于包含地理位置信息的 Twitter 数据，得到各城市范围内的人口聚集情况，进而运用引力模型考察城市间的相互作用强度，从而勾勒出基于空间互动网络的城市边界。涂建军等（2017）依据城市综合实力和城市间最短公路里程数据，采用场强模型对长江经济带内各城市间影响所能辐射到的空间范围及其力量大小进行考察。张明斗和翁爱华（2022）使用供水管道密度、水资源利用效率等数据构建起城市间的空间关联网络，以探究某一城市水资源利用效率提升对其他城市的影响力。王小华等（2022）、陈丽娴（2022）分别对经济高质量发展、生产性服务业的空间网络关联关系进行考察。

（二）区域创新网络的测度与指标选取

学者们测度区域创新网络较为常见的度量方法通常基于合作论文数、合作专利数、专利转移数等数据，利用 ArcGIS、Networks、Ucinet 等软件构建城市间的创新网络。

第一，基于合作专利、合作论文数构建创新网络。Krätke（2010）在研究德国城市之间创新网络的结构时采用创新主体合作专利的数据，并借助社会网络分析法对德国城市的创新网络进行了测度。孙天阳和成丽红（2019）基于合作申请专利数据，借助社会网络分析法探究了中国区域的协同创新特征，研究发现中国经济发达地区协同创新最为密集；王斌等（2022）以联合专利数为变量构建了成渝城市群近十年的创新网络，发现成渝地区的协同创新网络虽已初步形成，但存在明显的"中心—边缘"结构。李丹丹等（2015）选择生物技术领域的合作论文、合作专利数来构建中国城市间的科学、技术知识网络；席强敏等（2022）基于论文合作、专利合作分析了京津冀地区科技合作的影响因素。

第二，基于专利转移构建区域创新网络。段德忠等（2018）以国家知识产权局的专利转让记录为基础，构建了中国城市间的创新网络；同样地，周麟等（2021）也是采用国家知识产权局的专利转移数据来研究2006—2018年中国创新网络的演变过程，研究表明，中国区域创新格局南北分异显现、"菱形构架"稳固；殷德生等（2019）基于城际专利转移的数据，揭示了长三角城市群创新网络的演化特征；周密和孙泜阳（2016）运用城市间双向专利转移数据对京津冀13个城市的协同创新网络进行了论证；许佳琪等（2019）基于中美开展科创合作的城际专利技术转移数据研究发现中国对美国的技术依赖问题严重。

第三，利用引力模型构建创新网络。刘建华和李伟（2019）借助修正后的引力模型对中原城市群35个城市的创新空间结构和联系进行了探讨；盛彦文等（2020）以专利申请授权数、R&D人员和经费等指标为基础，通过引入修正后的引力模型，考察京津冀、长三角、珠三角三大城市群内部各城市之间创新联系的紧密度；陈清怡等（2021）从复杂网络的视角，在测算广东省各城市创新发展水平的基础上，运用修正后的引力模型、重心分析模型等刻画了城市间创新网络格局的演化过程；还有学者以断裂点理论和引力模型为基础测算了粤港澳大湾区创新网络能够辐射的范围和强度，然后利用创新强度构建了城市间的创新网络（刘心怡，2020）；周正柱等（2022）同样基于断裂点公式和引力模型等刻画了长三角城市群的创新网络时空演变特征。

第四，从企业内部关联角度构建创新网络。部分学者另辟蹊径，从企业内部关联的角度研究创新网络结构，如黄晓东等（2021）利用1778家国家级创新企业的内部关联数据建立城市网络关系矩阵，同时借助GIS技术、空间交互模型、社会网络分析法等分析了城市间的创新网络联系特征；范雅辰等（2021）采用中国创新能力1000强的高新技术企业总部和分支机构数据，并借助连锁网络模型、核密度分析法等探究了中国城市创新网络；邱衍庆等（2021）基于高新技术企业总部与分支机构空间数据描绘了粤港澳大湾区创新网络格局；周晓艳等（2020）选择独角兽企业内部关联数据，从网络层级、网络节点以及关联模式三个方面分析了中国城市创新网络的空间结构；马海涛（2020）应用创新企业分支机构多城分布的数据构建了中国城市的创新网络。

(三) 区域交通网络的测度与指标选取

第一，采用交通基础设施相关的指标对交通网络进行测度。Cook 和 Munnell（1990）认为交通基础设施具备特有的网络特征。因此，使用交通基础设施投资存量、公路与铁路里程数等对交通网络的建设水平进行衡量。李涵和黎志刚（2009）使用不同等级的公路长度作为交通基础设施的代理变量。刘勇（2010）利用 28 个省份的公路水运固定资本存量，研究交通基础设施对经济增长的空间溢出效应。刘育红（2012）则选用交通基础设施的投资来衡量当前的存量水平，认为交通基础设施的投资与经济增长之间存在正相关关系。还有一些学者通过交通密度对交通基础设施进行测度。刘秉镰等（2010）采用每平方千米铁路营运里程和每平方千米公路通行里程来对铁路和公路的存量进行核算。Farhadi（2015）以公路密度和铁路密度来衡量基础设施的投资水平，研究经合组织成员的基础设施对经济增长的影响。鲁渤等（2019）在研究东北地区交通通达性与经济增长之间的关系时，以公路密度来代表交通基础设施的通达性水平。刘生龙和胡鞍钢（2011）、王晓娟等（2019）等也都是运用交通密度对交通基础设施存量进行核算的。

第二，基于可达性理论对交通网络进行测度。Song 和 Yang（2016）使用加权平均出行时间和经济潜力两个可达性指标对县域交通网络进行测度。刘安乐等（2017）选用加权平均距离法对跨省山区的区域交通网络结构进行测度，并以乌蒙山为例对其交通网络的可达性进行评价。张梦婷等（2018）、唐宜红等（2019）通过计算高铁站到城市中心的距离，并将市场准入用于中国交通网络的研究中，集中分析高铁对社会经济发展产生的影响。张禹和陈春春（2021）基于 2005—2017 年铁路列车时刻表数据构建中国高铁网络，从网络中心度和市场可达性两个方面验证高铁开通对城市创新质量的影响机制。李涵等（2020）使用县级地理中心到高速公路的直线距离来衡量高速公路的通达性。刘冲等（2020）利用高度细化的交通路网分布图估算各个城市间的运输成本来构建市场可达性。吴群锋等（2021）同样使用交通路网分布图，计算城市间的最短运输时间以构建市场可达性，研究交通基础设施建设带来的国内市场一体化对企业出口行为的影响。

第三，基于城际联系对交通网络进行测度。朱桃杏等（2011）运用铁路出行的各个区际和城际轨道交通班次数据构建矩阵，对京津冀区域的铁路交通网络结构进行评价。李涛等（2012）使用 ArcGIS 软件对不同时间断面各节点城市间的最短旅行时间进行计算，并采用站场等级为权重对最短旅行时间进行赋值以衡量珠三角地区铁路网络的通达性。赵映慧等（2017）运用 O-D 城际高铁频次数据，建立城市群 O-D 高铁运营频次矩阵，采用社会网络分析法对城市群的高速铁路网络结构和特征进行分析。叶堃晖和袁欣（2018）依据2016年建成通车的高铁线路和列车时刻表从复杂网络理论的视角构建高铁地理网和车流网。张禹和陈春春（2021）将是否开通高铁作为一项准自然实验，收集整理了列车时刻表数据，获取城市对之间详细旅行数据的基础上，构建中国铁路网络。马为彪等（2022）将长三角地区所有的地级市是否开通高铁作为一项准自然实验，构建铁路网络的0—1矩阵，并在此基础上选用点度中心度和中间中心度作为高铁网络多中心发展水平的指标。李卓伟等（2022）选用东北地区铁路和长途汽车时刻表数据，以平均1天内的往来班次频率来表达交通网络。张培文等（2021）采用中国民航冬春航季航班数据，以机场所在城市为节点，以航线为边形成航空网络。韩瑞玲等（2022）选择中国民航旅客吞吐量排位前60的机场所在城市作为网络节点、节点间航线联系作为边构建中国航空网络。

（四）区域人口流动网络的测度与指标选取

对于中国人口跨地区流动网络，陈锐等（2014）基于第六次全国人口普查数据，将户籍地在外省市的定义为流动人口，并采用改进后的引力模型，搭建起省域间的人口流动有向网络，并利用社会网络分析方法对其空间格局特征进行分析。沈诗杰和沈冠辰（2020）则基于2015年全国流动人口卫生计生动态监测数据，从在流入地居住一个月以上的人中，抽样提取人口流动社会网络矩阵来研究其空间特征。随着大数据的发展，许多学者开始基于腾讯和百度公布的位置迁徙数据，研究中国城市人口流动网络。张伟丽等（2021）基于腾讯人口流动数据研究人口流动网络空间格局演变及影响因素；李天籽和陆铭俊（2022）则基于2016年和2018年的腾讯位置大数据，研究人口流动网络的空间特征和影响因素。国内关于人口流动的相关文献也常采用常住人口和户籍人口的比值或差值来衡量人口流动（王丽艳和马光荣，2017）。

三 区域网络演进的时空特征

（一）区域经济网络

从全球来看，由 Taylor 等创立的全球化与世界城市（GaWC）研究机构基于历年城市的高级服务业数据，使用连锁网络模型对全球 700 多个城市进行测度评估。在其公布的《城市分类 2020》（Classification of Cities 2020）中，伦敦和纽约是全球仅有的两个 Alpha++城市，与世界其他城市具有高度连通性；中国有 28 个城市入榜，Alpha+有 3 个（香港、上海、北京），Alpha-有 3 个（广州、台北、深圳），Beta+有 1 个（成都），Beta 有 4 个（天津、南京、杭州、重庆），Beta-有 8 个（武汉、长沙、厦门、郑州、沈阳、西安、大连、济南），Gamma+有 4 个（青岛、苏州、昆明、合肥），Gamma 有 2 个（台中、海口），Gamma-有 3 个（福州、哈尔滨、太原）[①]。刘莹等（2020）的研究认为，2003—2017 年中国区域经济协同网络格局实现了由星形覆盖格局，到扇形发散格局，再到多层嵌套格局的动态演进。覃成林和韩美洁（2022）通过对中国区域经济发展的空间格局进行分析，指出中国区域经济发展呈现出珠三角、长三角、环渤海、长江中游、成渝、中原、关中等多个增长极并存的空间组织结构，且这些增长极内部及之间的联系稳速增强。

更多时候，学者们偏向于某一特定区域网络特征研究。安俞静等（2018）指出，中原城市群整体上展现为"钻石"形的立体空间结构，且以郑州为核心，陇海线、京广线沿线城市为轴线，省内强而省际密的分层态势突出。王圣云等（2019）认为，长江经济带城市群内部城市间的经济联系存在突出的方向性，上海、苏州、重庆、武汉对其他城市的作用远高于其他城市的反作用，重庆、武汉、成都等城市的"中间人"作用明显，整体网络呈现"西疏东密"。谷国锋等（2020）发现，东北地区城市群存在较为明显的"中心—外围"结构，沈阳和哈尔滨是东北地区经济网络的两个核心节点。刘传明和马青山（2020）发现，黄河流域的高质量发展逐渐实现由"点"至"面"的动态演变，西安、洛阳、焦作等城市在整个网络中同时扮演"领头雁"和"桥梁"的角色。张学良等（2021）指出，长三角地区的空间结构已由上海"单核"辐射模式转变为

[①] 数据来源于 GaWC 公布的 Classification of Cities 2020，详见 https：//www.lboro.ac.uk/microsites/geography/gawc/world2020t.html。

"一极多核"模式，邻近型与跳跃型的网络联系并存，且都市圈的空间组织形态初步显现。涂建军等（2022）发现，成渝地区整体表现为以成都、重庆中心城区为核心，德阳、绵阳、眉山、江津、永川、涪陵为节点的"双核一轴两带"格局。

（二）区域创新网络

第一，基于全国整体视角研究创新网络特征。学者们普遍认为中国主要城市间的创新网络呈"核心—边缘"的空间结构，且小世界特征显著、网络规模和网络密度发展迅速，但对中国创新网络的具体描述略有不同。有的研究将中国的创新网络界定为以北京、上海为顶级的五级塔型创新体系（吕拉昌和李勇，2010），随着经济发展向多中心格局转化；或者是以京津、广深、宁沪、成都等创新能力强的城市为节点的菱形网络结构（周灿等，2017）；还有以北京、上海、深圳为中心的"核心—边缘"结构（段德忠等，2018），以北京、上海、成都、深圳为顶点的"菱形结构"（周麟等，2021），以北京为强核心，以上海、武汉、南京为核心的"核心—边缘结构"（鲜果等，2018）；以及"三网"镶嵌（骨干网+区域网+专业网）格局（周锐波等，2021）。虽然近些年省际创新网络规模和集聚性不断扩大，但多数研究认为中国创新网络始终呈现"东强西弱""东密西疏"的特点（吕拉昌等，2015；鲜果等，2018；周晓艳等，2020）。还有学者站在全球角度，重点分析了中国在全球创新网络中的地位，研究发现中国在全球创新网络中的地位不断提升，国际合作的强度和深度不断加大（王佳希和杨翘楚，2022）。

第二，基于区域视角研究创新网络特征。京津冀城市群创新网络的特征正在由简单向复杂转变，并且网络节点越来越多，网络联系越来越密切（吕拉昌等，2019）。长三角则表现为"核心—边缘"和凝聚子群的特征（孙宇和彭树远，2021），省会城市、直辖市以及制造业强市在创新网络中处于重要的节点位（毕鹏翔和唐子来，2022）；也有学者将长三角城市群创新网络描述为以"Z"字形为主轴的类钻石状空间分布（盛彦文等，2020）。粤港澳大湾区正由以"广州—香港"双核心的创新网络特征向"广州—香港—深圳"的三角结构转变（许培源和吴贵华，2019）。珠三角地区的创新联系较为稠密，形成了以珠江口两侧的城市为核心，其余城市为重要节点的空间格局（盛彦文等，2020）。成渝地区技术创新网络呈现出"多中心、多层次"的特征（黄兴国等，2020），形成了以成都为中心，以重庆、绵阳等多个城市为次中心的网络结构（王斌等，2022）。

第三，从产业视角出发探究中国区域网络演化特征。梁娟等（2022）提出中国科技服务业的创新网络呈现出以东部为中心，以东北、中部、西部地区为边缘的"核心—边缘"特征；索琪等（2022）基于电子信息产业专利数据，研究发现电子信息产业创新网络空间分布不均衡，具有明显的"核心—边缘"特征；Wang和Cao（2022）以先进装备制造业为研究对象，发现创新网络具有快速增长、成熟、衰退和更新不同发展阶段，并且在不同的发展阶段创新网络呈现不同的聚集性和小世界特征；Wang等（2021）认为，绿色建筑创新网络存在无标度的特征；Liu等（2022）将中国文化产业集群创新网络描述为以北京为核心，以上海、江苏、广东、浙江和山东为辅助层，其余省份为外围层的结构特征；还有学者分析了中国光伏产业的创新网络特征，发现中国光伏产业创新网络的结构日益优化，创新主体之间的空间距离逐步扩大，合作互动日益频繁，节点数量逐年增加，产业链各环节合作越来越密切（Teng et al.，2021）。

（三）区域交通网络

第一，对铁路网络特征的研究。朱桃杏等（2011）发现，京津冀地区形成以北京、天津、石家庄为铁路网络核心，唐山、秦皇岛为次核心，其他城市节点为第三梯队的格局。焦敬娟等（2016）认为，全国、三大地带、各城市社区（城市群等）呈现位序—规模分布格局。赵映慧等（2017）发现，中国三大城市群高铁网络具有显著的"小世界"特征，其中珠三角的"小世界"特征较弱。钟业喜和郭卫东（2020）认为，中国高铁网络较为松散，其地域组织形式表现为点—轴串珠模式、双核组团模式和极核模式，高铁网络日益完善使组织模式由单核模式向网络化转变。Xu等（2021）认为，东北地区高铁网络中的城市普遍呈现出弱连通性，高铁网络整体中心性以"一轴四边"为特征。Ding等（2022）发现，中国轨道交通网络沿西南方向逐渐扩大，路线分布更加均衡，在新冠疫情期间，网络结构变得相对松散和缓慢。

第二，对航空网络特征的研究。王姣娥和莫辉辉（2014）认为，中国航空网络具有异速增长特征，网络度分布特征逐渐向具有"无标度"特性网络转变。Dai等（2018）研究表明，东南亚的航空运输网络是一个无规模的网络，枢纽城市的数量不断增加，一直具有小世界特征。Bombelli 等（2020）则从航空货物角度对航空运输网络进行分析，航空货运网络具有小世界和无标度特征，并且与客运网络相比，特征路径长度更小。张培文等（2021）发现，在2010—2019年十年间中国航空网络的特征路径长度减小，小世界特征有所减弱，位于平均度值附近的高聚类系数节点增长较多，网络层级加强。韩瑞玲等（2022）发现，中国客运航空网络整体的节点度幂律分布特征明显，网络的首位度突出。

第三，对公路交通网络特征的研究。陈娱等（2017）以百年为研究尺度对京津冀的陆路交通网络空间格局进行分析，认为其已从廊道型发展为同心圆结构。古恒宇等（2018）采用空间句法对长江中游城市群公路交通网络进行研究，认为长江中游城市群从整体上表现出较强的集聚现象，且可归纳为"双轴多点，网状廊道"的空间结构。王启轩和程遥（2020）对中国三大城市群的公路货运网络特征进行分析，认为长三角和珠三角分别形成了以上海和广州为单核心的多层次公路货运网络，京津冀的网络结构则相对简单，货运网络以北京和天津为双核心，以核心城市向其他城市辐射的单项联系为主。高湛和韦胜（2022）的研究表明，长三角地区形成了以上海市为核心的多层辐射的公路货运物流网络体系，货运网络整体上呈现出"金字塔"结构。

（四）人口流动网络

赵梓渝和王士君（2017）通过百度迁徙数据对2015年春运省际人口流动进行分析发现，春节前后两个时段的人口流动空间指向性呈对称关系，人口流动的起止城市也呈对称性，并在全国范围内形成了核心—边缘的网络结构。盛广耀（2018）发现，中国省际人口流动网络由最初稀松脆弱的网络逐步演化为联系紧密的稳健性网络结构，呈现出发散性人口流出和聚集性人口流入的网络化特征。赖建波和潘竟虎（2019）基于腾讯迁徙数据，揭示出国庆—中秋期间人口流动空间格局呈现出明显的核心—边缘结构。Lai 和 Pan（2020）在对2018年中国春节旅游高峰期城市人口流动网络结构的特征进行分析时，发现城市网络节点的程度是幂律分布，因此网络是无标度的，具有小世界特征。陈双等（2020）基于腾讯迁移大数据，发现长三角城市群"返乡流"和"返城流"在春节前后两个时间段也形成了明显对称性，其内部人口流动网络则以上海和杭州为核心城市向外辐射，由东向西的城市流动最为频繁。薛峰等（2020）对长三角城市群人口流动网络的中心性和对称性进行研究，发现区域人口流动网络已经形成"直辖市—省会城市——般地级市"三级梯队结构，并且由于强中心城市的虹吸效应，"核心—边缘"结构进一步加强。Zhang等（2020）利用腾讯位置大数据发现人口流动的空间分布格局相对稳定，总体呈菱形，共有7个中心点，其中最具吸引力的城市位于东部发达的城市群。王雪微等（2021）基于人口流动视角，研究发现长三角城市群网络呈明显的"强连接"特点。

四 区域网络对区域经济发展的影响

（一）区域网络与区域经济增长

随着区域网络化特征日益显现，学术界已经关注到区域网络对于区域经济发展的影响。Capello（2000）最早采用"城市网络外部性"分析城市网络对区域经济发展的影响。多数学者认为，区域网络对区域经济增长存在显著的正外部性。Huang等（2020）指出，城市网络外部性对城市经济增长存在显著的促进作用，邻近中心性较高的城市往往享有较高的经济增长，且城市网络外部性能够突破地理邻近的限制，产生跨空间的溢出效应。陆军和毛文峰（2020）认为，城市间的网络联系使得集聚经济效益不再受限于地理距离，而是基于城市间网络联系实现共享，并进一步提出城市网络能够通过提升要素配置效率、强化创新知识溢出、深化产业分工协作、"借用规模"等路径推动区域经济高质量发展。丁如曦等（2020）通过对长江经济带城市网络的经济增长效应进行分析，发现城市经济网络能够通过加快要素流动、增进产业竞争合作等路径，驱动区域内各城市间融合互动与区域经济协调发展，是效率与平衡兼得的空间组织方式。

部分学者关注到了区域网络对区域经济增长的负外部性问题。Glaeser等（2016）提到，城市网络可能短期内对欧洲地区有利，但在长期发展过程中，欧洲将会因缺乏特大城市而失去大型新企业进驻机会，致使经济遭受损害。种照辉等（2018）从人口流动、企业组织、电子商务三个方面对长三角城市群经济网络的特征和经济增长效应进行考察，发现资本和政府行为在人口流动网络下存在明显负向溢出效应，反映出城市间由于资本要素或政府政绩竞争而导致的负外部性。安顿等（2022）发现，滞后一期的工业投入在区域网络关联下具有显著负向溢出效应，且这种负向影响大概率是由产业联系的虹吸效应所致。因而，有学者对区域网络与区域经济增长之间的相互作用关系持怀疑态度，地区属性

（地理、经济、历史背景）的复杂性和区域经济网络的复杂性使得二者之间尚未显现出直接的作用效果（Pain et al.，2016；Frost，2017）。

（二）区域创新网络的影响

学术界关于创新网络的影响大致分为三类，一类是探讨创新网络对企业、区域创新绩效的影响，另一类是主要关注创新网络对知识扩散的影响，还有一类是研究创新网络对经济的影响。

第一，创新网络对企业创新绩效的影响。国外学者Nieto和Santamaria（2007）指出，创新网络的协作程度对企业创新绩效具有正向影响；部分学者从网络关系强度的视角进行实证研究，发现创新网络关系强度越大，企业越能从中获得有用信息以增强自身创新能力（Larson，1992；Perks et al.，2009）；但也有学者对此有不同的见解，Burt（2009）认为网络关系越强反而会抑制企业创新，因为较弱的关系强度能够帮助企业排除冗余信息，进而提升企业创新绩效；而Donnelly（2019）则认为创新网络关系强度和技术创新之间呈倒"U"形关系，持相同观点的还有Jin和Shao（2022）。李林艳（2004）、艾志红（2017）认为网络规模对企业创新能力具有积极推动作用；陆云泉等（2018）表示创新网络规模与企业创新绩效呈现倒"U"形关系，但创新网络开放程度和互动程度正向影响创新绩效。

第二，创新网络对区域创新绩效的影响。Sun等（2022）以成渝城市群16个城市为研究对象，发现城市内部网络的平均加权度以及城际间的网络密度和合作强度都对创新绩效有显著的正向影响，而城际间创新网络的中心度对城市创新绩效呈现负效应；Feng等（2022）基于复杂网络视角探讨中国城际创新网络对创新能力的影响机制，发现节点度与城市创新能力呈"U"形关系，而节点强度正向影响城市创新能力；Petraite等（2022）承认全球创新网络在提升国家创新系统的技术学习中具有中介作用；李言睿和马永红（2021）发现，无论是网络密度还是网络开放度、关系强度，都能够正向影响知识创新绩效。

第三，创新网络能够促进知识转移、知识扩散。DeBresson和Amesse（1991）实证研究表明，创新网络的构建极大促进了知识的流动与共享；Huggins（2014）指出，网络中的组织关系有助于创新主体获取创新活动所需的知识资源；Ahuja（2000）、李兰冰（2008）强调，区域创新网络的邻近性特征有助于创新主体分享知识、实现知识溢出，进而促进新知识的产生；冯立杰等（2023）认为，创新主体可通过搭建延伸互通型、行业区域联盟型或者精准互通型创新网络实现知识共享和互动。

第四，创新网络对经济发展的影响。王鹏和钟敏（2021）基于 WIPO 的专利匹配数据，构建了粤港澳大湾区创新网络，发现创新网络能够直接影响城市经济韧性，并提出"核心—边缘"的城市结构更有利于创新活动的开展；陈文锋（2021）基于信息技术产业 101 家上市公司数据，研究表明对于创新网络效率较高的地区，更多的研发投入更有利于战略性新兴产业的赶超发展；孟庆时等（2022）认为，企业间创新网络的规模、连通性的提高都能够推动产业升级；Singh 等（2022）基于 117 家印度中小企业数据，证实了创新网络构建有利于提高中小企业的经济绩效，企业的国际化水平和创新绩效依次在其中起了中介作用；何雄浪和严红（2010）提到，创新网络能够实现区域内部以及企业与企业之间的外部规模经济效应，并且企业还可以通过知识扩散和交流实现区域创新网络的范围经济效应。

（三）区域交通网络的影响

第一，交通网络对经济发展的影响。Banister 和 Berechman（2001）发现只有当经济、投资、制度等方面的发展达到一定程度时，运输基础设施才会对经济增长产生影响。荣朝和（2011）将时间距离作为核心变量，对时空关系和时空结构进行了研究，强调了交通时间对经济活动的影响。Ke 等（2020）认为，道路和铁路质量的提升以及交通基础设施结构的升级为中国经济的增长做出了巨大贡献。Donaldson（2018）认为，铁路网络会通过贸易成本的降低、地区价格差的减少以及实际收入水平的增加对经济发展水平产生影响。郭伟等（2020）则认为，高铁网络在空间上的集中分布导致高铁的竞争和挤压，使得高铁的使用效率低下，从而降低了经济增长的幅度，导致经济活力降低。交通网络的发展不仅会对本经济产生影响，还会通过空间溢出影响周围地区。张学良（2012）发现，交通基础设施的改善会促进本区域的经济增长，且周围地区交通基础设施的改善也会对本地的经济增长产生影响。张克中和陶东杰（2016）指出，高铁开通会使得区域内的中心城市产生"极化"作用，从而吸纳周边地区的人才、资金等生产要素，在促进本地区经济发展的同时也抑制了周边地区经济的发展。Wei 和 Li（2018）发现，京沪高铁区的铁路网在推动本地区经济发展的同时，能够有效促进高铁沿线地区经济的增长，扩散效应明显。Elburz 和 Cubukcu（2021）以土耳其为例研究了交通基础设施对区域增长的空间影响，认为交通基础设施的优化具有较强的空间正外部性。兰秀娟（2022）认为，高铁网络的发展会使得城市群以及城市群内部的联系更为紧密，导致中心城市扩散效应的增强，促进人力、物力、资金等要素在区域之间的流动，进而带动城市群外围城市的经济发展。

第二，交通网络对产业结构的影响。王巍和马慧（2019）以"中心—外围"理论为基础，认为高铁网络会通过劳动力的转移，加大城市之间的工资差距，扩大知识溢出的范围，引起产业集聚水平的变化。黎绍凯等（2020）则从促进要素流动和再配置的视角论证了高铁显著提升了产业结构由低级向高级转化的进程。李强和王亚仓（2022）认为，高铁网络明显地促进了长江经济带的产业升级，但这种影响存在区域异质性，对长江上游地区的产业升级具有明显推动作用，而对中游和下游地区影响并不显著。孙伟增等（2022）认为，高铁开通对产业结构的影响存在异质性，若高铁连通城市之间的产业结构不同而经济发展水平相近时，会导致产业结构两极分化，若产业结构与经济发展水平均有差异时，产业结构则会表现出趋同态势。

第三，交通网络对创新的影响。交通网络对创新的影响主要体现在两方面：一是交通网络对企业创新的影响。诸竹君等（2019）认为，交通基础设施会通过逃避竞争、知识共享和规模经济等机制作用于企业科技创新。马涛等（2020）发现，企业融入高铁网络使得科研人员在空间上能够更好地集聚，提高了企业创新能力。孙文浩和张杰（2021）探究高铁网络的企业创新效应，发现高铁网络密度与企业间创新差距具有显著的非线性关系，在高铁网络密度增强的初始阶段，企业间差距逐渐缩小，但伴随高铁网络密度的进一步加强，差距出现扩大趋势。二是交通网络对区域创新的影响。Donaldson 和 Hornbeck（2016）认为，高铁网络的建设会对城市群的空间结构产生影响，使得区域间的投资增加，从而降低创新的成本与风险，推动企业开展创新活动。Baum-Snow 等（2017）认为，地区交通基础设施的改善会使得居民由中心区向外围区域迁移，进而产生中心城市向周边地区知识溢出和辐射带动效应。余泳泽等（2019）发现，高铁网络会通过促进人力资本等要素的流动、企业间的学习活动以及贸易和合作对技术创新的外溢产生影响。许冰和来逢波

（2022）发现，高铁的开通对不同地区的城市创新的影响具有异质性，与东部和中部地区相比，西部地区高铁开通对创新的影响更大；从城市规模来看，高铁开通更好地促进了大城市间要素的流动，随着时间的推移，大城市集聚成本提升，倒逼生产要素向中小城市转移，中小城市的创新水平也得以提升。

第四，交通网络对人口流动的影响。马伟等（2012）发现，交通基础设施的改善降低了人口迁移的物质成本和心理成本，极大地促进了人口的大规模迁移。岳钦韬（2014）研究近代长三角地区的交通发展和人口流动，认为铁路运输能够显著强化区域间人口流动的规模及人口流动的选择范围。王赟赟和陈宪（2019）发现，高铁的开通能够促进沿线城市人口的集聚，同时也使得西部人口向东部流动，北部地区的人口向南部流动。姚永玲和邵璇璇（2020）认为，高铁网络的快速发展改变了城市的区位和相互关系，缩短了城市间的时间成本，增加了对人口的吸引力。黄春芳和韩清（2021）发现，高铁网络完善使得沿线城市人口流动量增大，但最终作用效果因城市规模而异，对于中等城市会引致虹吸效应扩大，而对于超大城市会强化人口集聚能力。

第五，交通网络对全要素生产率的影响。刘秉镰等（2010）认为，交通基础设施的完善能够增加知识、技术等在空间内的有效扩散，提高资源的配置效率，促进经济集聚和市场的扩张，进而提升全要素生产率。龙小宁和高翔（2014）发现，高速公路建设能够显著优化小城镇企业的生产效率。陈文新等（2017）以丝绸之路经济带沿线省份为研究对象，通过实证分析发现，铁路是区域全要素生产率增长的主要拉动力，具有较强的空间溢出效应。张召华（2020）研究高铁建设对企业间资源错配的影响，认为交通基础设施能够提高企业生产率，缓解企业间的资源错配。赵星和王林辉（2020）发现，高速公路和高速铁路对全要素生产率的影响最为显著，且在同一交通网络体系内交通网络的等级越低，作用强度越弱。程中海和柴永乐（2021）发现，交通基础设施对全要素生产率具有明显的提升作用且这种作用具有异质性，中西部地区的交通基础设施能够明显地促进全要素生产率的增长，而东部地区促进作用不明显。

（四）区域人口流动网络的影响

区域人力流动网络的影响体现在经济增长、创新创业、城市化等方面。张莉娜和吕祥伟（2021）认为，劳动力流动促进了经济增长，但财政分权抑制了劳动力流动对经济增长的促进作用；史桂芬和李真（2020）通过对长三角城市群的研究，发现人口流动能通过优化产业结构、促进科技创新和增加居民消费来促进经济增长；Șerban 等（2020）发现，技术移民对东道主国家的经济增长有显著的促进作用；陆丰刚（2021）指出，东三省作为人口流出大省，人口流出显著地抑制了东三省的总产出和人均产出。崔婷婷和陈宪（2021）研究表明，人口流动能从增加城市人力资本和推进产业结构升级两条道路来促进城市创新能力；叶文平等（2018）研究发现，流动人口比高能提高城市创业活跃度；Akcigit 等（2017）基于美国专利和人口普查数据研究发现，移民发明家极大地促进了美国的创新能力；Azoulay 等（2022）发现，移民在美国劳动力市场中更多地扮演着"就业创造者"的角色；Blit 等（2020）在研究技术移民对加拿大创新能力的影响时发现，技术移民并不能极大地缓解加拿大创新缓慢的现状。颜咏华和郭志仪（2015）发现，人口流入能加快城市化进程，但人口迁移却因户籍制度的阻碍对城市化进程并无太大影响；邓金钱（2017）发现，人口流动能减弱政府主导对城乡收入差距的加剧作用，但这种收敛作用具有区域异质性，在东部和中部地区表现明显，在西部地区则会呈现相反的情况；Imbert 等（2022）通过对中国农村向城市迁移现象的研究发现，迁移会使得中国制造业的劳动生产率下降，并会引发以劳动为导向的技术变革。

第二节 "资源诅咒"与资源型地区经济转型研究动态

本节在对国内外"资源诅咒"及其成因解释进行梳理基础上，重点对中国资源型地区经济转型的文献及实践进行总结。

一 "资源诅咒"的国内外表现

近代以来，丰裕的自然资源对美国（Habakkuk，1962）、澳大利亚、加拿大等发达国家快速工业化进程起到了非常关键的作用，出口资源密集型产品也为欠发达国家提供了必要的财富积累。然而，20 世纪 60 年代以来，许多资源丰裕的国家如荷兰、尼日利亚（Ezeala-Harrison，1993）、俄罗斯（Algieri，2011）、哥伦比亚等出现了"反工业化"现象，制造业受到负面影响，资源产业锁定了大量的经济要素，其他产业的健康发展受到阻碍，严重影响了经济结构的正常演进升级。Auty（1993）首次提出"资源诅咒"（Resource Curse）假说。这一假说主要是基于资源丰裕水平与地区经济发展之间的负向相关关系；后来这一概念得以拓展，凡是资源型地区的问题如资源损耗与"反工业化"、资源依赖、产业结构单一、经济衰退等，均被认为是"资源诅咒"现象（张复明等，2016）。这里主要从资源依赖与经济增长反向变化关系角度进行狭义综述。

第一，国外"资源诅咒"研究文献较为丰富且不断增加。Sachs 和 Warner（1995；1999；2001）的研究证实"资源诅咒"存在，且其对地区经济发展存在明显的抑制作用，资源类产品出口量的扩大将会带来经济增速的显著下滑。2000 年以来，伴随初级产品价格上涨以及全球经济的快速发展，"资源诅咒"成为各国关注的重点话题，不少学者纷纷对其展开了再检验。Gylfason（2001）对全球 65 个资源丰裕国家研究发现，资源产品在社会总产出中所占比重每提高 10%，经济增速下降 1%；奥蒂（2006）的研究指出 1960—1990 年的 30 年间，自然资源相对稀缺的国家反而拥有较快的人均 GDP 增长率，而自然资源相对丰裕的国家则呈现缓慢的增长，且资源匮乏国家的发展速度是资源丰裕国家发展速度的 2—3 倍。Stijns（2005）、Brunnschweiler 和 Bulte（2008）、Murshed 和 Serino（2011）等也对"资源诅咒"是否存在展开了丰富研究。与此同时，也有学者对某一国家或地区内部的"资源诅咒"现象进行探查。Papyrakis 和 Gerlagh（2007）研究发现，美国阿拉斯加州和路易斯安那州的经济发展较为缓慢，并指出这可能与这些地区的资源丰裕度有关，即美国州级单元也存在"资源诅咒"问题。Freeman（2009）、Gerard（2011）、赵伟伟和白永秀（2009）的研究也支持这一结论。Manzano 和 Gutiérrez（2019）认为，一个国家内部各地区之间存在"资源诅咒"，并用"Subnational Resource Curse"来定义，具体含义为自然资源财富对国家内部各地区的经济、政治或环境的影响总体上是负面影响，且一国内部"资源诅咒"的存在因为各地区的制度或发展背景存在差异。

第二，国内"资源诅咒"问题从省级、地级市以及县域层面开展多尺度实证及案例研究。徐康宁和王剑（2006）的研究指出，资源相对匮乏的江浙、广东、福建等地区经济增长速度较快，而资源较为丰富的山西、东三省地区经济增长速度较为缓慢，即"资源诅咒"效应在中国省域经济中确实存在。胡援成和肖德勇（2007）的研究结果类似，上海、江苏、浙江等省份的人均GDP增长率相对较高，而黑龙江、山西、新疆等地区的人均GDP增长速度较为缓慢。韩亚芬等（2007）指出，山西、黑龙江、内蒙古、陕西、安徽、贵州、新疆等省区存在较为严重的"资源诅咒"问题。邵帅和齐中英（2008）对20世纪90年代以来西部地区的能源开发活动进行了研究，发现其与西部地区的经济水平之间存在明显的负向相关关系，伴随能源开发强度的提高，西部经济发展水平受到显著抑制。邵帅和杨莉莉（2010）提出，丰富的煤炭资源本身并不会带来负向经济影响，"资源诅咒"问题出现的根本原因是煤炭资源丰裕所引致的资源产业过度依赖。董利红和严太华（2015）使用面板数据模型研究指出，技术投入和对外开放对中国省级层面"资源诅咒"存在门槛效应，技术投入和对外开放高于门槛值时能够明显改善资源依赖与经济增长的关系，促进区域经济发展。邱洋冬和陶锋（2020）认为，中国地级市层面存在自然资源约束中国城市经济增长的"资源诅咒"效应，资源依赖型经济中企业技术创新能力相对较低。郝晓伟等（2022）使用空间断点回归发现，中国的县级地区层面也存在"资源诅咒"，而且资源依赖对教育投入存在显著的挤出效应。

第三，"资源诅咒"也表现在资源型地区经济波动性较强、资源枯竭导致经济衰退。徐康宁和王剑（2006）研究发现，初级产品价格的波动率较高，往往在一两年的时间内就能达到30%，所以由于国际市场的变化而带来的资源收入具有极高的不稳定性，从而经济也会随之发生剧烈波动，难以实现持续增长。周黎和李程宇（2019）认为，智利和阿根廷在陷入"资源诅咒"后较为激烈的经济波动说明丰裕资源的确容易引发经济剧烈震荡从而产生衰退。周晓博等（2017）认为，在世界范围内，资源依赖度较高的国家经过十年的高速增长后会面临增长缓慢的困境，这样的结果一定程度上取决于资源价格的波动。丰裕的自然资源使各国面临商品价格波动，这可能阻碍投资（Sala-I-Martin and Subramanian, 2013），从而带来经济的波动（张复明和景普秋，2006）。Herbertsson等（2000）指出，资源产出的高度不稳定性会带来利率和汇率的波动，由此提高了本国以及外国投资者的风险，导致缺乏社会投资难以促进经济的持续增长。随着自然资源的不断开采，资源型地区如果不积极谋求产业的转型升级和发展模式的转换，终将会面临资源枯竭、发展衰退的问题。

孙久文等（2019）指出，1978年以来随着经济体制变革与东北地区资源日渐耗竭，当地的经济发展陷入停滞甚至倒退困境，由于缺乏新的经济发展动力与应对资源型产业萧条的丰富经验，许多产业结构较为单一的城市面临严峻的转型压力。熊彬和胡振绅（2019）认为，随着资源的逐渐枯竭，转型成了振兴东北地区发展的必由之路，而产业结构是制约东北地区资源型城市转型的重要因素。王常君等（2019）发现，中国的大部分资源枯竭型城市经济都出现较为明显的收缩态势，同时还伴随着明显的人口收缩现象。

二 "资源诅咒"的成因解释

（一）"反工业化"与产业锁定

资源丰裕地区之所以遭受"资源诅咒"，其中资源型地区产业结构的资源依赖是主要原因，主要表现为资源型地区在工业化过程中出现制造业占比下降、采矿业占比上升的"反工业化"现象，产业结构呈现出资源产业依赖的锁定特征。资源型地区呈现出产业结构单一化、初级化和刚性化的特点，其中，反工业化与产业结构单一是"资源诅咒"的重要表征之一（牛仁亮和张复明，2006）。

第一，资源产业占比过高是资源型地区产业单一锁定的主要特征。在资源红利的作用下，资源型地区形成了以采矿业为主的产业结构，占用了资本、劳动等较多要素资源，使制造业和服务业可获取的资源禀赋相对不足，一定程度上抑制了产业关联度较强、技术含量高、易于推进产业升级转换的制造业的发展，使得资源型地区产业结构单一，不利于资源型地区的经济可持续发展（杨莉莉等，2014）。薛雅伟和张剑（2019）指出，一国或地区的资源相对丰裕，其传统产业的发展往往落后于资源产业。茶洪旺等（2018）指出，斩断资源型地区长期以来的自然资源产业经济线，彻底解决"煤业独大"的经济增长模式和产业结构特征，是资源丰裕区摆脱"资源诅咒"困境的唯一有效路径。以山西省为例，资源型产业增加值占工业增加值比重在2001—2016年在80%上下波动，2017年重工业增加值占工业的比重为93.4%，"重工业过重、轻工业过轻"的产业结构突出（安树伟和张晋晋，2019），资源型产业左右着山西经济发展（安树伟等，2018）。邵帅等（2021）指出，一个地区的资源产业依赖导致企业僵尸化程度的显著提升，特别是在中国中西部及典型的资源型地区。

第二，"荷兰病"效应是资源型地区"反工业化"的主要成因解释。"荷兰病"（the Dutch disease）一词最早由英国杂志 The Economist 于 1977 年提出，描述了荷兰在 1970—1979 年出现的经济现象。当时荷兰拥有丰裕的石油和天然气资源，随着资源大量开采，出口量剧增。同时，出口收入的增加导致实际汇率过度上升，从而降低了农业、制造业的国际竞争力，进而影响了荷兰的国民经济结构。Gregory（1976）发现澳大利亚矿业出口的快速增长抑制了农村部门和制造业部门的发展。对澳大利亚矿业发展的研究被认为是研究"荷兰病"效应的前身，Corden 和 Neary（1982）构建了经典的"荷兰病"模型，探究了"反工业化"现象的本质，标志着"荷兰病"理论的基本形成。该模型由可贸易自然资源部门、可贸易（非资源）制造部门和非贸易部门（服务业部门）构成。当自然资源禀赋较为富足时，就会对非贸易商品有较高的需求，这样资源产业就会占用较多的资本和劳动力。也就是说，当一个经济体经历资源繁荣（贸易条件改善或资源发现）时，往往会伴随着制造业萎缩和非贸易部门扩张，出现"反工业化"现象。同时，自然资源产品价格的突然上升主要通过资源转移效应和支出效应影响经济发展。具体来说，资源转移效应是指资源繁荣导致汇率升值，带来制造业出口收缩或资本和劳动力要素从制造业转移到采掘业，从而提高了制造成本，也就是使得一个国家的资源从更有利于长期增长的活动中转移出去；支出效应是指由于资源繁荣带来的收入增加使得制造业和不可贸易部门产品价格上涨（Papyrakis and Gerlagh，2004），致使需要通过进口同类便宜产品来满足需求，最终使得收入流出。Matsuyama（1992）建立了一个只有制造业和农业的两部门内生增长模型，讨论了如何解决封闭经济和小型开放经济"荷兰病"效应。Sachs 和 Warner（1995）在 Matsuyama（1992）基础之上，比较研究了全球 85 个发展中国家 1970—1989 年的经济发展情况，对自然资源的丰裕程度与经济增长之间关系做了一系列开创性的实证研究，得出了同样的结论，指出类似的现象出现在世界许多国家。在中国，冯宗宪等（2010）以山西省和陕西省为例验证了"荷兰病"效应会通过资源转移效应、收入效应以及本币升值挤出制造业，造成资源型地区普遍存在产业结构单一等问题。

（二）人力资本与科技创新挤出效应

挤出效应是指自然资源的过度开发活动可以通过"挤出"经济增长

的促进行为（人力资本积累、科技创新）而制约经济增长。

第一，资源依赖挤出科技创新。"资源诅咒"对创新的挤出主要表现为 R&D 投入产出效率低以及中小企业（家）的缺失。邵帅和齐中英（2009）认为，一个区域较高的资源禀赋水平会减少制造业部门和 R&D 部门中的劳动力分配，从而对技术创新产生了挤出效应，最终导致产业和经济可持续能力减弱。何雄浪和姜泽林（2017）实证研究表明，无论是全国、东部还是中西部地区，自然资源丰裕度对中小企业存在显著的挤出效应，即自然资源丰裕度越高，企业产权多元化程度越低。宋德勇和杨秋月（2019）使用 1991—2016 年 157 个国家的面板数据研究发现，"资源诅咒"假说在跨国层面和发展中国家成立，且资源依赖对技术创新的挤出效应是形成"资源诅咒"的重要传导机制。Farzanegan（2012）认为，企业家的创新精神是产业发展和经济持续增长的重要原动力，丰裕的自然资源会降低企业家精神，有损于经济长期增长的活力。

第二，资源依赖挤出人力资本。资源繁荣对人力资本的挤出主要表现为教育或人力资本投资的不足以及人才外流。Gylfason（2001）认为，丰裕的自然资源会降低公民或政府投资教育的动机，从而降低资源型地区的经济增长。Papyrakis 和 Gerlagh（2004）发现，教育的不足对经济造成的负面影响几乎是腐败等制度弱化现象的两倍。熊若愚和吴俊培（2020）发现，中国省级层面存在自然资源丰富对教育、医疗等公共服务的挤出效应，原因在于自然资源丰富的省份税收努力不足以及对高技能劳动力的需求较低，进而导致公共服务供给不充分。

（三）制度质量弱化效应

矿业等自然资源的开发引起的收入不平等问题长期必然会带来寻租腐败、利益集团斗争冲突等一系列社会问题，进而社会制度质量弱化不利于资源型地区的产业结构演进。丰裕的自然资源通过政治经济效应（Tornell and Lane，1999）导致了寻租，并使得腐败加剧（Mauro，1995）。资源禀赋富裕度相似的国家也会因为其制度环境不同而形成不同的产业发展路径（张景华，2008）。李强和高楠（2017）基于全国 30 个省份 2000—2014 年的面板数据发现，在高效的制度环境下，资源禀赋有利于地区经济发展水平的提高；在低效的制度环境下，资源禀赋则会对当地的经济发展发挥抑制作用。石油是撒哈拉以南非洲地区的重要资源，高额的租金收益诱发了政府的寻租行为（景普秋和张宇，2012），执政党为了获取巨额资源收益也会选择主动创租（贺卫，2002）。Patrick 和 Greg（2018）发现，美国的科罗拉多州石油和天然气开采导致暴力犯罪和财产犯罪增加，矿井密度每增加1%，暴力犯罪率上升0.6%，财产犯罪率上升1.2%。郑尚植和徐珺（2018）认为，以市场化程度衡量的制度质量是影响"资源诅咒"是否产生的重要门槛变量，提升市场化程度能够缓解"资源诅咒"不利影响。

（四）资源型经济的路径依赖

在资源开发的初始阶段，因为制造业部门对技术、人力资本具有较高的投资门槛，从而倾向于对资源部门的投资。随着资源产业发展为区域主导产业，在资源产业的锁定效应作用下，当自然资源产品价格下降时，由于资源产业的资产具有专用性强、退出成本高的特点，会制约生产要素从资源产业的退出（张复明和景普秋，2008），从而资源型地区易于形成路径依赖。Brunnschweiler 和 Bulte（2008）认为，"资源诅咒"的形成都是因为对自然资源禀赋的过度依赖，资源价格波动所带来的宏观经济波动、采矿业资本的大量投入带来对制造业的挤出效应等这些"诅咒"现象均是由于对资源的过度依赖，所以，对自然资源禀赋的过度依赖是形成"资源诅咒"的根源所在。孙永平和叶初升（2012）研究发现，如果一个区域对自然资源有过度的依赖，那么资源产业的不断发展会使得资本和劳动力等要素资源被束缚在资源产业，抑制了要素在产业间的流动和制造业及生产性服务业的发展，不利于产业向合理化和多元化发展，而且资源依赖使得第三产业的发展严重依附于资源产业，所以也阻碍了产业结构的高级化。苗长虹等（2018）认为，中国资源型城市演化中北方城市的路径依赖水平较高，北方和内陆城市的脆弱性较强，路径创造水平由沿海向内陆城市递减。傅沂和李静苇（2019）利用演化博弈的思想，认为资源型城市之所以存在"路径依赖"阻碍其转型成功，是因为这些地区的政府和企业在尝试转型发展过程中存在技术锁定、结构锁定、功能锁定和认知锁定等障碍，且就影响程度而言认知锁定大于结构锁定，技术锁定和功能锁定最弱。

（五）资源产品价格波动效应

矿产品价格波动无常且剧烈是自然资源产业发展的重要特征。Humphreys 等（2007）认为，国际借贷可以放大资源产品价格波动的幅度，当大宗商品价格高涨时，大宗商品富国从国外借款，加剧了繁荣。当价格下跌时，国际贷款机构要求还款并强制削减支出，从而加剧经济衰退的程度。Van der Ploeg 和 Poelhekke（2009）认为，矿产品价格波动无常是"资源诅咒"的原因之一。Frankel（2010）指出，矿产品价格变化无常会导致更慢的经济增长速度。赵康杰和景普秋（2014）指出，矿产品价格的冲击是中国山西、内蒙古等资源型地区经济增长波动、遭遇"资源诅咒"的重要原因。Badeeb 等（2017）指出，资源产品价格变化无常带来资源产业市场的不稳定性和资源收益的不确定性，阻碍经济发展的有效规划，也会降低政府公共支出的效率进而降低经济增长速度。Bhattacharyya（2021）认为，初级产品的繁荣与萧条周期给澳大利亚的经济发展和贸易条件带来频繁而巨大的冲击。Arin 等（2022）认为，从中期来看石油收益影响经济增长主要取决于油价，当油价上涨时，石油收入的国家增长更快；相反，如果油价没有增长，石油出口国就会遭遇"资源诅咒"。在国内研究中，王石等（2015）认为，传统"资源诅咒"检验没有考虑资源价格因素，其研究表明资源价格是"资源诅咒"重要因素之一，资源价格与经济增长呈正"U"形关系。

三　资源型地区经济转型研究进展

针对"资源诅咒"，学者们也从成因角度提出了相应的政策建议，世界各地的资源丰裕国家、地区也都在加快资源型地区经济转型实践。

（一）加快产业转型、发展接续产业是资源型地区经济转型的重心

资源开发是资源型经济发展的动力，一旦资源部门成为主导部门，极易形成产业发展的路径依赖，落入资源产业的比较优势陷阱。因此，只有摆脱对原有的资源产业的路径依赖，才能顺利实现资源型地区的转型发展。资源型地区需要通过创造性破坏有意识地偏离原有的发展路径，进行路径"解锁"，创造出新路径。

学者们从资源产业升级、产业延伸、路径突破、壮大民营经济、环境规制倒逼角度提出资源型地区产业转型升级路径。第一，资源产业本身的升级也是资源型地区产业转型升级的重要内容。王锋正等（2020）认为，资源产业升级是中国资源富集地区高质量发展的内在要求，资源型产业需要综合考虑经济效益、创新绩效、结构优化、节能减排促进产业转型升级，同时要积极融入全球价值链来汲取信息、知识与技术促进资源型产业持续成长，走开放创新促进资源产业升级之路。第二，发展替代产业、实现路径突破是资源型地区产业转型升级的内在要求。张米尔

和孔令伟（2003）指出，发展替代产业可以实施产业延伸、产业更新以及产业延伸与产业更新相结合的复合模式。孙浩进（2014）指出，资源接续、资源替代在一定程度上有助于资源型城市摆脱衰退周期，但资源型城市创新产业转型路径，需要内在功能定位与外部环境相耦合，走出产业包容性、差异化升级新路径。孙天阳等（2020）认为，政府应该继续资助支持中国资源型城市产业转型升级，尤其是中西部地区；中国矿产资源枯竭型城市不易在原来资源主导产业基础上延伸和发展，需要在政府支持下发展新的替代产业、支柱产业。张生玲等（2016）认为，资源型城市从路径依赖到路径突破的关键是新企业的进入和人力资本提升，进而推动资源禀赋优势向其他要素禀赋优势转化，使资源型城市突破路径锁定实现产业转型升级。王智勇（2018）认为，中国东北地区产业转型升级要改变以重工业为主的产业结构特征，打破国有垄断企业独大格局，大力营造发展民营经济的环境，倒逼资源型地区产业转型升级。李虹和邹庆（2018）认为，环境规制对资源型城市产业结构合理化和高级化都是有利的，可以将环境规制作为倒逼机制来推进资源型城市产业转型升级。曾刚等（2021）认为，应该通过生态创新促进资源型城市产业转型升级，政府应该引导高技术人才、研发资金等向服务业、新兴产业等环保友好型产业流动，实现技术创新和环境保护的相结合。第三，资源型地区产业转型也需要建立资源产业退出机制。张复明（2011）指出，要建立衰退产业预警与援助制度，有助于支持资源产业改造升级，引导新兴产业和接续产业发展。金璐璐等（2017）研究指出，某一区域新产业的进入与现有产业的退出皆能够为该地区增加新的区域发展路径，而地区补贴的偏好程度将会通过筛选和引导本地区产业进入退出秩序，推动地区产业演化与路径突破。

新结构经济学理论在指导资源型地区产业转型升级方面拥有大量的研究成果。高天跃（2015）以新结构经济学理论为基础分析了贵州省经济的要素禀赋和比较优势，认为贵州省在部分矿产及旅游资源方面具有一定优势，据此提出了产业优化路径。新结构经济学认为，东北问题的根本原因是过去的赶超战略违背了其比较优势，沿着这一思路，林毅夫等（2017）运用五类产业因势利导模型，针对吉林省经济转型升级问题进行了分析，挖掘了吉林省的潜在比较优势，指出吉林省未来需要重点发展的五大产业集群，并以此为核心来促进吉林省的经济转型升级。

（二）合理分配、使用和调控资源收益

资源收益的合理分配、使用和调控是实现资源型地区可持续发展的重要保障之一。以矿业资源型地区为例，如果对矿业收益缺乏有效的管理，会因为追逐额外收益而造成要素资源配置不当、产业结构不合理，容易出现"资源诅咒"；反之则会带来"资源祝福"（景普秋和范昊，2013）。例如，智利有效规避"资源诅咒"很大程度上得益于公平的矿业收益管理，包括建立稳定基金（UNDP，2006）、收益管理透明化（Havro and Santiso，2008）等；博茨瓦纳通过可持续预算指数与国民财富账户有效监控了资源收益的转化（Lange and Wright，2004）。资源收益的一个重要用途是激励非资源产业。引导资源收益的资本转化、加大对战略产业的投入，有助于协调资源部门与非资源部门之间的均衡发展和产业的多样化发展（景普秋，2015）。景普秋和范昊（2011）指出，挪威的石油开采业通过前向与后向关联与其他产业融合为一个整体，前向关联促进了半成品（罐头、造纸造浆、金属制品等）相关产业的发展，而后向关联又促进了制造业资本设备（航运工具、涡轮机、传输设备以及钻井平台、地震仪等）的发展。孙晓华和郑辉（2019）的研究表明，油气类资源型地区能够通过发展高技术附加的石化相关产业与油气装备制造业，延伸细化油气资源产业链。

（三）加大人力资本积累与提升科技创新能力

摆脱资源依赖的根本是引导经济转向创新驱动。20世纪，资源丰裕的拉丁美洲国家之所以不如斯堪的纳维亚国家，主要原因在于缺乏创新（Maloney，2002）。芬兰在迈向知识型经济的过程中，创新体系的建立功不可没（张文霞和李正风，2006）。而且，资源依赖和资源型经济的自强机制会严重挤出制造业、中小企业（家）以及人力资本等创新的源泉。因此，加大创新要素的投入就变得尤为重要。胡尧和严太华（2019）认为，资源输出国人力资本激励与技术知识溢出效应的不足扩大了其与东道国之间的技术差距，阻碍了本地经济长期发展和产业的多元化。

（四）开展制度建设改善营商环境，提升资源型地区政府治理能力

Belaid等（2021）研究指出，资源对于中东、北非国家是"祝福"而非"诅咒"，但是当资源丰裕国家领导人具有军队背景时，资源在这些国家会呈现"诅咒"效应。Sharma和Paramati（2022）认为，自然资本的流动对经济增长的贡献是巨大的，资源是祝福，因此拒绝了"资源诅

咒"假说，腐败控制、法治和政府效力等制度指标在积极推动经济增长方面发挥着重要作用。Orihuela等（2021）认为，制度变化是修复"资源诅咒"的一个重要工具，国际社会的压力和国内底层的抗议是开展制度变化的主要动力。投资环境的改善是资源型地区引进新兴产业、优化产业结构的基础，徐浩等（2019）认为，营商环境优化能够通过压缩审批链条、提升法治强度等方式提高地方政府在创新资源配置中实现"经济人"诉求的机会成本，从而塑造更加公平公正的市场竞争环境。王丽艳等（2021）指出，实现资源"诅咒"向资源"福音"转变的关键是需要对资源型地区采矿业实施透明而又审慎的监管，通过政策支持发展采矿业关联产业，培育新的优势产业。在充分发挥市场机制作用的同时，需要政府在政治、经济、环境等多方面加强制度配套是国际社会走出"资源诅咒"困境的经验。郭海霞（2015）强调，无论是德法等发达国家，还是印度尼西亚等发展中国家，资源型城市的转型都需要依靠政府和市场的共同协作，其中政府为主导力量，市场则发挥调节功效。林毅夫和付才辉（2017）指出，按照比较优势，发展前提是有效的市场，但多数情形下市场受信息外部性和协调失灵等影响会出现"失效"问题，政府就需要制定科学的产业发展政策，与市场调节过程进行配合，从而高效培育优势产业并推动地区产业结构转型（杨继东和罗路宝，2018）。

四 中国资源型地区经济转型的政策支持与实践成效

（一）国家层面政策文件支持资源型地区经济转型

《国务院关于促进资源型城市可持续发展的若干意见》（国发〔2007〕38号）提出要"大力推进产业结构优化升级和转变经济发展方式，培育壮大接续替代产业，改善生态环境，促进资源型城市经济社会全面协调可持续发展"[①]。《全国资源型城市可持续发展规划（2013—2020）》明确提出，要从根本上破解经济社会发展中存在的体制性、机制性矛盾，建立开发秩序约束机制、产品价格形成机制、资源开发补偿机制、利益分配共享机制、接续替代产业扶持机制促进资源型城市可持续发展。2010年12月，国家发展改革委印发《国家发展改革委关于设立山西省国家资源型经济转型综合配套改革试验区的通知》（发改经体

[①] 国务院：《关于促进资源型城市可持续发展的若干意见》，中国政府网，http://www.gov.cn/gongbao/content/2008/content_859866.htm。

〔2010〕2836号）① 批复设立"山西省国家资源型经济转型综合配套改革试验区"，旨在通过转型提升山西经济发展的质量和产业竞争能力，促进地区经济发展由资源产业依赖向依靠技术进步、人力资本提升、管理创新转变，建立健全资源要素价格形成机制和要素市场体系，建设资源节约型、环境友好型社会，实现城乡统筹发展。

2016年4月出台的《中共中央 国务院关于全面振兴东北地区等老工业基地的若干意见》提出要"着力完善体制机制，着力推进结构调整，着力鼓励创新创业，着力保障和改善民生，加大供给侧结构性改革力度，解决突出矛盾和问题，不断提升东北老工业基地的发展活力、内生动力和整体竞争力，努力走出一条质量更高、效益更好、结构更优、优势充分释放的发展新路，推动中国经济向形态更高级、分工更优化、结构更合理的阶段演进"②。2016年10月，国家发展改革委出台《关于支持老工业城市和资源型城市产业转型升级的实施意见》，支持老工业城市和资源型城市建设产业转型升级示范区，打造产业转型升级平台，其中明确也提出了产业转型升级的四条路径：一是通过支持传统优势产业改造促转型升级；二是通过培育新技术、新产业、新模式、新业态促转型升级；三是通过承接产业转移和产业合作促转型升级；四是通过工业化与信息化融合发展、制造业与服务业融合发展促转型升级。③ 2017年，国务院出台《关于支持山西省进一步深化改革促进资源型经济转型发展的意见》（国发〔2017〕42号），提出要"坚持以提高发展质量和效益为中心，以推进供给侧结构性改革为主线，深入实施创新驱动发展战略，推动能源供给、消费、技术、体制革命和国际合作，打造能源革命排头兵，促进产业转型升级，扩大对内对外开放，改善生态环境质量，实现资源型经济转型实质性突破，将山西省建设成为创新创业活力充分释放、经济发展内生动力不断增强、新旧动能转换成效显著的资源型经济转型发展示

---

① 《国家发展改革委关于设立山西省国家资源型经济转型综合配套改革试验区的通知》，中国政府网，http://www.gov.cn/zwgk/2010-12/17/content_1767936.htm。

② 中共中央、国务院：《关于全面振兴东北地区等老工业基地的若干意见》，中国政府网，http://www.gov.cn/zhengce/2016-04/26/content_5068242.htm。

③ 国家发展改革委、科技部、工业和信息化部、国土资源部、国家开发银行：《关于支持老工业城市和资源型城市产业转型升级的实施意见》，中国政府网，http://www.gov.cn/xinwen/2016-10/09/content_5116357.htm。

范区"①。

(二) 全国各地资源型地区经济转型取得显著成效

国家发展改革委等部门《关于推广"十三五"时期产业转型升级示范区典型经验做法的通知》②（发改振兴〔2021〕1454 号）对全国老工业城市和资源型城市建设的 20 个产业转型升级示范区的经验与做法进行了总结。经验与做法主要体现在坚持集聚发展提升产业竞争优势、坚持创新驱动提升转型升级内生动力、坚持产城融合提升城市综合承载能力、坚持绿色转型提升可持续发展能力等方面。在党的二十大召开之际，国家发展改革委总结各地转型经验，比如：河北省石家庄市井陉矿区采煤沉陷区通过产业升级、城乡提质"两轮驱动"，不断增进民生福祉，实现高质量转型发展。③ 河南省宝丰县采煤沉陷区通过利用建设采煤沉陷区陶瓷汝瓷原料优势、产业优势，发展陶瓷产业吸纳采煤沉陷区就业，通过大力发展不锈钢、新型碳材料、高纯金属材料等产业促进新兴产业快速发展。④ 在老工业城市和资源型城市产业示范区建设中，国家发展改革委总结系列经验，比如，山西省长治市以光伏产业、半导体光电产业、信创产业为抓手，通过培育链主企业，强链延链补链，促进战略性新兴产业的集群链式发展。⑤ 河南省鹤壁市通过传统产业"老树发新芽"、新兴产业"小苗成大树"重塑经济增长的动力源，形成经济增长新引擎。⑥

---

① 《关于支持山西省进一步深化改革促进资源型经济转型发展的意见（国发〔2017〕42 号）》，中国政府网，http：//www.gov.cn/zhengce/content/2017-09/11/content_5224274.htm。

② 国家发展改革委等：《关于推广"十三五"时期产业转型升级示范区典型经验做法的通知》，国家发展改革委网站，https：//www.ndrc.gov.cn/xwdt/tzgg/202110/t20211019_1300020.html？code=&state=123。

③ 国家发展改革委振兴司：《"喜迎二十大转型再出发"资源型地区转型发展工作纪实之一：河北省石家庄市井陉矿区采煤沉陷区》，国家发展改革委网站，https：//www.ndrc.gov.cn/fggz/dqzx/zyxdqzxfz/202210/t20221024_1338975.html？code=&state=123。

④ 国家发展改革委振兴司：《"喜迎二十大转型再出发"资源型地区转型发展工作纪实之十三：河南省宝丰县采煤沉陷区》，国家发展改革委网站，https：//www.ndrc.gov.cn/fggz/dqzx/zyxdqzxfz/202210/t20221026_1339351.html？code=&state=123。

⑤ 国家发展改革委振兴司：《真抓实干推进老工业基地调整改造和产业转型升级典型经验做法介绍之六：山西省长治市》，国家发展改革委网站，https：//www.ndrc.gov.cn/fggz/dqzx/gglqzxfz/202206/t20220617_1327414.html？code=&state=123。

⑥ 国家发展改革委振兴司：《真抓实干推进老工业基地调整改造和产业转型升级典型经验做法介绍之十：河南省鹤壁市》，国家发展改革委网站，https：//www.ndrc.gov.cn/fggz/dqzx/gglqzxfz/202206/t20220623_1327729.html？code=&state=123。

第三节　文献评述

通过对区域网络、"资源诅咒"与资源型地区经济转型文献梳理发现以下结论。

第一，在区域网络研究中，主要侧重多维度区域网络构建、特征、影响因素及效应研究。现有文献使用城市网络、区域多极网络、交通网络（高铁网络、航空网络、高速公路网络）、创新网络、人口流动网络对区域网络进行描述，主要从区域网络测度方法、时空特征、影响因素以及影响效应等方面开展研究。社会网络分析已经成为当前区域经济研究的重要研究方法之一，是研究"流空间"理论中要素流动、产业转移的重要工具。

第二，"资源诅咒"及其成因解释、资源型地区经济转型文献丰富。国外主要是从20世纪90年代开始关注国家层面的"资源诅咒"现象，到21世纪以来，"资源诅咒"的研究不断丰富，一个国家内部地区层面的研究、典型资源丰裕国家/地区的研究都较多，中国国内从省级、地级市、县级等多个尺度开展了"资源诅咒"的实证检验，也对诸如东北、山西等资源型地区经济转型开展了大量的案例研究，主要从反工业化与产业结构单一、人力资本与科技创新挤出、制度弱化、路径依赖、矿产品价格波动等方面开展了"资源诅咒"的解释，并相应提出了破解"资源诅咒"的建议。

从总体来看，资源型地区经济转型是世界性难题，是中国区域协调发展中的棘手问题，虽然研究成果丰富但转型成效不足。当前关于区域网络及其经济效应、"资源诅咒"与资源型地区经济转型的国内外文献已经较为丰富，但是也存在以下不足。

一是区域网络在"资源诅咒"、资源型地区经济转型研究中尚较为缺乏。在区域经济网络、交通网络、创新网络、人口流动网络的研究中，较少涉及对"资源诅咒"、资源型地区经济转型的研究，仅有少量文献在中国区域网络测度中指出，资源型城市位于城市网络边缘地带，甚至没有出现在网络中（李敬等，2014；王成等，2015；王姣娥和景悦，2017），网络地位低、权力弱，发展相对落后且缺乏转型机遇。

二是区域网络在研究区际产业关联中存在局限，可使用产品空间理论补缺。在区域网络的研究中，虽然包括连锁网络模型在内的模型是使用产业关联布局数据构建区域网络的，但是使用的多是单一产业，反映的是单一产业在全球、全国各个区域之间的关联布局特征。由于产业种类众多，特别是在工业领域包括500个以上的工业小类行业，使用单一产业研究区域产业网络难以反映产业与产业之间的实际关联关系。产品空间理论是研究产业关联网络的前沿理论，Hidalgo等（2007）通过把每一种出口产品用一个点表示，各种产品间的关联距离用点与点间的连线表示，这样就构建出一个关联性网络，即"产品空间"。产品空间关联网络中节点是"产业"或"产品"，连线代表"产业或产品间"的关联关系。从全国来看，可以使用全国各地区工业小类行业数据、全国各地区产品贸易数据等，构建全国的产业（产品）空间关联网络（贺灿飞等，2016；金璐璐等，2017），然后可以将各个区域（省份、城市等）的优势产业投影到全国产业（产品）空间关联网络中体现一个区域在全国产业关联网络中的地位，进而也可应用于资源型地区研究。

三是在区际关系网络化背景下资源型地区转型之路亟待优化。现在文献主要从资源型地区内部解释"资源诅咒"成因，指出资源型地区与其他地区区际关系、融合协作需要关注。"资源诅咒"是由不合理开发所造成，但对其原因解释和治理对策多局限于区域内部或国家转移支付，转型研究及实践没从区际关系视角提出有效化解方案。在互联网、高速铁路等基础设施快速发展的推动下，中国区域发展在产业分工、要素流动、设施连通等多方面呈现网络化格局，需要分析"多维区域网络"对资源型地区经济转型的正负效应与作用机制，探寻中国资源型地区与其他地区融合协作发展路径。

基于此，本书针对资源型地区与其他地区经济发展的不平衡问题，也就是资源型地区遭遇"资源诅咒"问题，从多维区域网络视角搭建"资源诅咒"形成机理与转型升级的理论框架，进而以交通基础设施为出发点验证"资源诅咒"的存在及缓解效应，重点从人口跨地区流动网络、创新合作网络、创业关联网络、产业空间关联网络等多维区域网络视角研究资源型地区经济发展相对落后的表现及成因，最后从优化区域开放网络角度提出促进资源型地区经济转型的建议。

第三章　资源型地区经济转型：
一个理论分析框架

本章在界定经济发展不平衡、"资源诅咒"、区域网络、资源型地区经济转型等相关概念的基础上，搭建多维区域网络视角下的资源型地区"资源诅咒"形成与经济转型的理论分析框架。在资源丰裕、要素禀赋、产业结构、开放经济、区域网络、制度安排的假定下，从资源繁荣、资源依赖角度分析有限开放下的资源型地区"资源诅咒"形成的一般机理；进而基于全面开放从多维区域网络联系异化角度阐释"资源诅咒"的强化锁定机制；最后，提出内部开展资源产业管制、促进要素与产业集聚、对外优化开放网络、矫正区际关系促进资源型地区经济转型的作用机制。

第一节　概念界定与基本假定

一　概念界定

这里对后续所要使用的主要概念进行界定，明晰主要概念的内涵。

（一）经济发展不平衡与"资源诅咒"

本书所研究的经济发展不平衡是指资源型地区与其他地区之间的经济发展不平衡，表现为资源型地区经济发展水平比其他地区落后，也就是资源型地区遭遇了"资源诅咒"。

"资源诅咒"具体是指，在资源丰裕的地区，依赖于矿产、能源等自然资源的大规模开发利用，形成了典型的资源型经济，经济体系对资源产业的依赖程度较高，进而带来资源型地区长期经济增长缓慢、经济发展水平相对较低的状态。在实证检验中主要体现为资源依赖程度与经济发展水平的反向变化关系，资源依赖度高的地区经济发展水平较低。"资源诅咒"在表现为资源型地区经济增长缓慢的同时，也体现在产业结构单一、人力资本与科技创新挤出、寻租腐败与制度弱化等方面。

（二）资源型地区

国家发展改革委、财政部、自然资源部联合出台的《推进资源型地区高质量发展"十四五"实施方案》明确指出，资源型地区指的是依托本地矿产、森林等自然资源开采、加工发展起来的特殊类型区域。[①] 从经济发展驱动力来看，资源型地区经济发展呈现典型的自然资源要素依赖的特征，形成了以资源开采、加工为主导的经济体系。

（三）资源型地区经济转型

受自然资源开发负外部性、自然资源可耗竭性、资源产品价格强波动性、经济体系资源依赖等因素的影响，资源型地区在经济发展中存在产业结构逆向演进、科技创新与人力资本挤出、生态环境破坏、区际经济联系（区外贸易）单一、社会矛盾突出、短期经济波动性强、长期经济增长缓慢等问题，不利于资源型地区的可持续发展，因而资源型地区需要进行经济转型。资源型地区经济转型主要是指资源型地区由资源依赖型经济向知识型经济、创新驱动型经济转变，生产要素从人力资本、科技创新挤出向人力资本集聚、科技创新能力提升转变，主导产业由资源产业主导向制造业、高新技术产业主导转变，区际经济联系（区外贸易）由资源产品输出为主向多元化制造业产品输出转变。

（四）区域网络

在现有研究中使用了经济联系网络、空间关联网络、区域多极网络、高铁网络、交通网络、航空网络、人口流动网络、产业关联网络等不同的概念来描述区域与区域之间因为某种联系或虚拟联系而构成的有向或无向网络。本书中区域网络主要是指中国各个地区（省份）因为人口跨省流动、省际创新（论文、专利等）合作、创业虚拟关联而形成的省际人口流动网络、创新合作网络、创业关联网络，网络中的节点是各个地区，也就是各个省份。依据产业关联理论，各工业行业间都存在着前向、后向、旁侧关联效应，中国工业行业齐全，本书中根据产品空间理论

[①] 《国家发展改革委有关负责同志就〈推进资源型地区高质量发展"十四五"实施方案〉答记者问》，https://www.ndrc.gov.cn/xxgk/jd/jd/202111/t20211126_1305665.html?code=&state=123。

(Hidalgo et al.,2007)[①],构建中国由500多个小类工业行业所形成的全国产业空间关联网络,进而将各个省份的优势产业投影到全国产业关联网络基准图中而形成各个省份的产业空间关联网络图,在全国及各个省份的产业空间关联网络中,网络节点是工业细分小类行业,也就是节点为产业。

二 基本假定

(一) 资源丰裕假定

人类社会演进自古至今都离不开对自然资源的利用,在传统农业社会中,农业发展主要就是依赖于耕地、林草地等自然资源。在工业革命开始之后,煤炭、石油、铁矿等自然资源成为经济发展的主要驱动力。这里假定资源型地区在初始状态不仅有劳动力、人才、资本、技术等传统的生产要素,而且有着丰裕的自然资源,主要为矿产、化石能源等点状分布的自然资源(Auty,2001),此类点状的自然资源分布是不均匀的,有些区域资源丰裕而其他区域则会资源相对缺乏。需要说明的是,在初始状态下,自然资源没有被发现或者资源产品价格较低,进而自然资源并没有得到大规模的开发利用。

在资源进行大规模开发之后,资源型地区可能会形成资源依赖,资源依赖会带来产业结构逆向演进、要素禀赋初级化、生态环境破坏、经济增长短期波动与长期滞缓等"资源诅咒"问题。为了避免资源依赖所带来的问题,需要对资源产业进行必要的管制,主要是对自然资源产权、生态环境负外部性、资源产品价格的强波动性、资源收益的分配使用等进行合理管制,以使资源产业朝着有利于资源型地区可持续发展的方向转变。

(二) 产业结构与要素禀赋假定

在产业结构方面,主要在资源型地区工业内部对主导产业进行假定。在初始状态下,资源型地区工业是以制造业为主导,制造业部门具有较强的产业关联性、技术复杂度、知识外溢性,由于自然资源并没有大规模的开发利用,弱产业关联、低技术复杂度、缺乏知识外溢性的自然资

---

① Hidalgo等提出的理论名字为"Product Space"理论,在构建产品空间图时用的是各个国家的出口产品,依据产品邻近性构建产品关联关系,进行形成产品空间网络图。本书使用的是工业小类行业,因而将构建的网络图称为产业空间关联网络。使用产业空间关联网络概念,包含"空间"二字主要是为了与产品空间理论概念表达一致。

源产业[①]并没有成为资源型地区的主导工业部门。而在形成资源依赖、遭遇"资源诅咒"过程中，会形成以资源产业为主导的产业结构；加快资源型地区经济转型，则是要促进向以先进制造业为主的产业结构转变。在资源型地区要素禀赋方面，初始状态制造业主导的工业部门主要是资本、劳动、技术密集型的，对自然资源的依赖程度较低，资本、劳动、技术等是支撑制造业发展的主要生产要素，制造业发展会吸引区内和区外更多的生产要素流向制造业部门。但是"资源诅咒"形成与锁定会吸引资源型地区资本、劳动等要素向资源部门集中，也会形成专用性较强的技术进步；而促进资源型地区经济转型则要重新将要素流向引导到先进制造业中。

（三）开放经济假定

开放经济主要是指资源型地区不是一个封闭的经济体，而是与其他地区之间存在开放联系。从国家层面看，主要是指资源丰裕国家与其他国家之间没有贸易壁垒，存在产品贸易，资源丰裕国家主要向其他国家出口资源产品，资源丰裕国家从其他国家进口其他产品；同时，资源丰裕国家与其他国家存在资本、人口、科技等生产要素的流动，资源依赖可能会导致人才流失、科技挤出。在一个国家内部的地区层面（省级层面、城市层面）也存在开放的经济联系，与国家层面的开放经济不同的是一国地区层面不存在汇率问题。在一个国家内部，开放经济主要是国内的资源型地区向其他地区提供资源产品，从其他地区输入制造业产品，生产要素在一国之内各地区之间的流动也较为顺畅。本书的开放经济包括有限开放和全面开放两个层次。有限开放主要是假定一国国内各个地区之间的经济联系为产品流通，各个地区之间存在产品的输入与输出，但是生产要素流动受限，不存在要素区际流动。全面开放主要是假定各个地区之间不仅存在产品的流通，也存在生产要素的区际流动。资源型地区与其他地区的全面开放是加剧"资源诅咒"以及促进资源型地区经济转型的必要环节。

（四）区域网络假定

这里主要从人口流动、创新创业、产业关联等方面研究资源型地区

---

① 本书所指的自然资源主要是指矿产、能源等可耗竭资源，资源产业主要是指资源开采及初级加工产业，资源产业不是单一产业，主要是以采掘业为主的资源产业家族。

所处的全国人口跨地区流动网络、全国创新合作网络、全国创业关联网络、全国产业空间关联网络。全国层面以航空、铁路、公路为主的交通基础设施互联互通为人口、创新、创业、产业等区域网络的形成创造了基础条件。资源型地区与其他区域之间的网络联系原本就存在，受交通设施条件、要素流动趋势、产业分工协作的影响，区域网络本身会呈现出一定的特征。而在资源型地区资源依赖形成、遭遇"资源诅咒"的过程中，资源型地区与其他地区的网络联系会出现异化，网络联系异化会强化"资源诅咒"，进而将资源型地区锁定在要素禀赋初级、创新创业挤出、产业结构单一、网络联系扭曲中。而政府的制度建设与政策引导，也会优化资源型地区网络地位，进而会通过吸引要素流入、激励创新创业、助力产业升级来推动资源型地区经济转型。

（五）制度缺失与制度创新假定

合理制度安排的缺失是遭遇"资源诅咒"的原因之一，而制度创新则是加快资源型地区经济转型的必备条件。在初始状态下，资源型地区并没有大规模地开发利用自然资源，也没有形成经济发展的资源繁荣与资源依赖，也缺乏围绕资源开发利用进行制度建设。资源开发利用过程中，由于缺乏制度约束，资源型地区往往面临资源产品价格波动、生态环境负外部性、资源收益的分配使用不合理等问题，可能带来经济增长长期滞缓与短期波动、产业结构逆向演进、科技创新与人才挤出、社会动荡（Arezk and Ploeg，2008；Atallah，2016）。因此，制度缺失是资源依赖形成、人才流失、创新创业挤出、产业结构锁定的重要成因，也是资源型地区网络联系异化的诱因。需要以制度创新为保障，开展资源产业管制、完善要素集聚与产业转型的制度安排与政策体系，进而优化区域网络联系，改善要素禀赋结构，激励创新创业，促进产业升级，实现资源型地区经济转型。

第二节　有限开放经济下资源依赖与"资源诅咒"的形成机理

这里首先在只包括产品区际流通而不包括要素区际流动的有限开放经济条件下分析资源依赖与"资源诅咒"的形成机理。

一 资源无约束开发、要素部门间流动与资源繁荣

在第一节的基本假定中，资源型地区产业主要体现在工业部门，而工业部门主要包括资源产业和制造业两部门。

在资源大规模开发之前，制造业是资源型地区的主导产业部门，而资源型地区在某一时点突然发现区域内自然资源储量十分丰富，或者之前已经知道资源丰裕，且此时遇到资源产品的价格上涨①，资源开发成为一个有利可图的产业。在"荷兰病"作用机制下，吸引区内制造业部门的资本、劳动、人才等生产要素向资源产业部门流动，区域内制造业部门所获得的收益将会被用于资源产业部门投入。在资源开发的初期，资源产业部门是相对缺乏约束的。资源产业监管制度的缺失，导致资源产业在开发规模、安全生产、生态保护等方面的进入门槛不高，生产成本不完全。由此，资源产品潜在的高额收益以及制造业生产要素向资源产业部门的大规模流入会带来资源产业部门的繁荣（见图 3-1）。

资源繁荣使得资源产业排挤制造业发展，替代制造业成为资源型地区的主导产业部门。对于区域工业化进程而言，如果之前是制造业主导，现在转变为资源产业主导，则出现了工业结构的逆向演进，也就是"反工业化"现象。其原因在于，资源产业多是自然资源、资本密集型的产业，技术复杂度相对较低、产业关联度较弱，而制造业多为资本、技术、人才密集型的产业，技术复杂度相对较高，资源产业附加值低而制造业附加值更高。一般而言，煤炭、铁矿等自然资源的开发利用是区域工业化起步的主要动力，而随着工业化的深入推进，区域主导产业会通过产业链的延伸或者产业承接，促进主导产业向制造业过渡，一旦制造业成为主导产业，会通过其强关联性、知识外溢性，带动更多其他产业的发展，主导产业制造业也会由劳动、资本密集型向技术密集型转变。因而，在区域工业化进程中，主导产业由资源产业向制造业转变则是产业结构的正向演进，而一旦资源繁荣主导产业由制造业退回到资源产业，则属于产业结构的逆向演进。

---

① 资源产品作为初级产品，受资源稀缺性、垄断性等因素影响具有价格波动强烈的特点，而且在经济对外开放的背景下，国内外资源产品价格具有关联性，国际市场资源产品价格的波动也会影响到国内资源产品价格变化。在资源型地区，资源产品价格上涨、资源繁荣是资源型地区产业锁定的重要基础。

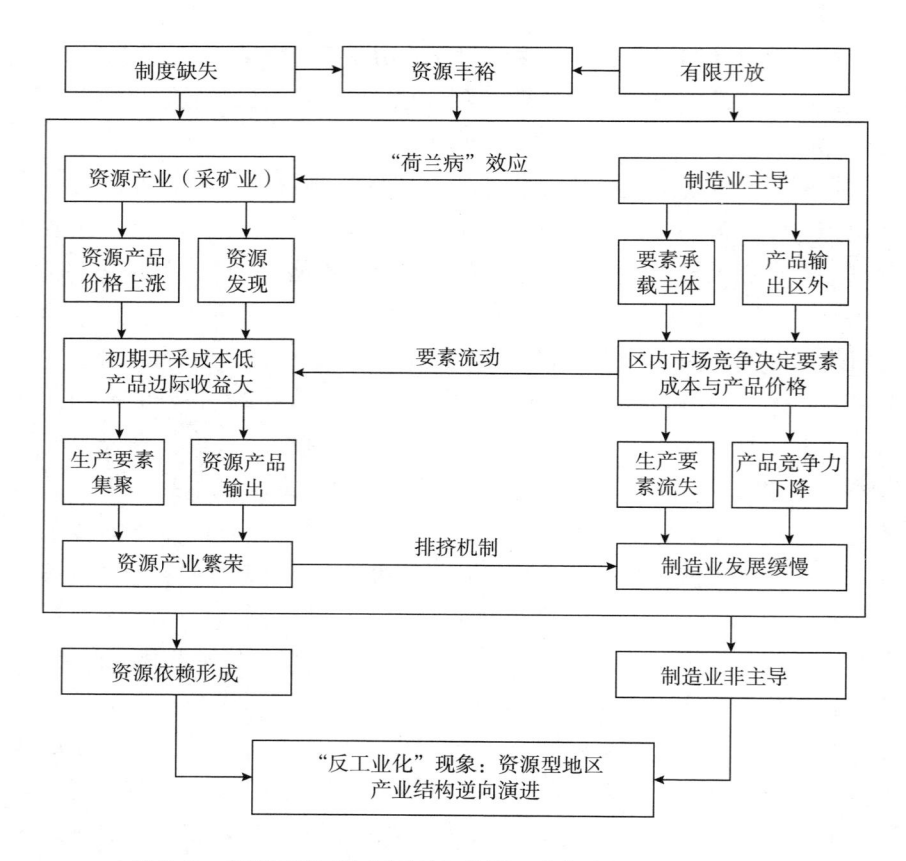

图 3-1　有限开放下资源型地区资源开发与资源依赖形成机制

二　资源繁荣、制造业发展缓慢与资源依赖形成

在资源型地区，资源繁荣的出现会直接对制造业的发展带来不利影响，特别是在资源部门自我强化机制下，资源型地区会形成难以打破的资源依赖问题，导致资源型地区落入"资源优势陷阱"。资源部门的持续繁荣会直接阻碍制造业部门的发展，主要体现在以下几方面。一是制造业作为初始状态的优势产业部门、主导产业部门，其产业收益被用于资源产业部门投入，制造业扩大再生产难以实现，甚至制造业部门折旧收入也没有用于重置投资从而原有制造业规模都难以为继，制造业会出现萎缩；二是在产品可流通有限开放经济下，资源型地区的制造业因为资源繁荣而缺乏投入、出现萎缩，产品更新换代放缓甚至停滞而缺乏市场竞争力。区外同类制造业则会因为没有遭遇资源繁荣而得以快速发展，

技术进步促进产品更新换代，市场竞争力得以提升。在制造业产品区域内外统一的市场竞争机制下，资源型地区的制造业产品会因为投入不足、创新不足而缺乏竞争力，其制造业产品的区内外市场存在被区外制造业产品占领的风险，资源型地区制造业不仅出现萎缩，还有可能被迫退出市场。

在资源部门繁荣而制造业出现萎缩甚至退出市场竞争背景下，资源产业成为资源型地区的主导产业部门，经济发展主要依赖于资源产业部门的扩张，以及资源部门资本、劳动等要素投入；制造业部门则因为缺乏投入而发展缓慢甚至衰退，对资源型地区经济发展的贡献下降，进而形成资源型地区经济发展、产业结构的资源依赖问题。

三 资源依赖挤出、"资源诅咒"与区域发展不平衡

受资源开采产业特殊性的影响，当区域经济发展过度依赖资源产业时，资源依赖会通过挤出效应带来资源型地区的"资源诅咒"。狭义的挤出效应主要是指在要素禀赋层面，经济发展对资源形成依赖，对人力资本、创新等生产要素产生了挤出，而从区域经济发展的角度看，资源依赖的挤出效应是全方位的。[①] 资源依赖会对生产要素、制造业、公共服务、基础设施等产生全方位的挤出效应，最终的结果就是资源型地区经济发展缓慢、发展水平较低，遭遇"资源诅咒"（见图3-2）。

第一，资源依赖对人力资本、科技创新等优质生产要素产生挤出效应。要素报酬是决定资本、劳动、人才、技术等生产要素流向的根本原因。资源依赖的形成也会对资源型地区生产要素禀赋结构带来影响，资源依赖对生产要素的挤出效应体现在两方面：一是资源收益没有用于人力资本、创新、物质资本的投入。资源型地区的政府、百姓发现资源部门是一个可以获得丰厚、稳定报酬的行业，进而可能忽视教育、健康等方面的人力资本投资、研发投资（Gylfason，2001），以及制造业部门机器、设备的更新改造和扩大生产，制造业部门的物质资本投入呈现不足局面，大量的资源收益被用于无效率投资、奢侈性消费而被耗散掉。二是在资源依赖的形成中存在行业间的生产要素挤出效应。原本处于制造

---

① 宏观经济学中有政府支出增加对私人投资的挤出效应。这里的挤出效应更加广义。在"资源诅咒"的研究中，较多文献提到了资源依赖的挤出效应，主要是从要素层面谈资源依赖挤出了物质资本投入、人力资本、科技创新。实际上，资源依赖挤出了制造业发展，也挤出了好的服务、制度与基础设施，因此挤出效应可以说是全方位的。

业部门的劳动力、人才、资本等要素发现资源部门收益更高而投向资源产业，进而制造业部门的生产要素被挤出；而在资源部门因为资源产品价格下降、成本上升而收益下降时，由于制造业规模萎缩而缺乏就业机会，资源部门的生产要素受行业技术特点以及制造业就业需求的影响而被锁定在资源部门。这是在有限开放经济条件下分析的要素挤出效应，实际上在区域之间也存在资源型地区对人力资本、创新等要素的挤出效应，这些内容将结合全面开放经济与多维区域网络在本章第三节进行论述。

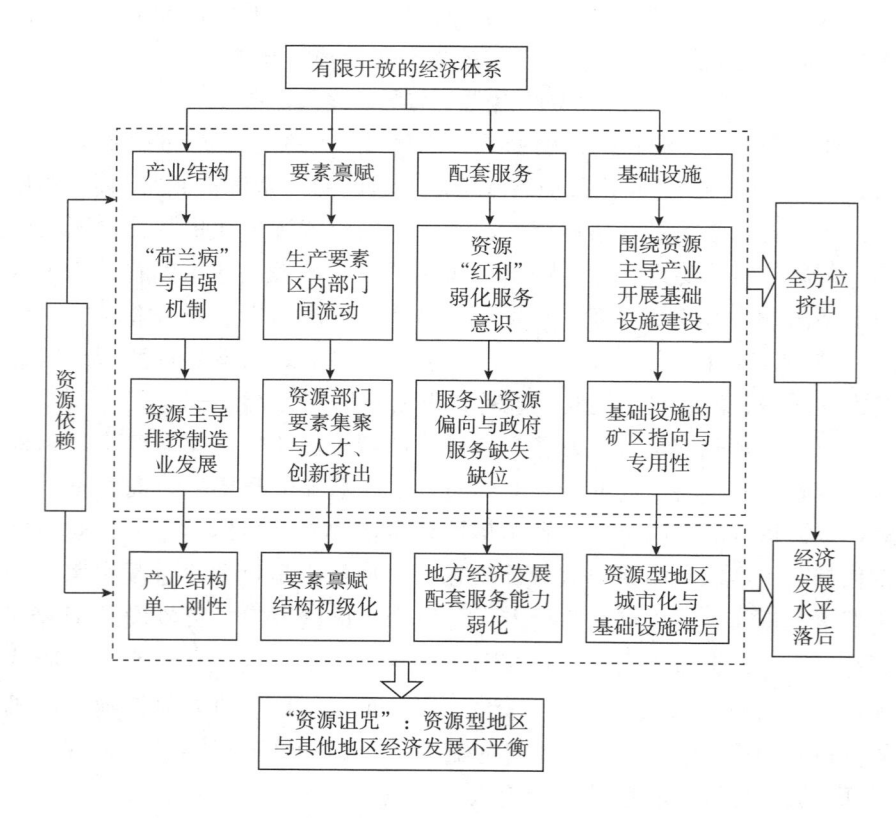

图 3-2 有限开放经济下资源型地区资源依赖与"资源诅咒"形成机制

第二，资源依赖排挤制造业发展导致产业结构单一刚性。资源依赖的形成会改变初始状态下以制造业为主的产业体系，转变成以资源产业为主的产业体系，在"资源诅咒"的相关研究中，主要是用"荷兰病"

效应（Corden and Neary，1982）和自强机制（张复明、景普秋，2008）来解释，"荷兰病"效应认为资源部门的繁荣会通过资源流动作用和消费作用，削弱制造业部门的竞争力，导致制造业发展缓慢；资源部门由吸纳效应、黏滞效应、锁定效应所形成的自我强化机制导致区域经济发展被限制在资源产业部门。资源型地区一旦形成资源依赖，则资源部门会不断实现自我强化而不利于制造业部门的发展，"荷兰病"效应和自强机制的实质是资源产业对制造业的挤出，是"挤出效应"在产业结构层面的体现。资源产业排挤制造业的发展空间对资源型地区工业化进程的有序推进带来不利影响，资源产业发展的依赖与低产业关联度会抑制资源型地区制造业成长，导致资源型地区产业结构单一刚性。

第三，资源依赖弱化资源型地区经济发展配套服务能力。这里从生产性服务业和政府公共服务两个方面来分析资源依赖对经济发展配套服务能力的影响。一方面，生产性服务业的资源偏向性不利于制造业等其他产业的发展。金融、物流、科技、咨询等生产性服务业原本都是围绕制造业进行配套，在资源依赖形成之后，生产性服务业则都转向资源产业配套。由于资源产业的特殊性，所配套的生产性服务业也都具有一定程度的专用性。比如，在金融方面，金融机构发现资金投入资源产业部门能够获得较高、较快的收益，不愿为其他产业提供资金支持；在科技研发方面，资源型地区也会围绕资源产品开发、资源产业链延伸研发专用性较强的设备。另一方面，资源依赖也会带来政府营商环境服务的恶化。在其他地区都在不断改善政府服务、优化营商环境的时候，资源型地区资源主导产业则对优质营商环境的需求不旺盛，而且正是由于不完善的政府服务与政府管制，给资源开采带来了获取"红利"的机会，因而在资源依赖的形成中，资源型地区政府制度建设缺乏、营商服务较差。资源依赖所导致的产业服务能力短缺，实质是资源依赖对好的服务、制度、文化等产业了"挤出"。

第四，资源依赖的形成不利于资源型地区基础设施的合理布局和建设。原因在于资源产业主要分散布局于矿区，资源型地区投资建设的产业基础设施分散程度较高且是为资源产业配套建设的，不利于满足工业化、城镇化正向演进中的产业基础设施需要。比如，在矿区，资源企业会配套建设专用井下基础设施，井下设施具有很强的专用性而在矿井关闭后无法挪作他用；在物流方面，资源型地区会倾向于围绕资源产品的运输而建设专用铁路、公路、仓储等运输基础设施。当资源型地区倾向于建设专用性的基础设施时，可能会忽略航空、客运等交通设施对区域发展的重要作用，资源型地区对外联系被局限在资源产品上，不利于利用外部资源来促进区域经济转型升级。另外，资源型地区围绕资源产业开展的市政基础设施、生活服务设施等都具有明显的矿区指向性，而矿区指向性的基础设施建设不利于推进城镇化进程。在正常的工业化过程中，产业设施主要围绕制造业发展而建且主要集聚在城市，进而工业化与城镇化能够同步推进，基础设施在城市的集聚是有利于制造业的可持续演进与转型升级，但在资源型地区基础设施主要集中在矿区，在自然资源衰竭之后，这些设施可能被废弃而无法利用，基础设施服务经济发展不具有可持续利用价值。

第五，长期资源依赖遭遇"诅咒"形成区域经济发展不平衡。资源依赖的形成导致资源型地区的经济发展呈现资源产业主导特征。与资源产业发展相关的资源丰裕程度、资源产品价格高低、资源产业规模、资源产业依赖度都会影响资源型地区的经济发展。在资源较为丰裕的前提下，如果资源产业开始大规模发展，则会带动资源型地区的经济发展，经济增长快而收入水平高；或者资源产品在经历了价格低谷之后进入资源产品价格高涨阶段，此时资源繁荣会在短期内拉动资源型地区的经济增长。但是从长期来看，资源产品价格波动剧烈且变化无常，资源产业发展受资源价格影响过大，无法带动资源型地区经济平稳增长。而在资源依赖挤出生产要素、制造业发展、配套与公共服务、基础设施的情形下，资源型地区的工业化正常演进与经济发展会遇到阻力，人才、科技等优质要素缺乏，先进制造业发展落后，金融、科技、物流等生产性服务业畸形，政府公共服务缺乏、营商环境欠佳，基础设施建设相对滞后且呈现资源产业偏向，这些都是不利于资源型地区经济发展的。再考虑矿产、化石能源等自然资源的可耗竭特点，资源枯竭可能会导致经济衰退。进而，长期资源依赖的结果就是与其他地区相比，资源型地区经济发展相对落后，形成资源型地区与其他地区间经济发展的不平衡，也就是资源型地区遭遇"资源诅咒"。

第三节 全面开放经济下网络联系异化与"资源诅咒"强化锁定

本节在不仅包括产品区际流通，也包括要素区际流动的全面开放经济条件下分析资源依赖所导致的多维区域网络异化及所导致的"资源诅咒"强化锁定。

一 区际全面开放条件下资源型地区网络结构及异化特征

（一）"核心—边缘"结构：资源型地区所处的区域网络

在区际全面开放条件下，资源型地区与全国其他地区会存在要素流动、创新合作、产业分工上的网络联系，正是基于这些区际联系，资源型地区会与其他地区共同组成全国范围的多维度区域网络，这些网络包括人口流动网络、创新合作网络、创业关联网络、产业空间关联网络等，在多维区域网络呈现"核心—边缘"结构的前提下，资源型地区经常处于网络"边缘"位置。

从省级层面构建全国人口跨地区流动网络（省与省之间包含流入与流出的人口流动，人口跨地区流动网络为有向关系网络）来看，位于全国人口跨地区流动网络"核心"位置的多为人口吸引力较强、经济发达、人口众多的省份，这些省份人口的流入与流出相对较为频繁、流动人口规模相对较大。而资源型地区更多处于"边缘"位置，处于"边缘"位置的省份，人口的流入与流出频次相对较弱、人口规模及人口流动规模都不大。

从省级层面构建全国创新合作网络（省与省之间基于论文发表、专利申请的创新合作，创新合作网络为无向关系网络）来看，位于全国创新合作网络"核心"位置的主要为大学科研机构密集、创新能力较强、经济发达的省份，这些省份创新供给、需求都相对比较旺盛，创新合作动力足而能力强。资源型地区受资源产业特殊性、经济发展水平等因素的影响，创新合作需求动力不足、供给能力不强，位于全国创新合作网络的"边缘"位置。

从省级层面构建全国创业关联网络（省与省之间基于修正后的引力模型所建立的虚拟联系，创业关联网络为虚拟关系网络）来看，创业虚拟关联的背后是流动人口创业的原动力和创新转化创业的驱动力，因此创业关联网络也会呈现"核心—边缘"结构。全国创业关联网络"核心"主要为人口吸引力强、创新能力强的省份，与人口跨地区流动网络、创新合作网络的"核心"位置省份具有一定的关联性。资源型地区则在创业关联网络的"边缘"位置，资源型地区自身创业活力不足且与全国创业关联网络的联系不够紧密。

由于每个省份都具有很多个产业，很难就每个产业都建立起全国省级层面的关联网络。因此，本书基于产品空间理论，考虑全国整体是一个产业关联网络，网络中的节点是各个产业，基于产业节点之间的联系而建立全国产业空间关联网络。全国产业空间关联网络也呈现"核心致密—边缘稀疏"的网络结构，"核心"位置主要是关联性强、技术复杂度高的制造业，发达地区（省份）的比较优势产业以制造业为主，进而优势产业位于全国产业空间关联网络的"核心"位置。资源型地区（省份）的比较优势产业以资源开采及初加工为主，关联性弱而技术复杂度低，主要位于全国产业空间关联网络的"边缘"位置。

（二）资源型地区网络联系异化的特征表现

在全国人口跨地区流动网络、创新合作网络、创业关联网络、产业空间关联网络等多维区域网络中，资源型地区在"核心—边缘"网络结构中处于网络"边缘"位置的同时，也表现出网络联系异化的特征。这里使用"异化"特征[①]来概括资源型地区网络联系的特征表现，主要是在与其他地区的比较中，资源型地区的网络联系特点与其他地区不一样。其他地区总体网络联系特征是正常的、正向的，网络联系有利于自身经济发展。而资源型地区网络联系则是异常的、负向的，网络联系反而不利于自身的经济发展。

在全国人口跨地区流动网络中，资源型地区人口跨地区流动的异化特征体现在：一是资源型地区总体上呈现以人口流失为主，也就是流入人口小于流出人口，一些资源型地区甚至会出现人口收缩的态势；二是在资源繁荣时期，资源型地区可能也会出现以人口净流入为主的发展态势，也就是在此时期流入人口可能会大于流出人口；三是资源型地区人

---

① 资源型地区生产、贸易资源产品，与其他地区开展人口流动、创新合作、创业关联、产业分工等区际联系目的是促进区域经济发展，但是在资源依赖下，区域网络联系反而不利于资源型地区经济发展，进而可以概括为资源依赖所带来的区域网络联系"异化"现象。

口流动意愿相对较弱，也就是流动人口在资源型地区总人口中的比重相对较低，人口较多愿意接受当前状况而不愿意流动也就是不愿意离开家乡；四是资源型地区人口流动存在挤出高技能人才，而吸引低技能劳动力或资源偏向型专用人才的特点。

在全国创新合作网络中，资源型地区的创新合作会呈现以下异化特征：一是资源型地区与其他地区的论文、专利合作相对较少，创新合作的动力不足、能力欠缺；二是资源型地区的创新主要集中在资源产业领域，创新所形成的专利、技术的专用性相对较强；三是资源型地区与其他地区的创新合作经常处于被动地位，区内创新能力不强而需要求助于区外的创新资源；四是资源型地区的创新人才、创新资源存在挤出现象，创新合作反而可能导致区内优秀创新人才的流失。

在全国创业关联网络中，由于创业关联是基于引力模型的虚拟关联网络，但是其背后的原因是各个地区之间存在创业的实际关联关系，创业关联网络也能体现资源型地区创业网络联系的实际情况及异化特征：一是资源型地区创业关联度相对较低，创业的活力不足而不愿意创业；二是资源型地区资源产业存在门槛高而制造业少、服务业创业畸形偏高的特点；三是资源型地区创业资源存在外溢流失现象，以及接受其他发达省份外溢开展创业的能力较弱。

在全国产业空间关联网络中，资源型地区比较优势产业的网络联系异化特征包括：一是以资源开采及初加工为主导的优势产业数量少、区位商较大、专业化生产程度较高；二是以资源开采及初加工为主的产业结构关联度较低，产业连接稀疏；三是资源开采及初加工等资源型地区优势产业与全国产业空间关联网络直接相连，也存在由低附加值初级产业向高附加值先进制造业的延伸空间。

二 资源依赖对资源型地区多维区域网络联系的异化机制

本章第二节是在只包括产品区际流通而不包括要素区际流动的情况下分析资源依赖与"资源诅咒"形成机理。本节则是在既包括产品区际贸易也包括要素区际流动的前提下分析资源型地区与其他地区的产品、要素互动所形成的资源依赖与多维区域网络联系的异化机制。为了便于分析资源型地区与其他地区的区际经济联系，这里假定资源型地区是原本和其他地区一样都是以制造业为主的工业结构，但是资源开发使得资源型地区向以采矿业为主转变，而其他地区则是保持以制造业为主的工业结构。

（一）资源依赖、要素区际流动与人口流动网络联系异化

在资源大规模发现或资源产品价格大幅度上涨的背景下，资源型地区会倾向于大规模开发自然资源，发展采矿业，但是资源型地区在采矿业大规模发展之前仍然是以制造业为主导。在生产要素可以从制造业部门流向采矿业部门的前提下，资源型地区内部的资本、人才、劳动力等生产要素会流向采矿业部门；但是在区际开放的背景下也会存在其他地区资本、人才、劳动力等要素向资源型地区的流动，以及资源型地区资本、人才、劳动力等要素向其他地区的流动的情况。人口作为一个地区最重要也最基础的生产要素，人口的流入、流出会对一个地区经济发展产生重要的影响。人口跨地区的流入、流出会形成人口流动网络，以人才、劳动力为主的人口流动则会通过人口联系网络异化制约资源型地区的经济发展（见图3-3）。

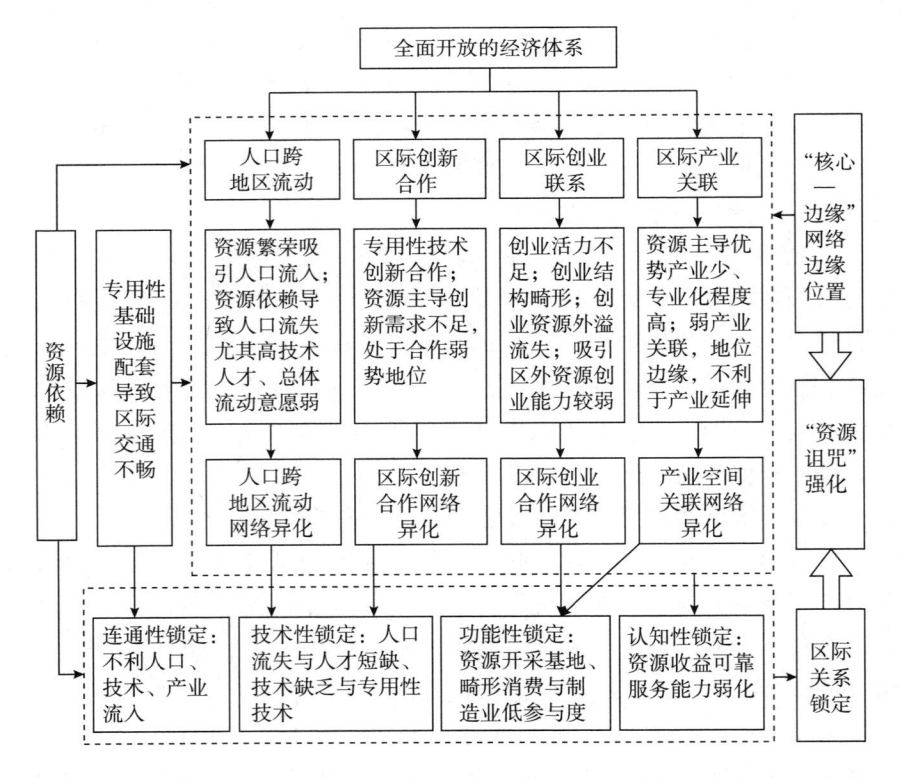

图3-3 全面开放经济下多维区域网络异化与资源型地区"资源诅咒"强化锁定

第一，资源繁荣会通过区际收益比价吸引人口向资源型地区净流入。在资源大规模开发初期或者资源产品价格大幅上涨的背景下，资源部门要素投入的边际收益较高，要素会倾向于向资源部门集聚。对于人口流动，特别是人才、劳动力而言，人才、劳动力都是追求工资报酬最大化的。如果资源型地区采矿业部门的人才、劳动力工资收入高于其他地区人才、劳动力工资收入，其他地区的人口就会倾向于向资源型地区采矿业及相关产业流入。此时，在资源型地区内部也存在制造业部门人才、劳动力向采矿业部门流入的趋势，并且在资源部门繁荣的背景下，资源型地区制造业部门则可能会发展缓慢或陷入衰退，制造业的专业技能人才、劳动力也不会完全流入采矿业，一些制造业人才、劳动力也会向其他地区的制造业部门转移，也就是资源型地区制造业人才、劳动力会向区外流动，表现为资源型地区的人口流出。总体而言，资源繁荣时期，资源型地区会表现出人口流入大于流出而人口净流入的态势。

第二，资源依赖、资源产业衰退总体会导致人口流失与人口收缩。虽然资源繁荣会吸引人口向资源型地区集聚，但是在资源依赖形成之后，资源型地区采矿业规模也会趋向于稳定或者变动缓慢，吸引人口集聚的能力也会下降。资源依赖不利于人口向资源型地区的集聚，其原因在于：一是资源产业虽然是资源型地区的主导产业部门，但是提供的就业机会有限。从全国范围看，制造业仍然是工业部门的主体。其他地区丰富的制造业门类、较多的就业机会会吸引资源型地区制造业部门的人才、劳动力向其他地区的制造业部门转移，进而造成资源型地区的人口流失。二是资源产品的价格具有较强的波动性特征。在价格的低落时期，资源产业部门人才、劳动力的工资报酬较低，此时财政收入总体较少且工资较低，难以留住事业单位等专业技术人才，而其他地区受资源产品价格波动影响较小，人才、劳动力收入会比资源型地区高，可能出现资源型地区劳动力离职流向其他地区的趋势。资源型地区的人才、劳动力也可能会厌恶资源产品价格变化无常、收入波动风险而更倾向于流向其他地区。三是资源产业部门具有资本密集、技术专用、劳动力需求较少的特点。随着资源型地区资源产业部门专业技术的进步、机器自动化设备的使用，资源产业部门对劳动力的需求会减少，这也不利于吸引劳动力，进而会造成资源型地区的人口向其他地区的流出。四是自然资源具有可耗竭性的特点。当资源枯竭而产业衰退时，资源产业及相关部门的就业人员会面临失业问题，而资源型地区在陷入"资源优势陷阱"而转型乏力时，无法吸纳失业人员二次就业，进而失业人员也会向其他地区流失。

第三，资源依赖带来观念锁定导致资源型地区人口跨区流动意愿较弱。人口跨地区流动的原动力是流动能够带来更多的收益。资源型地区的百姓会得益于资源财富，也认为资源收益是可靠的、易得的、有保障的，不需要付出过多的努力就能够获得收入保障，特别是资源繁荣时期收益会异常丰硕。当资源型地区百姓习惯于资源收益，不再愿意外出寻找更好的就业机会时，资源产业的发展就使百姓产生观念上的锁定。百姓会认为资源产业、资源收益可以依赖而不愿意跨地区流动，从而流动意愿整体较弱。

第四，资源依赖导致资源型地区高技能人才向区外流失严重。一般认为制造业是技术密集的，而资源产业是资本密集的，且资源产业所要求的是专用性较强的生产技术。资源型地区在以资源产业为主导、制造业发展滞后的情形下，技术通用性较强的高技能人才则会向其他地区外流。已经流向其他地区的高技能人才也会通过其人际关系网络，将其他地区制造业发展较好、收入较高的信息传递给资源型地区的其他高技能人才，这会进一步吸引人才向区外流动。而资源型地区资源主导产业则对人才的吸引力较弱，吸引进来的也多是专用性较强的资源产业所需人才。教育也是资源型地区人才向区外流失的重要渠道。资源型地区政府过于信赖资源收益，可能没有意识到好的教育对地区经济发展的重要作用，进而职业教育、高等教育等人力资本投资不足，资源型地区本土的学生会通过前往其他地区求学而流向其他地区，毕业后其他地区较好的就业机会使得这些人才不会回到资源型地区发挥作用。资源型地区人力资本投资的不足导致其难以培养出适宜资源型地区经济转型的高技能人才，而职业教育、高等教育所培养的人才在资源型地区没有好的就业机会，加上主导产业对人才的需求不旺盛，也会导致培养的人才向其他地区流失。

（二）资源依赖、有效需求不足与创新合作网络联系异化

在资源依赖的形成过程中，资源型地区会围绕资源主导产业开展创新，形成专用性较强的技术。但是，资源依赖总体上是缺乏创新有效需求的，资源型地区创新供给能力较弱，进而与其他地区有创新合作但相对不足，缺乏创新氛围也会造成创新人才向区外流失。

第一，资源依赖吸引区外科技资源在资源型地区开展专用性技术创新。与制造业相比，资源产业一般被认为是技术含量较低的，不需要太多的技术支撑，但是种类繁多的制造产品开发需要更多的技术保障。资源产业并非不需要任何技术，如资源开采涉及井下作业，井下复杂的地质条件、安全生产的要求、专用性较强的机器设备及矿井通道建设等，离不开技术支持，但是主要为专用性较强的技术。因此，在资源产业成为主导产业、资源依赖形成的过程中，资源型地区由于自身没有资源产业的技术积累，因而会与区外科研机构、相关企业等开展创新合作，根据资源开采加工的实际需求，吸引区外其他地区先进的科研机构开展专用性技术创新，这种技术只能用于资源产业而不具有通用性，很难转化到其他制造业进行使用。在资源依赖形成之后，资源型地区也需要根据资源产业发展的趋势开展技术创新，会围绕资源产业发展建立科研机构、培养专业人才，资源型地区也会成为资源产业领域科研实力相对较强的区域。

第二，资源依赖排挤科技创新需求导致资源型地区区际创新合作较少。资源依赖总体是创新有效需求不足的，主要体现在资源产业主导会导致资源型地区缺乏创新动力与能力。资源型地区缺乏创新动力，主要是因为：一是资源产业不是技术密集型产业，对创新的需求不旺盛，而技术密集的制造业在资源型地区发展滞后，总体规模较小而创新需求不足；二是资源型地区依靠资源收益就可以维持正常的经济社会运行，百姓、政府、企业家也都认为资源收益是可靠的，主动开展科技创新的意愿都相对较弱。资源型地区缺乏创新能力，主要是因为：一是资源依赖形成之后，资源型地区缺乏创新人才；二是资源型地区的政府、企业在创新方面的投入不足，既包括创新机构、创新设施等硬件设施的缺乏，也包括创新软环境的缺失，软硬件设施的不足导致资源型地区缺乏创新必要条件。

第三，资源型地区在区际创新合作中被动加剧科技人才流失。资源型地区与其他地区的创新合作总体较少。在既有的资源型地区与其他地区的创新合作中，发达地区在创新合作中多是供给方，而资源型地区多是需求方。资源型地区无论是资源产业还是制造业发展都较多依赖于区外的技术供给，其他地区的企业、研发机构等创新主体在与资源型地区的创新合作中会拥有较多的话语权、收益权。资源型地区在技术创新上自身缺乏能力而不得不更多求助于区外的创新资源，创新合作反而会带来资源型地区资源收益、其他制造业收益向区外的流失。与其他地区的创新合作也会让资源型地区的人才看到区外创新的广阔空间和收益机会，在创新合作中反而可能会带来资源型地区人才向区外的进一步流失。

（三）资源依赖、创业活力不足与资源型地区创业区际外溢

一个地区的创业活力[①]在很大程度上能反映一个地区经济发展的潜力，在资源型地区则能体现出经济转型的能力。在资源产业主导的经济体系中，受人口跨地区流动、创新合作挤出、产业关联度低等因素影响，资源型地区存在创业活力不足的现象，表现为资源主导产业创业门槛较高而制造业创业不足、服务业创业畸形等，资源型地区整体创业区际关联性弱而容易造成创业人才、资本等资源向区外溢出。

第一，人才流失、创新挤出、产业弱关联等导致资源型地区创业活力不足。资源依赖对创业活动的影响存在间接效应。正如前文所述，资源依赖会造成人才、劳动力向其他地区的流失。缺乏人才、资源收益可靠使得资源型地区的老百姓没有创业的原动力，进而创业活力相对较弱。科技创新的成果转化也是创业的重要来源。但是资源依赖对科技创新的挤出效应导致资源型地区创新能力弱、创新成果少、与区外创新联系缺乏，资源型地区依赖于资源产业、资源收益"福利"而对吸引区外创新成果转化为创业缺乏动力，区外的创新成果也会看到资源型地区缺乏创业孵化的环境而较少到资源型地区转化。资源主导产业具有关联性弱的特点，弱关联性导致很难围绕资源主导产业派生出更多的产业来，也就很难有创业的机会；而其他地区则以制造业为主，很容易派生出更多关联产业而带来创业机会。

第二，资源产业主导带来资源型地区创业畸形结构。在资源型地区工业化进程中，资源产业主导会带来第二产业、第三产业创业的畸形结构，主要体现在以下几方面。一是资源产业自身在演进过程中呈现资本化、机械化、规模化等特点，其核心是专用性强的资源开采技术、开采设备的应用不断提高资源产业的准入门槛。为了提高自然资源的开采效率，政府管制、市场倒逼会要求先进技术及大型机器设备用于资源开采，

---

① 创业主要体现为一个地区市场主体的增加，新注册的市场主体可以看作创业。创业活力则主要用每万人新注册企业数、每万就业人员新注册企业数等来体现，表现为现有人口的创业意愿。

其结果就是资源产业的准入门槛越来越高，以大型企业开采为主，小微型企业很难进入资源开采领域，进而资源领域的创业活动相对较少。二是资源依赖导致资源型地区制造业发展缓慢、优势产业较少，进而与其他地区相比，资源型地区的制造业发展空间受限、创业机会不多。也无法发挥制造业产业关联性强的优势，通过产业关联催生更多产业链关联行业创业。三是资源收益导致本地生活性服务业创业畸形偏高。这主要是因为资源开采可能会在资源繁荣时期带来大量"红利"，这些"红利"形成了资源型地区不同群体的收入，高收入要转化为高消费意味着对本地化的服务行业需求较大，外地的服务业又因为地理距离等因素无法满足本地需求，因而在消费需求引导下，资源繁荣会带动本地服务业的快速发展，服务业创业活动较多。

第三，资源型地区创业资源向区外流失而接受外溢能力较弱。由于资源型地区缺乏创业机会、创业氛围，资源产业主导也没有为创业创造良好的环境，导致资源型地区本土的创业人才、创业资本等创业资源向其他地区溢出，原有的企业也会逐渐将重心转向区外创业。资源型地区的创业人才则会按照市场化机制进行区域配置，创业人才会流向创业成长空间较大的其他地区进行创业。资源型地区的创业资本，尤其是从资源繁荣中积累的资本，也会按照市场化进行区际自由流动，投向具有发展前景的其他地区，带动其他地区的创业活动。而资源型地区受自身资源产业进入门槛高、制造业创业机会少、服务业"虚假"繁荣畸形发展的影响，接受其他地区创业资源外溢流入的能力较弱，也很难吸引到其他地区的创业资源流向本地开展创业。

（四）资源产业主导、地位边缘与产业联系网络异化

在全面开放经济条件下，资源型地区与其他地区会存在着产业关联关系，尤其是工业当中各个产业的上下游产业链与产业关联关系。正是基于产业关联，资源型地区的产业与其他地区的产业共同形成了全国范围的产业空间关联网络。在产业空间关联网络中，网络"节点"是工业当中的各个产业，可以是工业中的大类、中类或者小类。工业行业越细分，产业空间关联网络中的"节点"也就越多，产业间的网络链接也就越多，网络会更加复杂、均衡。网络链接越多的产业"节点"则会在网络中居于核心或中心位置，网络链接越少的产业"节点"则会在网络中居于边缘位置，进而形成产业空间关联网络的"核心—边缘"结构。资

源型地区与其他地区的比较优势产业不同，优势产业"节点"少、链接稀疏进而位于产业空间网络边缘地位，弱产业关联也不利于资源型地区优势产业迈向全国产业空间关联网络的核心地带。

第一，资源产业依赖导致资源型地区生产专业化程度高而优势产业少。以采矿业为主的资源产业本身产业种类较少，而制造业种类相对较多。在资源型地区，资源依赖的形成对种类众多的制造业产生了挤出效应，导致比较优势产业主要以资源产业为主，制造业方面的优势产业相对较少且是围绕资源产业发展而形成的。最终表现为资源型地区工业生产的专业化程度很高，且集中于少数资源型产业领域，进而优势产业种类相对较少。资源优势产业具有区位商较大的特点，也就是资源型地区资源优势产业占工业比重远高于全国资源产业占工业的比重。其主要原因：一方面是因为从全国来看，资源产业占工业的比重较低，全国是以制造业为主的工业结构，资源产业更多起到提供原材料、能源等作用，在资源型地区资源产业则是为数不多的优势产业，占工业比重非常高。另一方面是因为自然资源的分布具有不均衡性，一些地区自然资源匮乏，而另一些地区则自然资源十分丰富，进而资源开采规模较大而区位商高；因为自然资源开采具有规模性的特点，只有大规模的开采才能实现较好的经济效益，大规模的资源开采集中在少数资源型地区，必然结果就是资源型地区的区位商较大。

第二，资源优势畸形与弱产业关联导致资源型地区的网络地位边缘化。资源型地区依赖资源优势产业表现出单一畸形的特点，而同时资源优势产业具有弱产业关联性的特征，也就是围绕资源优势产业，能够发展的前向关联产业、后向关联产业、旁侧关联产业相对较少，产业链较短，很难通过产业延伸来形成更多的优势产业。资源优势产业关联性弱则表现为资源产业在网络中与其他产业"节点"的链接或者说连线相对较为稀疏，只有较少的产业与资源产业相连。与此同时，其他地区的优势产业制造业则关联性强，在全国产业空间关联网络中与其他产业"节点"的链接或连线较为密集，进而在网络中处于"核心"位置。资源型地区由于缺乏与其他产业"节点"的链接而处于产业空间关联网络"边缘"位置。

第三，资源优势产业地位"边缘"不利于向产业网络"核心"地带延伸。在全国产业空间关联网络中，地位"边缘"的资源产业与"核心"

地带的制造业也是间接相连的，资源型地区也有从低附加值初级产业向高附加值先进制造业延伸的机会。资源型地区可以通过资源产业向周边产业的层层延伸而拓展至核心制造业，但是却存在产业链过长的问题，转换的成本较高而风险较大。而且在资源优势产业向制造业延伸的过程中，资源繁荣时期不愿意向制造业延伸，资源开采本身就能支撑资源型地区经济的快速增长；资源萧条时期，则会由于资金、人才等缺乏而"无力"延伸，陷入"资源优势陷阱"而无法摆脱。

三　多维区域网络联系异化对"资源诅咒"的锁定机制

"资源诅咒"在狭义概念下是指资源型地区长期经济发展缓慢，更广义上还包括人才、科技创新挤出与要素禀赋初级化、资源产业依赖与产业结构单一、专业化配套与服务能力弱化、资产专用性与基础设施滞后以及资源型地区经济增长长期较为缓慢。多维区域网络的异化则会通过技术性锁定、功能性锁定、认知性锁定、连通性（基础设施）锁定、关系性锁定等强化"资源诅咒"。

第一，人口、创新网络异化带来技术性锁定导致要素禀赋初级化。在经济发展、工业化进程中，从最初的自然资源依赖，向物质资本驱动，再向人力资本、知识技术引领转变，其实质是一个地区要素禀赋结构的不断升级。在全国人口跨地区流动网络中资源型地区人口流动网络异化主要表现为人口向其他地区的流失，尤其是制造业发展、科技创新所需各类人才的流失，不利于资源型地区要素禀赋结构的升级。在人口跨地区流动网络形成之后，会通过人口网络联系的直接效应和间接效应进一步锁定人才短缺。直接效应体现在人口跨地区流动直接损失了资源型地区的人才，间接效应则体现在人口流失包含了科技人才的流失，导致资源型地区科技合作的减少以及创新能力的下降。科技创新合作让资源型地区可以借力其他地区的创新资源来推动经济发展，但是资源依赖对科技创新合作网络联系的异化，导致资源型地区创新合作没有能力，也缺乏动力，其他地区因为创新合作联系更加紧密而创新能力更强，但是其他地区与资源型地区的创新合作较少，其他地区丰富的创新联系所形成的知识、技术没有办法对资源型地区产生正向的溢出效应，创新要素在资源型地区的不足更加明显。科技创新合作也较多围绕资源产业展开，形成的都是专用性技术。资源型地区在生产要素的供给侧仍然较多依赖于自然资源，进而形成技术性锁定，不利于资源型地区经济转型。技术性锁定体现在两个方面：一是从生产要素结构看，人才、科技创新等先进生产要素缺乏，经济转型、制造业发展缺乏要素支撑；二是从技术特性看，资源产业主导在资源型地区形成专用性较强的生产技术，生产技术被锁定在资源领域。人口流失、创新挤出所形成的技术缺乏与技术性锁定带来要素禀赋结构的初级化问题在资源型地区较为突出。

第二，创业、产业网络异化通过功能性锁定导致产业结构单一刚性。人才、技术是创业的主要来源，人才流失、创新挤出带来创业活力的不足。在区际创业关联网络中，则表现为资源型地区创业资源向区外流失而接受外溢能力较弱，创业关联度相对较低，很难通过其他地区创业资源来提升创业活力。在资源型地区内部则表现为围绕资源主导产业创业、资源产业本身产品种类单一、投资门槛高而创业活力不强。创业主要围绕为资源主导产业配套开展，资源收益用于消费，在生活性服务业领域创业较多。从区域的功能来看，围绕资源主导产业的创业主要会锁定资源开采及配套功能，以及畸形消费服务功能上。从全国的产业分工来看，资源型地区在全国产业空间关联网络中主要位于"边缘"地带，承担资源产品、初级产品的生产与供应功能，在其他地区通过产业分工、产业关联更多承担制造业产品生产功能的情况下，资源型地区的功能也会更多地锁定在资源产品领域。创业关联网络、产业空间关联网络的异化会强化资源型地区自身资源产品开采供应基地的功能定位，在注重全国区域分工的背景下，资源型地区的分工功能也较为明确，功能性锁定带来的突出问题就是资源型地区产业结构单一刚性，缺乏经济转型的内生动力。

第三，区际网络联系异化依托认知性锁定弱化地区经济服务能力。人口跨地区流动网络、创新合作网络、创业关联网络异化，尤其是产业空间关联网络异化带来的不仅是要素流失、产业单一等技术性锁定、功能性锁定。更重要的是，当资源型地区的政府、百姓习惯于资源产业主导、习惯于网络联系异化的时候，则会形成认知性锁定。资源型地区政府认为资源收益是可靠的税收来源，会出台资源部门偏向性的政策，进而忽略好的营商环境对制造业、高新技术产业、中小企业的促进作用，政府也没有动力为经济转型提供良好的制度保障。产业结构的资源依赖也会导致资源型地区资源依赖文化的形成，政府、百姓、企业家等认为资源开发才是区域发展的可行路径，资源依赖的观念、文化、认知等根深蒂固不利于其他产业发展。资源型地区在提供优质社会保障服务、生态环境服务方面也缺乏动力，不利于要素与产业集聚。资源型地区认为没有过多必要开展人力资本投资，资源收益用于教育、培训、健康等方面的人力资本投资严重不足，自然资本优势没有转化成有利于可持续发展的人力资本、知识资本优势。

第四，专用性基础设施导向通过连通性锁定孤立区际网络联系。正如前文所述，资源型地区的基础设施建设也是围绕资源主导产业展开的，具有较强的资产专用性、区位专用性、用途专用性等特征，只能用于资源产业、矿区建设、资源产品向区外输出。专用性的基础设施制约资源型地区与其他地区的区际联系，主要表现在人口流动、创新合作交流、招商引资、产业承接等各个方面，其原因主要是资源型地区与其他地区在公路、铁路、航空等交通基础设施领域建设相对滞后，资源型地区与其他地区的连通性被锁定在较低的层次上，资源型地区与其他地区的区际联系成本相对较高，进而导致其他地区的要素与产业不愿意向资源型地区流动，资源型地区的要素总体向区外流动并且流失的人才、创新、制造业等也不愿意再回到资源型地区。从区域网络角度看，人口跨地区流动网络、创新合作网络、创业关联网络、产业空间关联网络虽然体现的是要素、产业间的联系，但是要素、产业之间真实的联系也需要依托交通基础设施来实现，区际交通基础设施的连通性是网络形成与链接紧密的关键。交通基础设施的滞后带来资源型地区与区外实际联系较少，资源型地区与其他地区的要素、产业网络联系不畅。

第五，网络联系异化通过区际关系锁定强化"资源诅咒"。全国人口跨地区流动网络、区际创新合作网络、创业关联网络、产业空间关联网络的异化带来的是多维区域网络"核心—边缘"结构中资源型地区"边缘"位置的固化，形成了资源型地区与其他地区区际关系的锁定。区际关系锁定体表现为资源型地区与其他地区的人口流动、创新合作、创业关联、产业分工等联系较少，且资源型地区以资源产业基地为功能定位，人才、技术、制造业等要素、产业依托区域网络向区外流失。在多维区域网络中，其他地区之间会呈现日益增加的区际链接（节点之间的连线）、逐渐增多的参与主体（人才、科研机构、企业等），其他地区会因为网络的增强而通过网络正向溢出效应而受益。但资源型地区与整个要素、产业网络的联系较少，再加上资源型地区资源依赖的自我强化与路径依赖特征，要素、产业网络的增强对资源型地区的正向溢出效应相对较少。在多维区域网络联系异化的影响下，区际关系的锁定、区域网络溢出效应的缺失使得多维区域网络对资源型地区产生系列负效应，不利于资源型地区的长期经济发展。要素层面，网络负效应体现为不利于资源型地区从资源依赖向人力资本、科技创新驱动转变；产业层面，体现为制造业缺乏可持续发展空间，以及资源产业本身波动性大而不具有可持续性；区域网络层面，其他地区对资源型地区人才、资本、技术、制造业等要素、产业具有虹吸效应而向资源型地区的溢出较弱，资源依赖中虽然有可能出现短期或周期性资源繁荣的现象，但是长期来看资源型地区会陷入经济发展缓慢、"资源诅咒"强化的比较优势陷阱当中。

第四节 资源产业管制、开放网络优化与资源型地区经济转型升级

在全面开放条件下规避"资源诅咒"，首先，要在资源型地区内部开展资源产业管制，弱化资源依赖，形成产业多元化的发展导向，同时，加大人力资本与科技创新投入，改善地区服务能力与基础设施配套水平，摆脱"资源优势陷阱"。在区际关系上，重点要优化区域开放网络，矫正人口流动、创新合作、创业关联、产业分工等方面的区际关系，发挥区域网络的正外部性效应，助力资源型地区经济转型，化解资源型地区与其他地区经济发展的不平衡。

一 资源产业管制、多元化导向与内生转型动力增强

资源型地区内部开展资源产业管制，重点是要合理引导资源繁荣，扶持产业多元化发展，进而避免资源依赖，跳出"资源优势陷阱"。

第一，加强资源产业管制，避免资源繁荣，弱化资源产业过度依赖（见图3-4）。围绕自然资源产权、生态环境负外部性、资源产品价格的强波动性进行管制，重点在于完善资源产品价格形成机制，通过价格机制来分配资源收益，避免资源繁荣和资源依赖。一是要建立自然资源的可持续利用机制。自然资源具有可耗竭性、稀缺性，为了更充分地实现自然资源价值，需要遵循豪泰林准则（Hotelling，1931）来开发自然资源，只有当自然资源开采出来比保留在地下更有价值时，政府才应当允

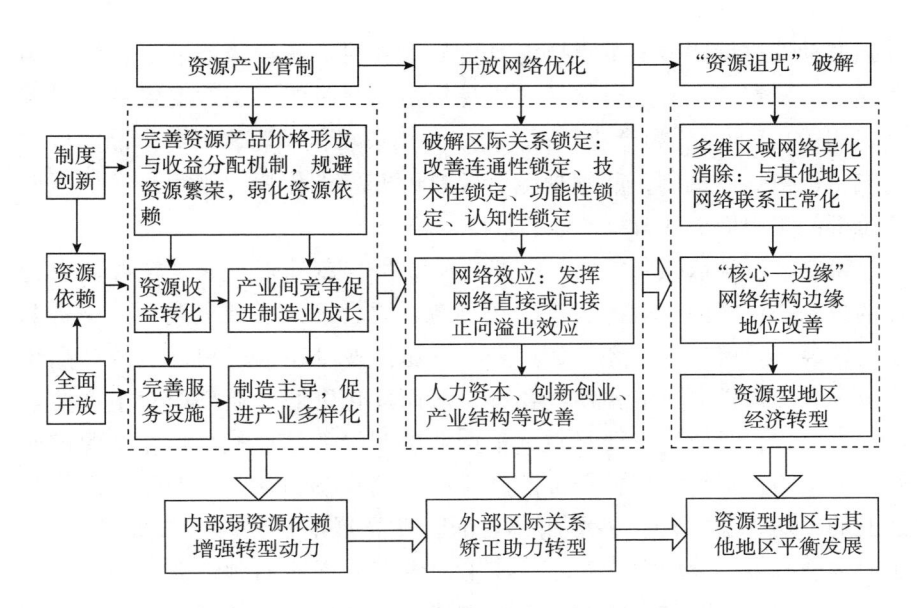

图 3-4　全面开放下多维区域网络优化与资源型地区经济转型

许开采。此外,要建立自然资源产权市场,通过市场化的方式来实现自然资源所有权收益。要合理控制自然资源供给,推进自然资源有序进入产权市场,避免过度竞争损害资源价值实现。二是建立资源开发的生态环境补偿机制。自然资源的开发,尤其是矿产资源的开发会对矿区当地的生态环境带来负外部性影响,主要表现在资源开发会破坏地下水系、伴生资源、耕地资源,带来地面沉陷,造成其他资源价值的损害;资源开发带来水土流失、植被破坏、生物多样性减少,损害矿区生态系统;资源开发、资源初加工环节都会带来废水、废气、固体废弃物的排放。针对矿产开发的生态环境负外部性,为避免生态环境承载力的下降,以及资源开发利用对矿区其他经济主体的负面影响,需要建立生态环境补偿机制,建立矿产开发前防范性补偿机制、开发中及时性补偿机制、开发后修复性补偿机制(张复明,2009),恢复矿区原有的生态系统,补偿矿区居民、其他企业的利益损失。三是资源产品属于初级产品,供给相对缺乏弹性,且产业发展受国际政治经济形势、资源产品市场结构、经济周期波动等影响较大,因而其价格表现出较强的波动性,其价格波动强于一般的工业制成品。在价格高涨时,资源产品会带来超额利润且收益丰厚,在价格跌落时不利于区域经济稳定发展。因此,需要对其价格的强波动性进行调节，重点要对其价格上涨时的高额收益通过征收超额利润税、稳定基金等进行调节，避免价格高涨时的资源过度繁荣（景普秋，2010）。通过资源产业管制，可以利用市场机制完善资源产品的成本构成与价格形成机制，起到规范资源过度开发的作用，避免过多要素向资源部门集中而出现资源产业的过度依赖。

第二，资源依赖弱化、区内产业间竞争与制造业成长。资源产业管制的目的是让资源产业本身走上更规范、更合理的发展道路，避免资源型地区经济发展过度依赖资源产业。资源产业管制通过提高资源产品生产成本，降低资源产业预期收益率，从而弱化资源产业部门对生产要素的吸纳效应，驱使生产要素在其他产业部门寻找就业机会。在资源产业管制下，当投资者发现投资资源产业的预期收益和在资源型地区发展制造业的预期收益相当，甚至制造业的长期发展前景要好于资源产业时，也会吸引资本、劳动力、人才、技术等生产要素流向制造业部门，促进制造业的成长。此时，政府的干预主要体现在资源产业部门，没有侧重支持制造业的发展，制造业与管制下的资源产业进行市场竞争而获得发展。资源产业仍然是资源型地区的主导产业，制造业虽然有着一定的发展空间，但是由于缺乏政策支持，发展相对缓慢，制造业还没有成为资源型地区的新主导产业。

第三，促进资源收益转化，培育制造业主导产业，促进产业多样化。仅仅管制资源产业对资源型地区制造业成长的作用有限，还需要立足可持续发展理念促进资源收益转化，扶持制造业发展。可持续发展包括强可持续发展和弱可持续发展两种形态（牛文元，2012）。强可持续发展认为，人造资本不可替代自然资本，也就是人造资本的增加无法替代自然资源及生态环境的损耗，实现强可持续发展要求自然资本不减少。而弱可持续发展坚持哈特维克准则（Hartwick，1977），认为人造资本与自然资本之间可替代，可以通过增加人造资本替代减少的自然资本来实现可持续发展。在资源型地区，自然资源开发利用所造成的生态破坏、自然资本损耗很难得到完全弥补，要致力于通过资源收益转化实现弱可持续发展。资源收益主要体现在资源所有者权益，资源企业对矿区生态环境及当地居民的补偿，资本、劳动、技术、企业家才能等生产要素报酬，政府的税费收入，企业的利润等方面。从收益主体看，主要集中在资源所有者、要素所有者、政府、企业、矿区居民等，要避免资源收益被用于奢侈性消费、无效率投资等而被耗散掉，也要避免资源收益被大量用于资源产业的扩大再生产而出现资源繁荣、资源依赖。需要有意识地促进制造业发展。因此，要建立资源收益的合理转化机制，要激励资源收益主体直接投资制造业，或通过储蓄金融机构存贷款机制转化为制造业的投入（Atkinson and Hamilton，2003）；政府要建立产业多元化发展的战略规划和扶持政策，降低制造业的进入门槛，提高制造业的预期收益率，促进资源型地区产业多元化发展，将制造业培育为新主导产业，提升资源型地区可持续发展能力。

第四，改善要素禀赋，完善服务设施配套，提升经济转型能力。在转化资源收益，发展制造业，促进产业多样化的同时，需要改善发展环境，为制造业发展配套所需的生产要素、生产性与公共服务以及基础设施。制造业发展与资源产业所需的生产要素是不同的，长期的资源依赖已经造成人力资本、科技创新、物质资本的挤出与流失，服务经济转型需要扭转资源依赖对生产要素的挤出效应，要与制造业主导产业培育相结合，出台支持政策，加大人力资本与科技创新投入，将资源收益转化为吸引人才、资本、技术等的配套资源，提高人才收益、提供资本配套、降低先进技术转化成本。资源型地区发展制造业也需要提升地方服务能力，要鼓励金融机构将信贷资金流向制造业，要配套建设制造业产品的物流体系，发展与制造业新产业相配套的科技、咨询服务业，政府部门要在制造业企业注册、供电、供水、纳税、补贴等方面提升便利程度，优化营商环境，降低企业与政府部门沟通成本。同时，要为制造业发展所吸纳的投资者、人才等提供优质公共服务。在制造业成长初期，往往是缺乏盈利能力的，而政府在教育、医疗、就业等方面优质的公共服务也是制造业发展初期吸引、留住各类人才的重要保障。此外，良好的生态环境也是新产业成长和人才集聚所需要的。有些制造业产业需要在特定的生态环境下才能发展，人才也更倾向工作、生活于好的生态宜居环境中。资源型地区要合理开展城市规划与建设，以开发区等为主体打造制造业集聚的空间载体，促进基础设施配套也是发展制造业新产业所需要的，有利于制造业的集群化发展，实现聚集经济效益。要完善城市、开发区水电路网等基础设施建设，合理规划开发区、商业区与居住区城市布局，促进产城融合发展，提升城市空间组织效率。

二 开放网络优化、区际关系矫正与化解区域发展不平衡

资源型地区内部在开展资源产业管制、实施产业多元化发展的同时，也需要优化资源型地区与其他地区的区际关系，发挥区域网络正外部性效应，促进区域之间的平衡发展。

第一，破解锁定效应，优化区域开放网络，改善区际关系。资源依赖对资源型地区与其他地区区际关系的负面影响，主要体现为资源型地区多维区域网络联系的异化以及网络异化所造成的锁定效应。那么，促进资源型地区经济转型就需要优化区域网络联系，破解网络异化的锁定效应。破除认知性锁定是优化区域开放网络、促进资源型地区经济转型的前提，也就是经济转型首先是思想观念的转变，不能再依靠自然资源发展经济，要树立经济转型的理念。破除资源型地区与其他地区的连通性锁定是优化区域网络联系的重要基础，资源型地区要与其他地区加强沟通，完善对外交通基础设施建设，改善资源型地区对外交通联系。通过发展航空、高速铁路、高速公路等，可以改善交通运输、促进信息沟通进而降低资源型地区与其他地区的空间交易成本，便于吸引区外制造业、人才、技术等流向资源型地区，促进资源型地区与其他地区制造业的一体化发展。破除技术性锁定需要资源型地区在扶持制造业发展中形成人才、技术需求，也需要国家层面引导人才资源、创新要素等流向资源型地区，提升资源型地区的先进要素供给能力。破除功能性锁定需要资源型地区、国家层面的政策引导，弱化资源型地区的资源保障基地、能源供应基地定位，明确制造业的重点扶持领域，吸引其他地区制造业向资源型地区转移，参与全国产业空间关联网络中的制造业分工。在破除连通性锁定、技术性锁定、功能性锁定之后，资源型地区与其他地区的区际关系锁定也会得以解除，资源型地区在多维区域网络中的"边缘"地位也会逐渐得到改善。

第二，发挥多维区域网络效应，助力资源型地区经济转型升级。在资源产业管制与优化开放网络的政策导向下，资源型地区与其他地区的区际关系得以改善，特别是资源型地区对外交通基础设施的改善能够与其他地区建立高效的交通运输网络，降低了区际联系的空间交易成本，进而有助于发挥多维区域网络的正向效应，促进资源型地区经济转型升级。在人口跨地区流动网络中，资源型地区人口流失得以缓解，其他地区的人才、劳动力等也逐渐向资源型地区流入，流入的人才、劳动力也

会通过其自身的关系网络，吸引更多人口向资源型地区流动。在创新合作网络中，制造业领域创新需求的增加驱动资源型地区不断与其他地区开展创新合作，实现合作共赢。在创新合作网络多向链接中，其他地区也会通过网络增加与资源型地区的创新联系，加快对资源型地区产生正向溢出效应，促进资源型地区创新能力的提升。在创业关联网络中，资源型地区新生的制造业发展机遇也会吸引其他地区的制造业通过产业转移、产业链延伸等在资源型地区新设企业，以制造业为主的创业增加是与其他地区紧密交流的结果。在产业空间关联网络中，资源型地区逐渐培育的制造业也会成为主导产业、支柱产业，进而迈向全国产业空间关联网络的"核心"地带，在网络"核心"地带延伸发展出更多的制造业产业。总体而言，资源型地区与其他地区的多维区域网络的优化，有助于发挥人口跨地区流动网络、创新合作网络、创业关联网络、产业空间关联网络的直接联系或间接溢出等正向效应，促进资源型地区的人力资本积累、创新能力提升、创业活力改善以及产业结构优化。

第三，消除多维区域网络异化，促进地区间平衡发展。资源型地区改善与其他地区的多维网络联系，消除自身网络联系异化现象，最终的结果是在"核心—边缘"多维区域网络中不再处于"边缘"位置。从网络的角度看，就是资源型地区与其他地区的网络联系增多、网络地位提升。人口跨地区流动中人才、劳动力流入，创新合作中知识向资源型地区溢出，资源型地区也会成为创业高地，参与全国产业分工并迈向价值链高端。特别是资源型地区可以利用向其他地区保障资源供给的优势，与其他地区开展紧密对接，吸引其他地区制造业流向本地，促进本地的产业转型，形成与其他地区的网络联系正反馈机制，进而带动自身摆脱"资源优势陷阱"，促进经济快速发展，缩小与其他地区、发达地区的经济差距，实现区域平衡发展。

第五节 本章小结

本章在明确"资源诅咒"与区域经济发展不平衡、资源型地区经济转型、区域网络等概念的基础上，对资源丰裕、产业结构、要素禀赋、区域网络、开放经济、制度安排等进行假定，进而阐释了多维区域网络视角下"资源诅咒"与资源型地区经济转型的作用机理。主要观点如下：

（1）在要素不可区际流动、产品可区际流动的有限开放经济中，资源繁荣吸引制造业部门要素流向资源产业部门，造成制造业发展缓慢，形成资源依赖现象。资源依赖对人力资本、科技创新、制造业、优质服务、基础设施等产生挤出，导致资源型地区经济发展缓慢，遭遇"资源诅咒"，形成资源型地区与其他地区经济发展不平衡。

（2）在要素、产品均可区际流动的假定下，全面开放带来资源型地区位于多维区域网络"核心—边缘"结构的"边缘"位置。区际网络联系的异化体现在资源型地区在人口跨地区流动网络中人才、劳动力流失严重，创新挤出导致参与创新合作网络较少，创业活力较低而创业资源向区外溢出，产业空间关联网络地位边缘化而关联度低。资源型地区区际网络联系异化通过技术性锁定、功能性锁定、认知性锁定、连通性（基础设施）锁定、关系性锁定等强化"资源诅咒"，加剧资源型地区与其他地区间的经济发展不平衡。

（3）规避"资源诅咒"，缩小资源型地区与其他地区发展差距，需要在全面开放条件下，在资源型地区内部开展资源产业管制，弱化资源依赖，形成产业多元化的发展导向，加大人力资本与科技创新投入，改善地区服务能力与基础设施配套水平。在对外关系上，要优化区域开放网络，矫正人口流动、创新合作、创业关联、产业分工等方面的区际关系，发挥区域网络的正外部性效应，助力资源型地区经济转型，化解资源型地区与其他地区间的经济发展不平衡。

第四章　交通基础设施缓解"资源诅咒"实证分析

受资源过度损耗和资源依赖的影响，中国资源型地区的经济可持续增长面临严峻挑战。而已有研究表明，交通基础设施建设是区域网络形成的基础，也是促进地区经济增长的主要动力来源之一。资源型地区是否能够借力交通基础设施建设有效推动地区经济增长，避免落入"资源诅咒"陷阱，是值得探讨的重要话题。本章利用2000—2020年省级和市级面板数据，对"资源诅咒"及交通基础设施与资源型地区经济增长之间的关系进行特征事实分析，并在此基础上，运用中介、门槛等多种形式的回归模型，实证检验交通基础设施、资源依赖与经济增长的作用关系和作用机制。

第一节　特征事实分析

通过对省级、市级两个层面的数据进行分析，归纳总结资源依赖、交通基础设施和地区经济增长之间的关系特征。

一　"资源诅咒"与地区经济发展不平衡

由于省级层面没有对资源型地区的明确分类，本书按照2000—2020年30个省份（由于数据缺失，不包含西藏、香港、澳门、台湾地区）资源依赖度均值将所有省份分为高、中、低三类资源依赖地区[①]，并将高资源依赖地区作为资源型地区来看待。其中，高资源依赖地区分别为山西、

[①] 采用2000—2020年各省份采矿业营业收入占比平均值表征该地区资源依赖度，并依据资源依赖度平均值从高到低进行排序，前10个省份作为"高资源依赖地区"，中间10个省份作为"中资源依赖地区"，后10个省份作为"低资源依赖地区"，采矿业营业收入占比数据来源于历年《中国工业统计年鉴》《中国经济普查年鉴》。另外，本书第四、五、六、七章分别由不同的参与者在不同时间完成，各章对高、中、低资源依赖地区的分组略有差异，但不影响总体研究。

内蒙古、黑龙江、河南、贵州、陕西、甘肃、青海、宁夏和新疆；中资源依赖地区分别为天津、河北、辽宁、吉林、安徽、江西、山东、湖南、四川和云南；低资源依赖地区为北京、上海、江苏、浙江、福建、湖北、广东、广西、海南和重庆。

根据2000年、2005年、2010年、2015年、2020年各省份的人均GDP数值（见表4-1）来看，高资源依赖地区经济发展水平普遍较低。2000年高资源依赖地区中黑龙江的人均GDP最高，为7515元，其次是新疆，为7372元；中资源依赖地区中，经济发展水平位于全国排名前十的省份有天津、辽宁、山东，分别为16236元、11177元、9260元；相较之下，低资源依赖地区有六个省份经济发展水平位于全国排名前十，整体经济条件较好。到2010年，各省份经济发展水平均有明显提高，高、中、低三类资源依赖地区的均值分别从2000年的5496.5元、7564.3元和12851.8元上升至22916.7元、27534.1元和44487.8元。其中，高资源依赖地区中排名上升的省份有山西、内蒙古、河南、陕西、宁夏五个省份；中资源依赖地区中，经济发展水平位于全国排名前十的省份依然是天津、山东、辽宁，分别为54053元、35599元、31888元；低资源依赖地区中湖北的发展速度较快，人均GDP排名从2000年的第17名上升至2010年的第11名。2020年，三类地区的经济发展水平再次发生明显变化。高资源依赖地区除内蒙古、陕西和宁夏外的其他省份，经济发展水平皆位于后十名；中资源依赖地区中仅有天津和山东两个省份经济发展水平位于全国前十名，分别为101068元和71825元；而低资源依赖地区已有8个省份经济发展水平位于全国排名前十，经济发展态势良好。

表4-1　　　　　　　2000—2020年各省份经济发展水平　　　　　　单位：元

分类	省份	2000年 人均GDP	排名	2005年 人均GDP	排名	2010年 人均GDP	排名	2015年 人均GDP	排名	2020年 人均GDP	排名
高资源依赖地区	山西	5722	18	12195	15	25434	14	33593	25	51051	23
	内蒙古	6502	15	14695	10	33262	9	52972	9	71640	11
	黑龙江	7515	10	12456	13	21694	23	32759	26	42432	29
	河南	5450	20	10978	17	23984	19	38338	18	54691	20
	贵州	2759	30	5218	30	12882	30	28547	29	46355	27
	陕西	4968	24	10357	19	26388	13	46654	12	65867	12

续表

分类	省份	2000年 人均GDP	排名	2005年 人均GDP	排名	2010年 人均GDP	排名	2015年 人均GDP	排名	2020年 人均GDP	排名
高资源依赖地区	甘肃	4163	29	7332	29	15421	29	25946	30	35848	30
	青海	5138	23	9233	23	20418	26	34883	24	50845	24
	宁夏	5376	21	9796	22	24984	16	37876	20	55021	19
	新疆	7372	11	12687	12	24700	17	39520	17	53606	21
	均值	5496.5	—	10494.7	—	22916.7	—	37108.8	—	52735.6	—
中资源依赖地区	天津	16236	3	30567	3	54053	3	75868	4	101068	5
	河北	6966	12	12845	11	25308	15	35994	23	48302	26
	辽宁	11177	8	17210	9	31888	10	46482	13	58629	15
	吉林	6646	14	10237	20	23370	20	38128	19	50561	25
	安徽	5147	22	9193	24	21923	22	39692	16	62411	14
	江西	4851	26	9172	25	21099	25	37436	21	57065	17
	山东	9260	9	17308	8	35599	8	56205	8	71825	10
	湖南	5590	19	10200	21	24005	18	43155	14	62537	13
	四川	4956	25	8828	26	21230	24	37150	22	58009	16
	云南	4814	27	7890	28	16866	28	32117	27	52047	22
	均值	7564.3	—	13345	—	27534.1	—	44222.7	—	62245.4	—
低资源依赖地区	北京	25014	2	47182	2	78307	2	113692	1	164158	1
	上海	30307	1	49377	1	79396	1	109186	2	156803	2
	江苏	11765	6	23984	6	52787	4	85871	3	121333	3
	浙江	13467	4	26277	4	51110	5	73276	6	100738	6
	福建	11194	7	18107	7	40773	7	67649	6	105106	4
	湖北	6121	17	11342	16	28359	11	52021	11	73687	9
	广东	12817	5	23997	5	44669	6	64516	7	88521	7
	广西	4652	28	8069	27	18070	27	30890	28	44237	28
	海南	6798	13	10753	18	23323	21	39704	15	55438	18
	重庆	6383	16	12335	14	28084	12	52480	10	78294	8
	均值	12851.8	—	23142.3	—	44487.8	—	68928.5	—	98831.5	—

注：人均GDP数据来源于历年《中国统计年鉴》。

进一步地，参考蔡昉（2019）①、张成思和刘贯春（2022）② 的做法，通过绘制人均GDP在三类地区的逐年简单算术均值③（见图4-1），来考察资源依赖与地区经济发展之间的关系。从图4-1来看，21世纪以来三类地区人均GDP均值皆保持平稳的上升趋势，且低资源依赖地区>中资源依赖地区>高资源依赖地区。2020年，低资源依赖地区人均GDP均值为9.88万元，中资源依赖地区为6.22万元，高资源依赖地区仅为5.27万元。同时，低资源依赖地区与中、高资源依赖地区间的差距随着时间的推移不断扩大。不难得出，资源依赖程度与地区经济发展之间存在负向的相关关系，即资源依赖程度越高，经济发展水平越低，发展速度越慢。

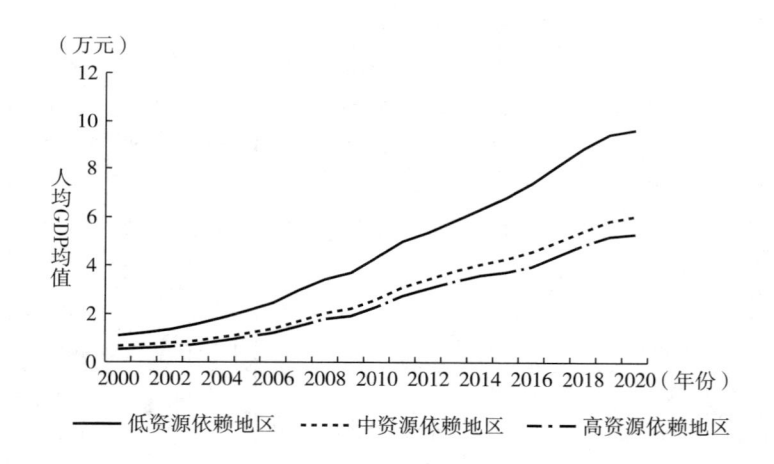

图4-1　2000—2020年各地区人均GDP均值变化趋势

注：通过计算三类资源依赖地区内各省份人均GDP总和除以该类地区省份个数得到。

进一步地，本节从城市层面对资源依赖与经济增长之间的关系进行分析。依据《全国资源型城市可持续发展规划（2013—2020年）》，将284个城市（为保证数据连贯性，剔除数据缺失的地级城市个体）划分为

---

① 蔡昉：《认识中国经济的三个经济学范式》，《经济学动态》2019年第6期。
② 张成思、刘贯春：《人力资本配置结构与金融部门扩张》，《经济学动态》2022年第5期。
③ 人均GDP的简单算术平均值不如考虑各省人口的加权平均值精确，但在一定程度也能反映不同资源依赖地区的经济发展水平。

资源型城市和非资源型城市（资源型城市 113 个，非资源型城市 171 个）。图 4-2 绘制了 2000—2020 年两类城市人均 GDP 均值变化趋势。可以看出，2000 年以来，两类城市的人均 GDP 均值皆保持稳定的上升趋势。其中，资源型城市人均 GDP 均值从 2000 年的 0.60 万元上升至 2020 年的 5.30 万元；非资源型城市人均 GDP 均值从 2000 年的 0.97 万元上升至 2020 年的 8.20 万元。并且，由始至终非资源型城市人均 GDP 均值高于资源型城市。与此同时，自 2013 年以来，两类城市之间的发展差距逐渐扩大，2013—2020 年非资源型城市年均人均 GDP 增长率为 5.63%，资源型城市为 5.37%，资源型地区经济发展速度较为缓慢。再一次证明，资源依赖对经济增长存在抑制作用，即"资源诅咒"效应。

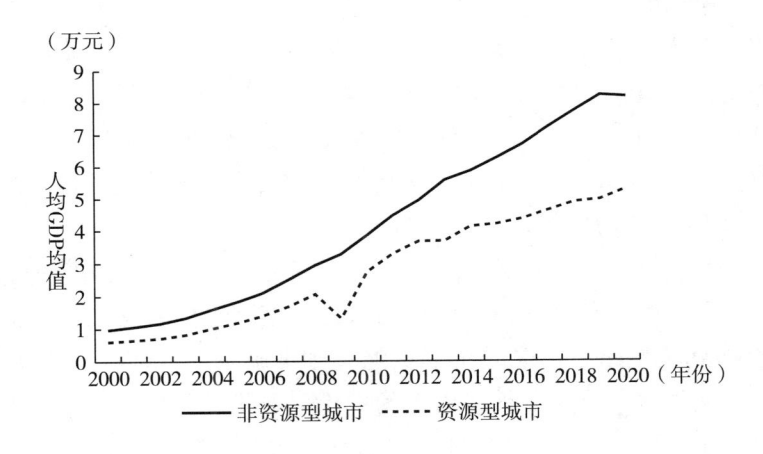

图 4-2　2000—2020 年两类城市人均 GDP 均值变化趋势

注：通过计算各年份资源型城市、非资源型城市人均 GDP 总和除以该类别城市个数得到。人均 GDP 数据来源于历年《中国城市统计年鉴》。

二　交通基础设施建设与资源型地区经济增长

前述分析已经得出，资源依赖是影响地区经济增长，造成地区经济发展不平衡的重要因素。本节继续考察交通基础设施是否能够缓解资源依赖对地区经济增长的负向关系。一方面，按照 2000—2020 年高、中、低资源依赖地区内部交通基础设施密度的简单算术均值将各省份分为高交通基础设施密度地区和低交通基础设施密度地区。另一方面，按照 2000—2020 年高、中、低资源依赖地区内部交通基础设施运输效率的简单算术均值将各省份分为高交通基础设施运输效率地区和低交通基础设施运输效率地区。[①]

(一) 交通基础设施密度与不同资源依赖地区经济发展水平

通过 2000—2020 年各类地区经济发展水平均值的变化趋势（见图 4-3），来分析交通基础设施与资源型地区经济发展之间的关系。从图 4-3 来看，在中、低资源依赖地区，高交通基础设施密度的省份具有较高的经济发展水平，2020 年低、中资源依赖地区高交通基础设施密度的省份人均 GDP 均值分别为 11.08 万元和 6.38 万元，而低交通基础设施密度的省份人均 GDP 均值分别为 8.48 万元和 5.60 万元。而在高资源依赖地区，交通基础设施建设的经济增长效应更为明显。低交通基础设施密度省份在 2000 年的初始人均 GDP 均值相对较高，为 0.64 万元，高交通基础设施密度省份人均 GDP 均值仅为 0.49 万元。但是，从 2014 年后，高交通基础设施密度省份的人均 GDP 均值开始超过低交通基础设施密度省份，并在 2020 年达到 5.47 万元，而低交通基础设施密度省份人均 GDP 均值为 5.02 万元。这表明，交通基础设施密度的提高是缓解资源型地区"资源诅咒"效应的重要手段。

详细地，图 4-4 报告了 2000 年、2010 年、2020 年高资源依赖省份经济发展水平与交通基础设施密度变动情况。横纵坐标轴交叉位置为当年高资源依赖省份人均 GDP 均值和交通基础设施密度均值。从 2000 年来看，经济发展水平位于平均线以上的省份包括山西、内蒙古、黑龙江和新疆，除山西外，其他三省交通基础设施密度均小于平均水平。到 2010 年，经济发展水平处于平均线之上的省份有 6 个，除已在平均线之上的山西、内蒙古、新疆外，还包括河南、陕西、宁夏三省，且河南、陕西两省交通基础设施密度均高于平均水平。黑龙江的人均 GDP 则下降至平均线以下。2020 年，山西人均 GDP 稍有所下降，但仍然位于平均线附近。可以看出，除贵州外的其他高交通基础设施密度省份，经济发展水

[①] 采用各省份铁路营业里程数和公路营业里程数之和占该省份行政区域面积的比值衡量交通基础设施密度，采用无量纲化处理后的客运周转量和货运周转量之和表示交通基础设施运输效率，并依据三类资源型地区内各省份 2000—2020 年交通基础设施密度平均值和交通基础设施运输效率平均值从高到低进行排序，排名前 5 的省份作为"高交通基础设施密度省份"和"高交通基础设施运输效率省份"，后 5 个省份作为"低交通基础设施密度省份"和"低交通基础设施运输效率省份"，相关数据均来源于历年《中国统计年鉴》。

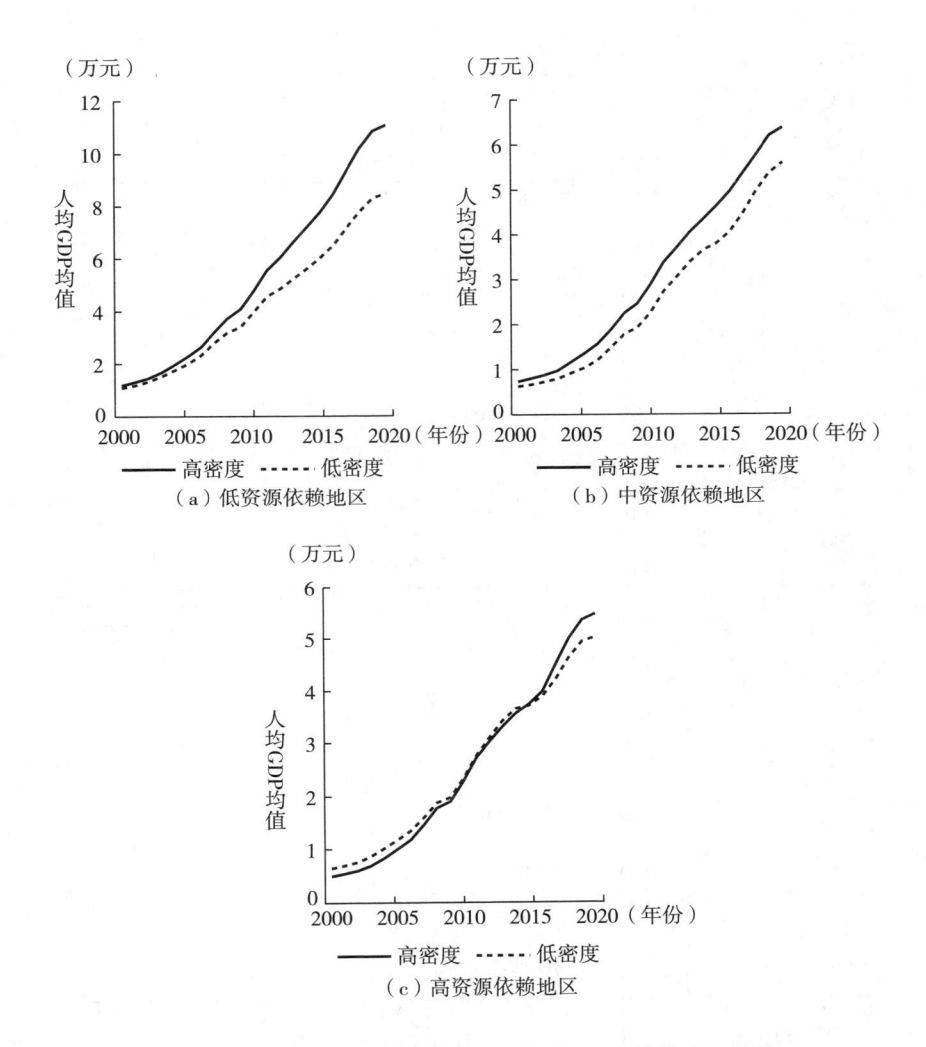

图 4-3　不同交通基础设施密度下人均 GDP 均值变化趋势

注：通过计算各年份三类资源依赖地区内高、低交通基础设施密度省份人均 GDP 总和除以该类别省份个数得到。

平相对较高。受限于经济基础，贵州现阶段人均 GDP 仍然位于平均线以下，但伴随交通基础设施密度的提升，其人均 GDP 正在逐渐向平均水平靠近。

（二）交通基础设施运输效率与不同资源依赖地区经济发展水平

从图 4-5 来看，不论高、中、低资源依赖地区，高交通基础设施运

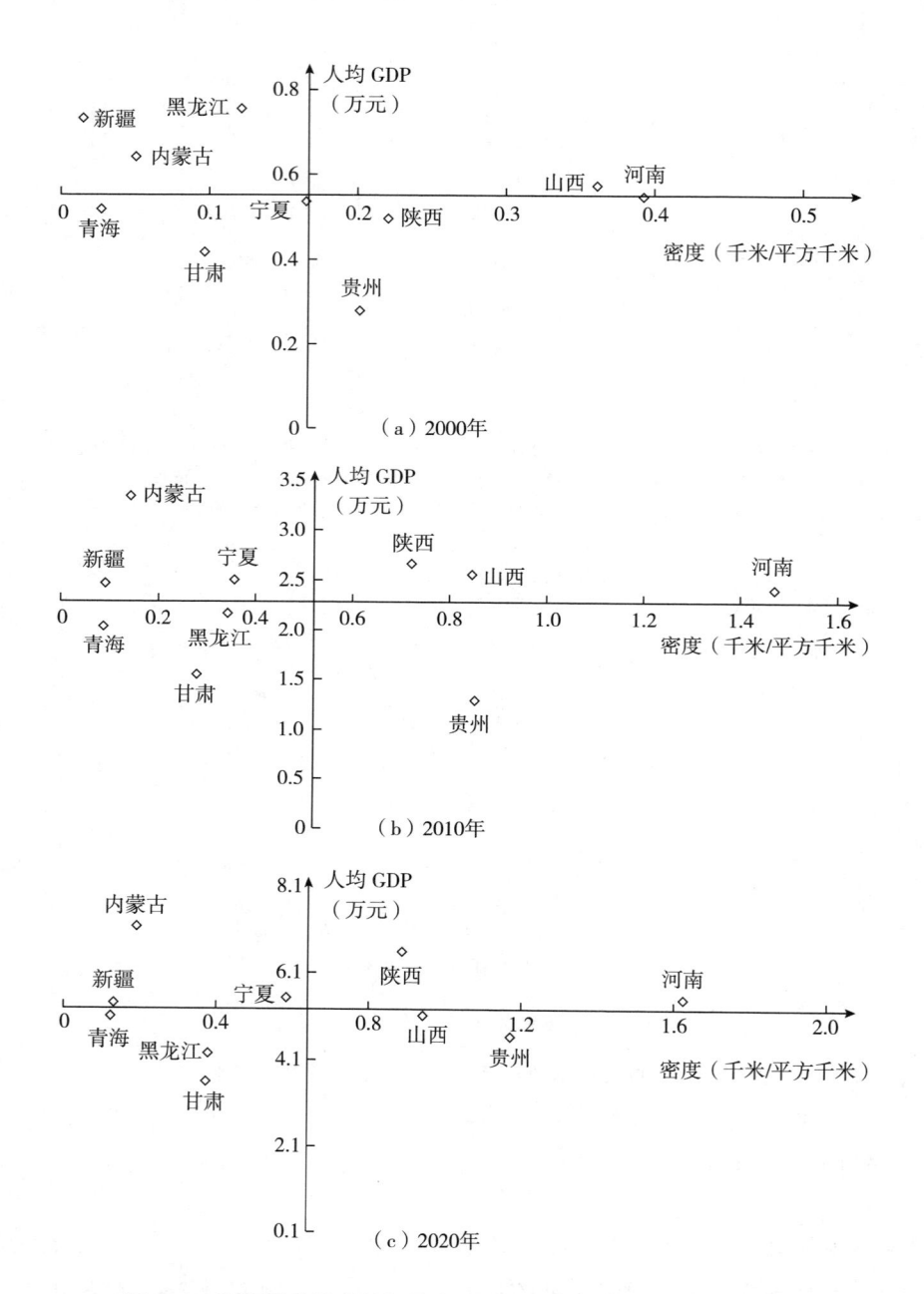

82 / 资源型地区经济转型研究：基于区域网络视角

图 4-4　高资源依赖省份经济发展水平与交通基础设施密度变动

输效率省份的经济发展水平始终高于低交通基础设施运输效率省份。2020 年低、中、高资源依赖地区的高交通基础设施运输效率省份人均

GDP 均值分别为 10.08 万元、6.17 万元和 5.58 万元，而低交通基础设施运输效率省份人均 GDP 均值分别为 8.51 万元、5.84 万元和 4.77 万元。从作用效果来看，高资源依赖地区更为明显。2000 年，高资源依赖地区两类省份具有相同的经济发展起点，但随着时间的推移，高交通基础设施运输效率省份具有更快的发展速度，与低交通基础设施运输效率省份之间的经济差距逐渐拉大。

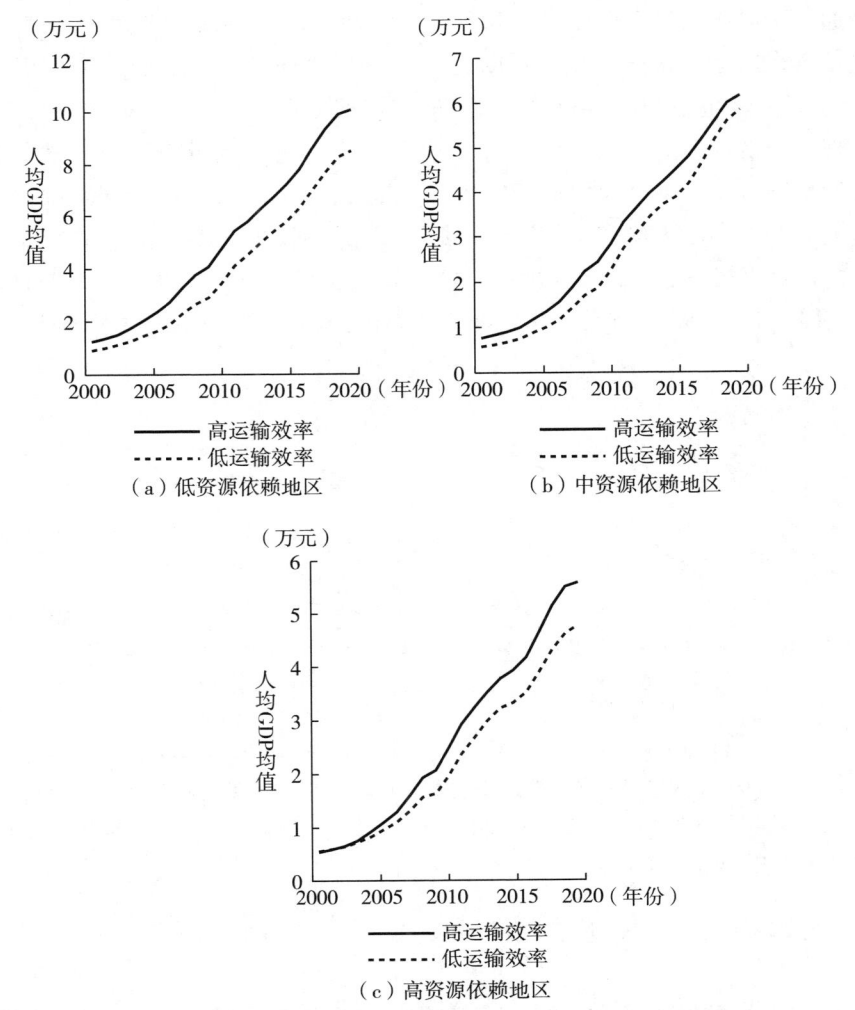

图 4-5　不同交通基础设施运输效率下人均 GDP 均值变化趋势

注：通过计算各年份三类资源依赖地区内高、低交通基础设施运输效率省份人均 GDP 总和除以该类别省份个数得到。

接下来，从城市层面进行分析。基于数据的可得性，本书按照 2000—2020 年资源型城市和非资源型城市内部公路交通运输效率均值将各城市分为高交通基础设施运输效率城市和低交通基础设施运输效率城市。① 图 4-6 为历年不同交通运输效率下，各类城市经济发展的平均变化情况。从资源型城市来看，2000 年初，低交通基础设施运输效率的城市人均 GDP 均值较高交通基础设施运输效率的城市更高，为 0.67 万元，高交通基础设施运输效率城市为 0.57 万元。但随着时间的不断推移和高交通基础设施运输效率的城市不断追赶，高交通基础设施运输效率城市的人均 GDP 均值在 2016 年开始逐渐超过低交通基础设施运输效率的城市，实现了经济发展的小幅逆转。到 2020 年，高交通基础设施运输效率资源型城市的人均 GDP 均值为 5.36 万元，低交通基础设施运输效率资源型城市为 5.18 万元。从非资源型城市来看，交通基础设施运输提升对经济发展水平也是存在一定的促进作用，2020 年高交通基础设施运输效率城市的人均 GDP 均值为 9.07 万元，低交通基础设施运输效率的城市仅为 5.96 万元。

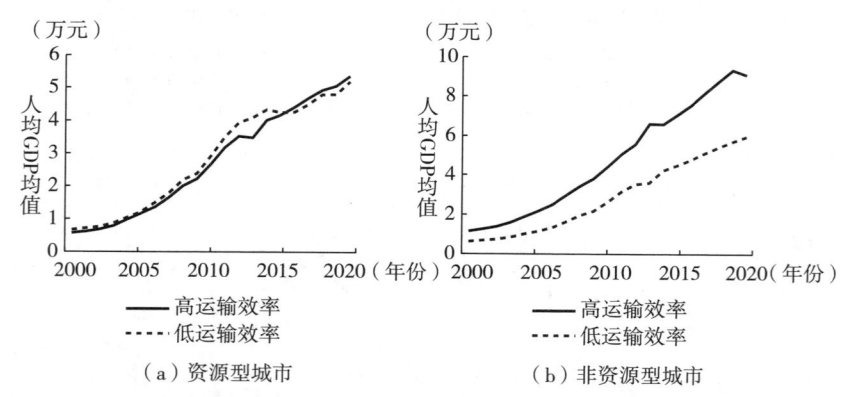

图 4-6　不同交通基础设施运输效率下人均 GDP 均值变化趋势（城市）

注：通过计算各年份高、低交通基础设施运输效率的资源型城市和非资源型城市人均 GDP 总和除以该类别城市个数得到。

总的来说，资源依赖与经济增长之间存在一定的负向相关关系，高

---

① 采用无量纲化处理后的公路客运周转量和公路货运周转量之和表示各城市交通基础设施运输效率，并依据资源型城市、非资源型城市 2000—2020 年交通基础设施运输效率平均值从高到低进行排序，排名前 56 位的资源型城市和前 85 位的非资源型城市作为"高交通基础设施运输效率城市"，其他城市则视作"低交通基础设施运输效率城市"。

资源依赖城市或者省份往往经济发展水平低于非资源型或者低资源依赖地区，"资源诅咒"效应明显。交通基础设施建设对经济发展具有明显的促进作用，交通基础设施建设水平较高的地区经济发展大多较好。尤其是对于资源依赖度较高的资源型地区来说，交通基础设施发挥的正向促进作用甚至能够使低经济发展水平地区实现经济逆转，超越原先更具备经济优势的地区。接下来，进一步运用计量方法，实证考察交通基础设施、资源依赖、经济增长三者之间的相关关系及内在机制。

第二节 模型设定与数据来源

一 模型设定

本节主要检验交通基础设施是否能够缓解由资源依赖所带来的地区经济发展不平衡（"资源诅咒"）问题。为准确反映交通基础设施的调节作用，首先需要测度资源依赖影响经济发展的方向和程度，设定回归模型如下：

$$\ln pgdp_{it} = \alpha_0 + \alpha_1 resource_{it} + \alpha_c C_{it} + \mu_i + \varepsilon_{it} \tag{4.1}$$

其中，$\ln pgdp_{it}$ 表示被解释变量经济发展水平；$resource_{it}$ 表示解释变量资源依赖度；C_{it} 为影响经济发展水平的一系列控制变量；α_0、α_1、α_c 为待估系数；i 表示省份，t 表示时间；μ_i 表示不随时间变化的省份截面个体效应，ε_{it} 为随机扰动项。

在此基础上，引入交通基础设施及交通基础设施与资源依赖的交乘项，考察交通基础设施在资源依赖与经济发展水平之间的调节作用。具体模型形式如下：

$$\ln pgdp_{it} = \beta_0 + \beta_1 resource_{it} + \beta_2 Mo_{it} + \beta_3 resource_{it} Mo_{it} + \beta_c C_{it} + \mu_i + \varepsilon_{it} \tag{4.2}$$

其中，Mo_{it} 表示调节变量交通基础设施；β_0、β_1、β_2、β_3、β_c 均为待估参数。若 β_3 显著，即表明交通基础设施的调节作用成立。

进一步地，对交通基础设施调节资源依赖与经济发展水平二者关系的内在机制进行探讨。根据前文分析可知，资源依赖对地区经济发展的影响不仅存在直接路径，还会通过产业转移、技术创新、人口集聚等间接效应影响经济增长。因而，本章借鉴温忠麟和叶宝娟（2014）的研究方法，在式（4.1）各回归系数显著的基础上，分别构建资源依赖对中介变量的回归方程及资源依赖、中介变量对地区经济发展水平的回归方程，验证资源依赖影响地区经济发展的作用机制。具体模型设定如下：

$$Me_{it} = \chi_0 + \chi_1 resource_{it} + \chi_c C_{it} + \mu_i + \varepsilon_{it} \tag{4.3}$$

$$\ln pgdp_{it} = \delta_0 + \delta_1 resource_{it} + \delta_m Me_{it} + \delta_c C_{it} + \mu_i + \varepsilon_{it} \tag{4.4}$$

其中，Me_{it}表示中介变量，包括产业转移、技术创新和人口集聚。首先对式（4.3）进行回归，若回归系数χ_1显著，说明资源依赖能够对中介变量产生影响；进而对式（4.4）进行回归，若δ_1、δ_m均显著，且δ_1的系数值小于式（4.3）中的χ_1，即表明存在部分中介效应；若δ_1不显著，但δ_m显著，说明存在完全中介效应。

最后，引入面板门槛回归模型，分别将各中介变量和交通基础设施的交乘项作为门槛变量，分析交通基础设施调节资源依赖影响经济发展水平的传导机制。模型可表述为：

$$\ln pgdp_{it} = \phi_0 + \phi_1 resource_{it} I(Th_{it} \leq \gamma) + \phi_2 resource_{it} I(Th_{it} > \gamma) + \phi_c C_{it} + \mu_i + \varepsilon_{it} \tag{4.5}$$

双门槛模型在式（4.5）的基础上进行扩展，设定为：

$$\ln pgdp_{it} = \eta_0 + \eta_1 resource_{it} I(Th_{it} \leq \gamma_1) + \eta_2 resource_{it} I(\gamma_1 < Th_{it} \leq \gamma_2) \\ + \eta_3 resource_{it} I(Th_{it} > \gamma_2) + \eta_c C_{it} + \mu_i + \varepsilon_{it} \tag{4.6}$$

式（4.5）、式（4.6）中，Th_{it}为门槛变量，且$Th_{it} = Mo_{it} Me_{it}$；$\gamma$为门槛值；$I(\cdot)$为指示函数，满足括号中的条件，则$I=1$，否则$I=0$。

二　变量选取

资源依赖（resource）为本书的解释变量，主要选取采矿业营业收入占工业总营业收入的比重来度量。相较于采矿业投资比重和就业比重等投入型指标，以产业产值比重、营业收入比重等为代表的产出型指标更能直接反映一个地区经济结构对资源型产业的依赖程度（杨莉莉等，2014）。考虑到2017年以来各省份产业产值比重数据缺失，采用采矿业营业收入占工业总营业收入的比重表征各省份资源依赖。

经济发展水平（lnpgdp）为本书的被解释变量，主要采用人均地区生产总值的对数进行衡量。同时在参考文献基础上，从省级层面控制影响经济发展水平的其他可能性因素，包括贸易自由度和数字化水平。其中，贸易自由度（trade）采用进出口贸易总额占GDP比重进行度量；数字化水平（tele）采用人均电信业务量进行衡量。

交通基础设施为本书的调节变量，主要从交通基础设施密度和交通基础设施运输效率两个方面进行考察。其中，交通基础设施密度（traf-

fic）采用各省份铁路营业里程数和公路营业里程数之和占各省份行政区域面积的比值衡量；交通基础设施运输效率（*turnover*）采用无量纲化处理后的客运周转量和货运周转量之和来表示。

对于中介机制的考察，主要从产业转移、技术创新、人口集聚三个方面，选取产业多样化指数、产业结构高级化指数、人均专利申请授权量、人均发明专利申请授权量、城镇化率、人均受教育年限六个指标进行衡量。其中，产业多样化指数（*diversify*）借鉴 Frenken 等（2007）提出的熵指数算法：$DIV = \sum_{i=1}^{n} P_i \ln(1/P_i)$，$DIV$ 表示各省份的产业多样化指数，P_i 为行业 i（1，2，…，n）在各省份的就业占比，共选取 41 个工业部门的就业数据进行测度。产业结构高级化指数（*industry*）参照靖学青（2005）的做法，对各省份的第一产业、第二产业、第三产业产值占比分别赋予 1、2、3 的权重后求和得到。专利申请授权量是直接反映各省份创新能力的量化指标，为避免人口规模的干扰，选取人均专利申请授权量（*patents*）和含金量更高的人均发明专利申请授权量（*ipatents*）作为技术创新水平的表征变量。城镇化率（*urban*）主要反映各省份的人口集聚程度，采用历年各省份非农人口占总人口的比重衡量。人均受教育年限（*hcapital*）可以看作人力资本在各省份的集聚表现，计算方法为人均受教育年限＝未受教育劳动者人数占比×0＋小学文化劳动者占比×6＋初中文化劳动者占比×9＋高中文化劳动者占比×12＋大学专科文化劳动者占比×15＋大学本科文化劳动者占比×16＋研究生文化劳动者占比×19。

三　数据来源

基于数据的可得性，本书以 30 个省份为研究对象（不含西藏、香港、澳门、台湾地区），时间跨度为 2004—2020 年。所有数据均来自历年《中国统计年鉴》《中国工业统计年鉴》《中国经济普查年鉴》《中国人口和就业统计年鉴》及各省份统计年鉴，个别缺失数据利用前后年份数据进行平滑处理。主要变量的描述性统计分析如表 4-2 所示。

表 4-2　　　　　　　　主要变量的描述性统计分析

变量名称	变量符号	观测值	均值	标准差	最小值	最大值
经济发展水平	lnpgdp	510	10.044	0.624	8.249	11.601
资源依赖	resource	510	9.568	10.008	0.017	44.739

续表

变量名称	变量符号	观测值	均值	标准差	最小值	最大值
交通基础设施密度	traffic	510	0.856	0.502	0.041	2.234
交通基础设施运输效率	turnover	510	0.367	0.271	0.006	1.556
产业多样化指数	diversify	510	2.900	0.236	2.131	3.266
产业结构高级化指数	industry	510	2.352	0.132	2.074	2.834
人均专利申请授权量	patents	510	7.810	11.377	0.131	74.364
人均发明专利申请授权量	ipatents	510	1.300	2.794	0.024	28.895
城镇化率	urban	510	53.835	14.217	13.885	89.607
人均受教育年限	hcapital	510	8.810	1.023	6.378	12.782
贸易自由度	trade	510	31.387	36.712	0.763	171.129
数字化水平	tele	510	0.333	0.523	0.010	4.309

第三节 实证检验

一 基准回归

根据式（4.1）、式（4.2）的设定，对经济发展水平、资源依赖和交通基础设施三者间的关系进行检验，回归结果见表4-3。其中，列（1）为资源依赖是否影响地区经济发展水平的估计结果，列（2）、列（4）在列（1）的基础上，分别引入交通基础设施密度和交通基础设施运输效率两项指标，列（3）、列（5）在此基础上，继续引入二者和资源依赖的交乘项。从列（1）来看，资源依赖对地区经济发展水平的回归系数为-3.080，且通过1%的显著性水平检验。这表明资源依赖对经济发展水平存在显著的负向作用，资源依赖每增加1个单位，地区经济发展水平平均减少了3.080%，证实了"资源诅咒"的存在。列（2）、列（4）中，交通基础设施密度和交通基础设施运输效率均在1%的显著性水平下显著为正，即交通基础设施的改善能够明显推动地区经济发展。从交乘项的估计结果来看，两类交通基础设施指标和资源依赖交乘的回归系数均显著为正，也就是说，交通基础设施能够有效缓解资源依赖对经济增长的负向作用。进一步计算可得，当交通基础设施密度和交通基础设施运输效率分别高于1.826和0.749时，资源依赖对经济发展水平的总效应将转变为正值。结合样本数据分析，交通基础设施密度指标的均值为0.856，小于1.826，交通基础设施运输效率的均值为0.367，小于0.749，即现有交通基础设施密度与交通基础设施运输效率对"资源诅咒"问题的缓解作用相对较小，提升地区交通基础设施条件仍然是促进地区经济发展的重要突破口。

表4-3　　　　　　　　　　　基准回归模型

变量	\multicolumn{5}{c}{$\ln pgdp$}				
	(1)	(2)	(3)	(4)	(5)
resource	-3.080***	-2.659***	-3.362***	-3.017***	-3.954***
	(-6.455)	(-7.587)	(-8.641)	(-7.207)	(-10.053)
traffic		1.384***	1.290***		
		(15.277)	(13.945)		
resource×traffic			1.842***		
			(4.112)		
turnover				1.689***	1.455***
				(10.713)	(8.474)
resource×turnover					5.281***
					(2.876)
trade	-0.817***	-0.278***	-0.304***	-0.297**	-0.368***
	(-9.528)	(-3.514)	(-3.933)	(-2.305)	(-2.963)
tele	29.838***	10.434***	11.100***	29.704***	30.237***
	(5.646)	(3.699)	(4.024)	(5.587)	(5.707)
常数项	11.945***	9.453***	9.533***	11.170***	11.288***
	(112.764)	(50.734)	(51.892)	(70.747)	(74.149)
模型	固定效应	固定效应	固定效应	固定效应	固定效应
观测值	510	510	510	510	510
R^2	0.675	0.859	0.862	0.765	0.770

注：括号内为t值，***$p<0.01$，**$p<0.05$，*$p<0.1$，下同。

二　稳健性讨论

为进一步检验计量回归模型的稳健性，本书设计如下方案：

（1）计量模型的稳健性。为避免可能存在的逆向因果和共时性问题，本书分别对解释变量资源依赖和调节变量交通基础设施进行滞后一期处理，回归结果如表4-4所示。可以看出，滞后一期的资源依赖对经济增长的回归结果依旧为负向显著。而滞后一期的交通基础设施密度和交通基础设施运输效率对经济发展水平具有显著的正向影响。同时，交通基础设施和资源依赖的交乘项也都显著为正，与前述分析一致，回归结果具有稳健性。

表 4-4　　　　　　　　　稳健性检验（滞后一期）

变量	lnpgdp				
	(1)	(2)	(3)	(4)	(5)
L. resource	-2.403***	-2.232***	-2.930***	-2.203***	-3.474***
	(-5.194)	(-6.515)	(-7.730)	(-5.653)	(-9.700)
L. traffic		1.314***	1.210***		
		(14.552)	(12.998)		
L. resource×L. traffic			1.815***		
			(4.273)		
L. turnover				1.764***	1.445***
				(11.553)	(8.744)
L. resource×L. turnover					7.420***
					(4.521)
控制变量	是	是	是	是	是
模型	固定效应	固定效应	固定效应	固定效应	固定效应
观测值	480	480	480	480	480
R^2	0.693	0.864	0.868	0.798	0.808

（2）变量的稳健性。本书主要考察交通基础设施对资源依赖影响经济增长的调节作用。其中，交通基础设施密度由公路密度和铁路密度综合考察，交通基础设施运输效率由客运效率和货运效率组成。考虑到各类交通基础设施建设的调节作用可能存在差异，本书分别使用公路密度、铁路密度、客运效率、货运效率四个指标，重新进行回归，回归结果如表4-5和表4-6所示。在包含各类交通基础设施及交通基础设施和资源依赖交乘项的回归中，资源依赖对地区经济发展的回归系数均显著为负，

即资源依赖对经济发展的负向影响（"诅咒效应"）始终存在，而各类交通基础设施对经济发展水平的作用均正向显著。从交乘项来看，公路密度、铁路密度、货运效率与资源依赖的交乘项回归系数在1%的显著性水平下显著为正，即公路密度、铁路密度、货运效率的提升均能有效缓解资源依赖对经济增长的负向影响。但客运效率与资源依赖的交乘项在1%显著性水平下显著为负，即客运效率加剧资源依赖对经济发展的抑制作用。这与前文关于目前交通基础设施运输效率缓解作用较小的论述相对应，客运效率的负向调节作用对货运效率的正向调节作用存在一定程度的抵消。大体上说，回归结果具有稳健性。

表4-5　　稳健性检验（替换解释变量：交通基础设施密度）

变量	ln$pgdp$			
	（1）	（2）	（3）	（4）
$resource$	-2.673*** (-7.603)	-3.341*** (-8.544)	-2.471*** (-6.069)	-3.332*** (-8.072)
$traffic$	1.394*** (15.090)	1.301*** (13.764)	50.163*** (14.193)	46.452*** (13.114)
$resource \times traffic$		1.808*** (3.842)		71.403*** (4.630)
控制变量	是	是	是	是
模型	固定效应	固定效应	固定效应	固定效应
类型	公路密度		铁路密度	
观测值	510	510	510	510
R^2	0.856	0.860	0.807	0.814

表4-6　　稳健性检验（替换解释变量：交通基础设施运输效率）

变量	ln$pgdp$			
	（1）	（2）	（3）	（4）
$resource$	-3.129*** (-7.115)	-2.550*** (-5.421)	-2.974*** (-6.733)	-4.093*** (-10.871)
$turnover$	2.557*** (7.235)	2.819*** (7.013)	1.867*** (6.802)	1.079*** (4.003)

续表

变量	lnpgdp			
	(1)	(2)	(3)	(4)
resource×turnover		-4.717* (-1.672)		22.947*** (7.383)
控制变量	是	是	是	是
模型	固定效应	固定效应	固定效应	固定效应
类型	客运效率		货运效率	
观测值	510	510	510	510
R^2	0.737	0.738	0.730	0.758

三 异质性考察

上述分析表明，交通基础设施能够有效缓解资源依赖所造成的地区经济发展落后问题。那么，交通基础设施对资源依赖影响地区经济发展的调节作用是否会受到省份属性或禀赋的影响？基于此，分别从市场区位和资源禀赋两个方面出发，考察不同区域资源依赖、交通基础设施建设与经济发展之间的关系。市场区位方面，主要依据省份所处地理位置和经济发展水平差异将各省份划分为东部地区、中部地区和西部地区①，东部地区包括北京、天津、河北、辽宁、上海、江苏、浙江、福建、山东、广东、海南11个省份；中部地区包括山西、吉林、黑龙江、安徽、江西、河南、湖北、湖南8个省份；西部地区包括内蒙古、广西、重庆、四川、贵州、云南、陕西、甘肃、青海、宁夏、新疆11个省份。资源禀赋方面，按照前文分析，将全部省份分为高、中、低三类资源依赖地区。表4-7至表4-10分别报告了基于市场区位和资源禀赋分区后的回归结果。

从表4-7来看，资源依赖对经济发展水平的影响在东部地区、中部地区、西部地区三个区域均表现显著负向作用。其中，东部地区回归系数最高且显著，这表明解决"资源诅咒"问题是推动东部地区经济发展

---

① 由于东北地区只包含辽宁、吉林、黑龙江三个省域，因此为保证回归结果的稳定性，按照国家统计局第四次经济普查对东、中、西部的划分方法，将全国省域划分为东、中、西部三大地区。资料来源：国家统计局：《批发和零售业、住宿和餐饮业就业规模持续扩大——第四次全国经济普查系列报告之十三》，http://www.stats.gov.cn/sj/zxfb/202302/t20230203_1900575.html。

的重要手段。中部地区回归系数略小于东部地区，即资源依赖对中部地区经济增长的负向影响难以忽视。西部地区回归系数最小，可能的原因是部分西部省份经济发展严重依赖资源产业，资源依赖与地区经济增长具有明显的"锁定效应"，一定程度上削弱了资源依赖对地区经济发展的负向影响。

表 4-7　　　　　　　　区域异质性检验（市场区位 I）

变量	ln$pgdp$		
	（1）	（2）	（3）
$resource$	-4.269***	-4.091***	-2.160***
	(-3.054)	(-4.360)	(-2.881)
控制变量	是	是	是
模型	固定效应	固定效应	固定效应
区域	东部地区	中部地区	西部地区
观测值	187	136	187
R^2	0.791	0.437	0.459

从表 4-8 来看，交通基础设施密度对经济发展水平的回归系数在东部地区、中部地区、西部地区三个区域均为正向显著，系数分别为 0.911、1.333 和 1.381。交通基础设施运输效率对经济发展水平的估计系数分别为 0.642、2.636 和 6.053，均在 1% 的显著性水平下显著。这表明在市场区位分区估计下，交通基础设施对地区经济发展水平的推动作用仍然成立，回归结果具有稳健性。从交通基础设施和资源依赖的交乘项来看，仅西部地区交通基础设施密度提升能够有效缓解资源依赖对地区经济发展的负向作用，在其他情况下，交乘项不显著，表明交通基础设施调节作用的发挥与市场区位联系较小。

表 4-8　　　　　　　　区域异质性检验（市场区位 II）

变量	ln$pgdp$					
	（1）	（2）	（3）	（4）	（5）	（6）
$resource$	-5.606**	-5.408**	-3.277***	-1.465	-2.982***	-2.050***
	(-2.130)	(-2.578)	(-4.765)	(-1.519)	(-4.964)	(-5.053)

续表

变量	lnpgdp					
	(1)	(2)	(3)	(4)	(5)	(6)
traffic	0.911*** (7.569)		1.333*** (12.382)		1.381*** (4.802)	
resource×traffic	2.834 (1.382)		0.234 (0.270)		4.972*** (3.341)	
turnover		0.642*** (4.025)		2.636*** (13.722)		6.053*** (10.123)
resource×turnover		2.084 (0.623)		-4.879 (-1.614)		-2.166 (-0.702)
控制变量	是	是	是	是	是	是
模型	固定效应	固定效应	固定效应	固定效应	固定效应	固定效应
区域	东部地区		中部地区		西部地区	
观测值	187	187	136	136	187	187
R^2	0.909	0.826	0.822	0.790	0.753	0.790

从表4-9的估计结果来看，高、中、低资源依赖地区的资源依赖对地区经济发展的作用均为负向显著，回归系数分别为-1.811、-10.925和-5.712。与前述分析类似，高资源依赖地区经济发展主要依靠资源产业，一定程度上掩盖了资源依赖所带来的负向效应，使得其资源依赖对经济发展水平的回归系数绝对值小于中、低资源依赖地区。

表4-9　　　　　　　　区域异质性（资源禀赋Ⅰ）

变量	lnpgdp		
	(1)	(2)	(3)
resource	-1.811*** (-3.069)	-10.925*** (-7.217)	-5.712** (-2.056)
控制变量	是	是	是
模型	固定效应	固定效应	固定效应
区域	高资源依赖地区	中资源依赖地区	低资源依赖地区
观测值	170	170	170
R^2	0.508	0.622	0.732

从表 4-10 来看，无论是交通基础设施密度，还是交通基础设施运输效率，在三类资源依赖地区中均能够显著推动地区经济发展。从交通基础设施和资源依赖的交乘项来看，对于中、低资源依赖地区，交通基础设施密度能够显著缓解资源依赖对地区经济发展的负向影响。对于低资源依赖地区，交通基础设施运输效率提升能够减小资源依赖对地区经济发展造成的负向影响。对于高资源依赖地区，尽管资源依赖与交通基础设施密度、交通基础设施运输效率的交乘项回归系数为正，但未能通过显著性检验，即两类交通基础设施改善手段未能对资源依赖与地区经济发展的关系进行有效调节。可能的原因是高资源依赖地区普遍为经济发展较落后地区，资源型经济路径依赖较为严重，交通基础设施调节效果在样本期内尚未显现。

表 4-10　　区域异质性（资源禀赋Ⅱ）

变量	(1)	(2)	(3)	(4)	(5)	(6)
	$\ln pgdp$					
$resource$	-1.879***	-2.220***	-10.131***	-8.570***	-16.998***	-15.798***
	(-3.427)	(-5.215)	(-3.935)	(-2.901)	(-3.126)	(-5.369)
$traffic$	1.679***		1.063***		0.976***	
	(4.986)		(5.078)		(7.427)	
$resource \times traffic$	0.246		5.594***		11.023***	
	(0.266)		(2.746)		(2.700)	
$turnover$		3.002***		1.727***		1.011***
		(7.477)		(4.568)		(4.730)
$resource \times turnover$		3.136		-0.489		50.362***
		(1.540)		(-0.094)		(3.447)
控制变量	是	是	是	是	是	是
模型	固定效应	固定效应	固定效应	固定效应	固定效应	固定效应
区域	高资源依赖地区		中资源依赖地区		低资源依赖地区	
观测值	170	170	170	170	170	170
R^2	0.782	0.736	0.850	0.758	0.904	0.823

四　机制分析

在验证资源依赖、交通基础设施、地区经济发展三者关系的基础上，本节继续对交通基础设施缓解"资源诅咒"的内在机制进行分析。首先,对资源依赖影响地区经济发展的作用机制进行考察。依照前述分析,资源依赖主要通过产业转移、技术创新、人口集聚等作用于经济增长,基于式(4.3)和式(4.4)的回归模型,以产业多样化指数、产业结构高级化指数、人均专利申请授权量、人均发明专利申请授权量、城镇化率、人均受教育年限为中介变量进行回归,回归结果如表4-11、表4-12所示。从表4-11的列(1)—列(3)来看,资源依赖对产业多样化指数、产业结构高级化指数、人均专利申请授权量的回归系数分别为-0.873、-0.431、-13.581,且在1%的显著性水平下显著,这表明资源依赖对产业多样化、产业高级化以及技术创新均存在反向作用力。列(4)—列(6)为依次加入产业多样化指数、产业结构高级化指数、人均专利申请授权量后,资源依赖、中介变量共同对经济增长的影响。回归结果显示,产业多样化指数、产业结构高级化指数、人均专利申请授权量三个中介变量均显著为正,且资源依赖的回归系数绝对值分别为1.814、0.748和2.664,均小于基准回归中资源依赖的系数绝对值3.080。这表明中介效应成立。同时,资源依赖的回归系数均通过显著性检验,即产业多样化指数、产业结构高级化指数和人均专利申请授权量皆发挥部分中介作用。从中介效应的大小来看,产业多样化指数的中介效应占总效应的比例为41.10%,产业结构高级化指数的中介效应占总效应的比重为75.65%,人均专利申请授权量的中介效应占总效应的比重为13.67%。

表4-11　　　　　资源依赖影响经济增长的机制分析(I)

变量	(1) *diversify*	(2) *industry*	(3) *patents*	(4) lnpgdp	(5) lnpgdp	(6) lnpgdp
resource	-0.873*** (-6.719)	-0.431*** (-6.203)	-13.581*** (-3.044)	-1.814*** (-3.598)	-0.748* (-1.763)	-2.664*** (-5.825)
diversify				1.450*** (11.891)		
industry					5.406*** (29.338)	
patents						0.031*** (8.933)

续表

变量	(1) *diversify*	(2) *industry*	(3) *patents*	(4) ln*pgdp*	(5) ln*pgdp*	(6) ln*pgdp*
控制变量	是	是	是	是	是	是
模型	固定效应	固定效应	固定效应	固定效应	固定效应	固定效应
观测值	510	510	510	510	510	510
R^2	0.762	0.841	0.809	0.746	0.881	0.734

表 4-12 则是对人均发明专利申请授权量、城镇化率和人均受教育年限三个变量中介作用的考察。从列 (1) —列 (3) 来看，资源依赖对人均发明专利申请授权量、城镇化率和人均受教育年限的回归系数分别为 -2.788、-40.884、-2.880，分别在 5%、1% 和 1% 的显著性水平下显著。再一次证明，资源依赖对技术创新存在负向影响。同时，资源依赖对人口集聚以及人力资源水平均存在显著的负向影响。列 (4) —列 (6) 为依次加入人均发明专利申请授权量、城镇化率和人均受教育年限后，资源依赖、中介变量共同对经济增长的影响。回归结果显示，资源依赖对经济增长的回归系数始终显著为负，人均发明专利申请授权量、城镇化率和人均受教育年限的回归系数均显著为正。资源依赖的回归系数绝对值分别为 2.908、1.212 和 1.021，小于基准回归中资源依赖的系数绝对值 3.080，部分中介效应成立，即资源依赖能够通过影响人均发明专利申请授权量、城镇化率和人均受教育年限间接推动经济发展水平提升。从中介效应的大小来看，人均发明专利申请授权量、城镇化率、人均受教育年限的中介效应值分别为 -0.173、-1.881、-2.059，占总效应的比重分别为 5.62%、61.07% 和 66.85%。总的来看，产业转移、技术创新以及人口集聚皆是资源依赖影响经济发展水平的重要路径。其中，产业转移和人口集聚的中介作用较强，技术创新的中介作用相对较弱。

表 4-12　　资源依赖影响经济增长的机制分析（Ⅱ）

变量	(1) *ipatents*	(2) *urban*	(3) *hcapital*	(4) ln*pgdp*	(5) ln*pgdp*	(6) ln*pgdp*
resource	-2.788**	-40.884***	-2.880***	-2.908***	-1.212**	-1.021***
	(-2.563)	(-5.706)	(-5.519)	(-6.232)	(-2.359)	(-4.492)

续表

变量	（1）	（2）	（3）	（4）	（5）	（6）
	ipatents	urban	hcapital	ln pgdp	ln pgdp	ln pgdp
ipatents				0.062*** (3.343)		
urban					0.046*** (5.005)	
hcapital						0.715*** (38.539)
控制变量	是	是	是	是	是	是
模型	固定效应	固定效应	固定效应	固定效应	固定效应	固定效应
观测值	510	510	510	510	510	510
R^2	0.771	0.800	0.813	0.692	0.891	0.931

在此基础上，继续对交通基础设施调节资源依赖与经济增长关系的作用机制进行检验。依次以交通基础设施和产业多样化指数、产业结构高级化指数、人均专利申请授权量、人均发明专利申请授权量、城镇化率、人均受教育年限的交乘项为门槛变量，运用门槛回归模型对资源依赖影响经济增长的门槛特征进行考察，仍旧控制固定效应。在正式回归前，需要进行门槛自抽样检验，得到的 F 统计量和采用 Bootstrap 得到的 P 值见表 4-13。可以看出，交通基础设施密度和产业多样化指数、产业结构高级化指数、人均专利申请授权量、人均发明专利申请授权量、人均受教育年限的交乘项在资源依赖与经济增长之间均具有单门槛效应。交通基础设施运输效率和产业结构高级化指数、人均专利申请授权量、城镇化率的交乘项在资源依赖和经济增长之间具有单门槛，交通基础设施运输效率和人均发明专利申请授权量的交乘项则是在 5% 的显著性水平下通过双重门槛检验。urban×traffic、diversify×turnover、hcapital×traffic 在资源依赖和经济增长之间尚不具备门槛效应，即交通基础设施密度未能通过吸引大范围的人口集聚，调节资源依赖与经济增长二者间的关系；交通基础设施运输效率对产业多样化和人力资本水平提升路径的影响效力尚未显现。

表 4-13 门槛模型自抽样检验结果

门槛变量	门槛个数	F 值	门槛值	门槛变量	门槛个数	F 值	门限值
diversify×traffic	单门槛	81.43*	1.828	diversify×turnover	单门槛	28.07	—
	双门槛	11.52			双门槛	3.78	
industry×traffic	单门槛	77.82*	1.463	industry×turnover	单门槛	66.82**	0.512
	双门槛	8.09			双门槛	7.20	
patents×traffic	单门槛	128.89***	0.825	patents×turnover	单门槛	128.95**	0.376
	双门槛	12.23			双门槛	5.77	
ipatents×traffic	单门槛	143.64**	0.163	ipatents×turnover	单门槛	141.37***	0.041、0.077
	双门槛	18.23			双门槛	25.95**	
	三门槛	1.27			三门槛	22.32	
urban×traffic	单门槛	90.51	—	urban×turnover	单门槛	84.45*	10.902
	双门槛	7.56			双门槛	8.31	
hcapital×traffic	单门槛	79.68*	4.604	hcapital×turnover	单门槛	65.70	—
	双门槛	8.90			双门槛	2.99	

表 4-14、表 4-15 进一步报告了资源依赖影响经济增长的门槛回归模型估计结果。从表 4-14 来看，在未跨越各门槛值之前，资源依赖对经济增长的回归系数分别为 -4.190、-4.087、-3.508、-3.526 和 -4.133，且通过 1% 的显著性水平下的检验。跨越门槛值后，资源依赖对经济增长的负向影响明显减弱。当 diversify×traffic 大于 1.828 时，资源依赖对经济增长的回归系数为 -1.158，即资源依赖每增长 1 个单位，经济发展水平平均降低 1.158%，远小于跨越门槛前的 4.190%，资源依赖对经济增长的负向影响明显缓解。在以 industry×traffic、patents×traffic、ipatents×traffic、hcapital×traffic 为门槛变量的回归中，跨越门槛值后资源依赖对经济增长的影响为负向不显著，且回归系数绝对值皆小于跨越门槛前。可以理解为，跨越门槛值后，资源依赖对经济增长的负向作用减弱甚至消失。这一定程度上可以证实，交通基础设施密度提升能够通过产业转移升级效应、技术创新效应和人力资源集聚效应间接地缓解资源依赖对经济增长的负向影响。

从表 4-15 来看，以 industry×turnover、patents×turnover 和 urban×turnover 为门槛变量的回归中，未跨越门槛值前，资源依赖每增加 1 个单位，

经济发展水平平均减少 4.087%、3.16% 和 4.076%，高于基准回归中的 3.08%。当各门槛变量分别跨越门槛值后，资源依赖对经济增长的负向作用减弱，其回归系数值分别为 -1.728、-0.460 和 -1.544。以 ipatents×turnover 为门槛变量的回归中，当 ipatents×turnover 小于 0.041 时，资源依赖对经济增长的回归系数为 -3.466，且在 1% 的显著性水平下显著；当 ipatents×turnover 的值于 0.041—0.077 之间时，回归系数为 -1.661；当 ipatents×turnover 大于 0.077 时，回归系数为 -0.012。显然，资源依赖对经济发展水平的负向作用随着 ipatents×turnover 两次跨越门槛逐渐减小。总体上，交通基础设施运输效率能够与产业结构升级、技术创新和人口集聚相互作用，共同调节资源依赖对经济增长的影响。

表 4-14　门限模型参数估计结果（交通基础设施密度）

变量	ln$pgdp$				
	(1)	(2)	(3)	(4)	(5)
resource (Th≤γ)	-4.190*** (-9.144)	-4.087*** (-8.916)	-3.508*** (-8.247)	-3.526*** (-8.387)	-4.133*** (-8.975)
resource (Th>γ)	-1.158** (-2.358)	-0.431 (-0.797)	-0.483 (-0.999)	-0.238 (-0.493)	-0.499 (-0.929)
控制变量	是	是	是	是	是
模型	固定效应	固定效应	固定效应	固定效应	固定效应
观测值	510	510	510	510	510
R^2	0.409	0.403	0.454	0.467	0.402

表 4-15　门限模型参数估计结果（交通基础设施运输效率）

变量	ln$pgdp$			
	(1)	(2)	(3)	(4)
resource (Th≤γ 或 Th≤γ_1)	-4.087*** (-8.787)	-3.160*** (-7.460)	-3.466*** (-8.401)	-4.076*** (-8.993)
resource (γ_1<Th≤γ_2)			-1.661*** (-3.422)	
resource (Th>γ 或 Th>γ_2)	-1.728*** (-3.607)	-0.460 (-0.949)	-0.012 (-0.025)	-1.544*** (-3.275)

续表

变量	lnpgdp			
	（1）	（2）	（3）	（4）
控制变量	是	是	是	是
模型	固定效应	固定效应	固定效应	固定效应
观测值	510	510	510	510
R^2	0.392	0.454	0.492	0.412

第四节 本章小结

本书从省级和市级两个层面对"资源诅咒"效应及交通基础设施与资源型地区经济增长之间的关系进行经验特征分析。进一步，基于省份面板数据，采用中介、门槛等多种回归模型，实证考察交通基础设施、资源依赖与经济增长之间的关系及内在机制。主要结论如下：

（1）资源依赖程度与地区经济发展之间存在负向的相关关系（"资源诅咒"），资源依赖程度越高，经济发展水平越低，发展速度越慢；交通基础设施建设对经济发展具有明显的促进作用，交通基础设施建设水平较高的地区经济发展大多较好，且对于资源依赖度较高的资源型地区来说，交通基础设施发挥的正向促进作用甚至可以使低经济发展水平地区超越原先更具备经济优势的地区。

（2）交通基础设施密度和交通基础设施运输效率对地区经济发展具有直接促进作用；交通基础设施密度和交通基础设施运输效率的改善能够缓解资源依赖对经济发展的负向作用。

（3）资源依赖对经济发展水平的影响在东部、中部、西部三个区域均表现显著负向作用，作用效果为东部地区>中部地区>西部地区；西部地区交通基础设施密度的提升能够有效缓解资源依赖对地区经济发展的负向作用；高、中、低资源依赖地区的资源依赖对地区经济发展的作用均为负向显著，作用效果为中资源依赖地区>低资源依赖地区>高资源依赖地区；中、低资源依赖地区交通基础设施密度的提升能够显著缓解资源依赖对地区经济发展的负向影响，低资源依赖地区交通基础设施运输效率提升能够减小资源依赖对地区经济发展造成的负向影响。

（4）产业转移、技术创新以及人口集聚皆是资源依赖影响经济发展水平的重要路径，产业转移和人口集聚的中介作用较强，技术创新的中介作用相对较弱；交通基础设施密度提升能够通过产业转移升级效应、技术创新效应和人力资源集聚效应间接地缓解资源依赖对经济发展的负向影响。

第五章　资源型地区人口流失的特征事实及影响因素分析

以劳动力、人才等为主的人口是经济发展的重要生产要素，人口规模、结构等的变动对于地区经济的长远发展具有深刻影响。受产业结构单一、资源枯竭等因素影响，资源型地区人口流失较为严重，这一定程度上限制了资源型地区经济的可持续发展。了解现阶段中国人口跨地区流动的基本特征与驱动因素，对于改善资源型地区"人口困境"和"资源诅咒"，推动经济高质量发展至关重要。本章围绕人口流动、人口收缩这一话题，对中国人口跨省流动的状态趋势、网络特征及驱动因素等展开研究，并有针对性地考察其与资源依赖之间的关系。

第一节　中国人口跨地区流动时空演变特征

一　省级层面人口流动特征

首先在全国省级层面依据资源依赖程度[①]对各省份进行分组，2000年、2010年、2020年全国人口普查数据显示，中国人口跨省流动规模[②]随资源依赖度的提高而减弱；人口流动强度始终呈现低资源依赖省份>中资源依赖省份>高资源依赖省份的特征；人口流失主要集中在中、高资源依赖省份。

[①] 主要使用采矿业占工业产值比重来进行衡量，采矿业及工业产值数据来自历年《中国工业统计年鉴》，按2000—2015年各个省份采矿业占工业产值比重平均值进行分类。

[②] 这里依据人口普查资料根据人口的现住地和户籍地来进行人口流入与人口流出测度。居住在本省而户籍在外省则为流入人口，户籍在本省而居住在外省则为流出人口。流入人口加流出人口则为本省的总流动人口。

（一）中、高资源依赖省份人口流动规模较小

第一，资源依赖度越高，人口流入规模越小。表 5-1 数据显示，高资源依赖省份 2000 年人口流入规模最大的是新疆，为 141.1 万人，其余省份人口流入都在 100 万人以内，2010 年高资源依赖省份人口流入规模超过 100 万的省级行政区增加至两个，分别是新疆和内蒙古，2020 年增加至 5 个，除了新疆人口流入达到 339.1 万人外，其余省份人口流入都未超过 200 万人；2000 年中资源依赖省份云南、辽宁、山东三省人口流入略超百万，2020 年中资源依赖省份人口流入规模均分布在 100 万—500 万人；而低资源依赖省份人口流入始终保持较大规模，2020 年广东、江苏、浙江以及上海人口流入都超过 1000 万人，其中广东省人口流入规模达到了 2962.2 万人。

表 5-1　　　　　　2000—2020 年人口流动规模　　　　　　单位：万人

资源依赖度	省份	2000 年 总流入	2000 年 总流出	2000 年 总流出+总流入	2010 年 总流入	2010 年 总流出	2010 年 总流出+总流入	2020 年 总流入	2020 年 总流出	2020 年 总流出+总流入
高	山西	66.7	30.5	97.3	92.5	81.5	174.0	162.1	198.5	360.6
	新疆	141.1	15.6	156.7	178.9	26.1	205.1	339.1	60.3	399.4
	黑龙江	38.7	117.4	156.1	49.8	215.0	264.9	83.0	393.2	476.2
	陕西	42.6	80.4	123.0	96.8	179.6	276.4	193.4	298.8	492.2
	青海	12.4	9.5	21.9	31.8	23.1	54.8	41.7	43.1	84.8
	内蒙古	54.8	50.5	105.2	143.8	83.1	226.9	168.6	177.8	346.4
	西藏	10.9	2.0	12.9	16.5	5.4	21.9	40.7	13.8	54.5
	贵州	40.9	159.6	200.5	76.2	401.0	477.2	114.7	845.5	960.1
	宁夏	19.2	9.0	28.2	36.7	20.8	57.5	67.6	36.6	104.2
	甘肃	22.8	58.6	81.4	43.0	145.0	188.0	76.6	344.8	421.4
	河南	47.6	307.0	354.6	58.5	764.6	823.1	127.4	1610.1	1737.4
中	天津	73.5	8.2	81.8	296.9	19.0	315.9	353.5	79.9	433.3
	河北	93.0	121.9	214.9	133.0	193.6	326.9	315.5	548.5	863.6
	四川	53.6	693.8	747.4	112.0	858.0	970.0	259.0	1035.8	1294.8
	云南	116.4	34.4	150.8	123.4	145.2	268.9	223.0	296.2	519.2
	辽宁	104.5	36.2	140.7	177.8	76.6	254.4	284.7	187.4	472.2

续表

资源依赖度	省份	2000年 总流入	2000年 总流出	2000年 总流出+总流入	2010年 总流入	2010年 总流出	2010年 总流出+总流入	2020年 总流入	2020年 总流出	2020年 总流出+总流入
中	吉林	30.9	60.9	91.7	45.2	115.9	161.1	100.1	241.4	341.5
	山东	103.3	110.5	213.8	210.2	249.8	460.0	413.0	425.9	838.8
	安徽	23.0	432.6	455.6	71.3	919.2	990.6	155.1	1152.1	1307.1
	湖南	34.9	430.7	465.6	72.0	707.7	779.7	157.8	804.1	961.9
	江西	25.3	368.0	393.3	59.7	564.6	624.3	127.9	634.0	761.9
低	广西	42.8	244.2	287.0	83.9	415.3	499.2	135.9	810.9	946.9
	北京	246.3	9.2	255.5	704.5	27.4	731.9	841.8	47.0	888.9
	海南	38.2	11.9	50.1	58.6	26.7	85.3	108.8	42.3	151.1
	湖北	61.0	280.5	341.5	100.7	555.5	656.2	225.0	598.6	823.5
	重庆	40.3	100.6	140.9	94.1	342.1	436.3	219.3	417.6	637.0
	福建	214.5	81.1	295.6	431.0	157.1	588.1	489.0	261.4	750.4
	广东	1506.5	43.0	1549.5	2147.9	81.0	2228.9	2962.2	168.7	3130.9
	江苏	253.7	171.6	425.3	736.5	286.4	1022.9	1030.9	435.2	1466.1
	浙江	368.9	148.2	517.1	1181.6	172.8	1354.4	1618.7	236.2	1854.9
	上海	313.5	14.3	327.8	895.4	23.2	918.6	1048.0	38.4	1086.3

资料来源：2000年、2010年、2020年全国人口普查资料。

第二，资源依赖度越高，人口流出规模越大。2000年高资源依赖省份中除黑龙江、贵州以及河南三省人口总流出规模在100万人以上之外，其余8个省份人口流出规模在100万人以内，2010年高资源依赖省份人口流出规模超过100万人的省份增加至5个，其中河南省人口流出规模达到764.6万人，2020年高资源依赖省份人口流出现象进一步加剧，其中贵州省和河南省人口流出规模分别达到845.5万人和1610.1万人；中资源依赖省份人口总流出规模较大，2000年四川省人口总流出近700万人，河北、山东、安徽、湖南以及江西人口总流出规模在100万—500万人之间，2020年四川省和安徽省人口流出甚至超过1000万人；低资源依赖省份2000年除广西和湖北两地人口流出超过200万人之外，其余省份人口流出都在200万人以内，2020年北京、海南以及上海三地人口流出规模都未超过50万人。总体来说，低资源依赖省份人口流出规模较小。

第三，资源依赖度越高，人口跨省流动规模越小。随着时间推移，高资源依赖省份人口总流动规模虽然在逐年扩大，但始终处于较低水平，2020年除贵州省和河南省人口流动规模较大以外，其余省份人口流动规模都未超500万人；中资源依赖省份2020年人口总流动规模超过1000万人的有四川省和安徽省，其余8个省份人口流动规模都分布在300万—1000万人；而低资源依赖省份人口流动规模始终处于较高水平，2000年人口流动规模超过1000万人的只有广东省，2020年已增加至4个省份，其中广东省人口流动规模甚至达到3130.9万人。

（二）中、高资源依赖省份人口流动强度较低

纵向来看，各省份人口流动强度虽然都在不断增强，中、高资源依赖省份人口流动强度却始终相对较弱。如表5-2所示，高资源依赖省份由4.7%增加到15.5%，中资源依赖省份由5.8%增加到15.6%，低资源依赖省份由10.6%增加到24.1%。可以看出，随着时间推移，不同资源依赖的省份人口流动强度都在不断增强，而中、高资源依赖省份人口流动强度却始终相对较弱。低资源依赖省份随着基础设施建设的加强，交通便利性大大提升，从2000—2015年人口流动强度在不断增强，2020年低资源依赖省份流动强度较2015年有所回落，但仍保持较高强度。

表5-2　　　　2000—2020年人口流动强度及其均值　　　　单位：%

资源依赖度	省份	2000年流动强度	均值	2005年流动强度	均值	2010年流动强度	均值	2015年流动强度	均值	2020年流动强度	均值
高	山西	3.0	4.7	3.2	5.9	4.9	8.5	10.5	15.0	10.3	15.5
	新疆	8.5		7.8		9.4		14.7		15.4	
	黑龙江	4.3		6.8		6.9		14.6		15.0	
	陕西	3.5		5.2		7.4		14.7		12.4	
	青海	4.5		6.0		9.7		15.6		14.3	
	内蒙古	4.5		7.5		9.2		15.1		14.4	
	西藏	4.9		2.9		7.3		10.8		14.9	
	贵州	5.7		9.6		13.7		23.5		24.9	
	宁夏	5.1		4.7		9.1		14.2		14.4	
	甘肃	3.2		4.3		7.4		14.8		16.9	
	河南	3.9		6.8		8.8		17.0		17.5	

续表

资源依赖度	省份	2000年 流动强度	均值	2005年 流动强度	均值	2010年 流动强度	均值	2015年 流动强度	均值	2020年 流动强度	均值
中	天津	8.3	5.8	16.3	8.5	24.4	10.6	44.8	19.7	31.2	15.6
	河北	3.2		4.4		4.5		12.5		11.6	
	四川	9.1		10.2		12.1		19.7		15.5	
	云南	3.6		4.3		5.9		12.2		11.0	
	辽宁	3.4		5.0		5.8		10.3		11.1	
	吉林	3.4		5.5		5.9		11.7		14.2	
	山东	2.4		3.8		4.8		9.2		8.3	
	安徽	7.7		13.2		16.6		29.5		21.4	
	湖南	7.4		10.4		11.9		22.2		14.5	
	江西	9.7		12.1		14.0		24.8		16.9	
低	广西	6.5	10.6	9.1	17.1	10.8	20.0	20.2	32.4	18.9	24.1
	北京	18.8		30.5		37.3		58.5		40.6	
	海南	6.6		7.3		9.8		16.5		14.9	
	重庆	4.6		12.7		15.1		23.9		19.9	
	湖北	5.7		9.3		11.5		21.4		14.3	
	福建	8.7		14.1		15.9		24.8		18.0	
	广东	18.2		24.1		21.4		34.6		24.8	
	江苏	5.8		10.5		13.0		22.9		17.3	
	浙江	11.3		19.7		24.9		36.7		28.7	
	上海	20.0		33.4		39.9		64.0		43.7	

注：人口流动强度=（省际流动人口/年末常住人口）×100%。2000年、2010年、2020年为全国人口普查数据，2005年、2015年为《中国统计年鉴》人口抽样调查数据。

横向来看，人口流动强度随资源依赖度的提高而减弱，中国人口跨省流动强度始终呈现高资源依赖省份<中资源依赖省份<低资源依赖省份的特征。2000年，高、中、低资源依赖省份人口流动强度均值依次为4.7%、5.8%和10.6%，2010年依次为8.5%、10.6%和20.0%，2020年依次为15.5%、15.6%和24.1%，且中、高资源依赖省份和低资源依赖省份人口流动强度均值的差距在10%左右。可以明显看到，低资源依赖省份人口流动强度始终相对较高。

具体来看,人口流动强度较高的省份多数存在于低资源依赖省份中。2000年中、高资源依赖省份人口流动强度集中分布在3%—10%,而低资源依赖省份中北京、广东、浙江、上海人口流动强度均在10%以上,上海人口流动强度甚至达到20%;2010年中、高资源依赖省份中贵州、天津、四川、安徽、湖南以及江西6个省人口流动强度在10%以上,其余省份人口流动强在10%以内,而低资源依赖省份中只有海南省人口流动强度未超过10%,上海市人口流动强度最大,为39.9%;2020年高资源依赖省份中,贵州省人口流动强度达到24.9%,其余省份人口流动强度均分布在10%—20%,中资源依赖省份中只有天津市和安徽省人口流动强度较高,其余省份人口流动强度也分布在10%—20%,而低资源依赖省份中北京市和上海市人口流动强度甚至在40%以上。这可能是因为低资源依赖省份经济发达、经济活跃度高、就业机会多导致人口流动强度较大。

（三）中、高资源依赖省份人口流失态势显现

纵向来看,中、高资源依赖省份开始呈现出人口流失的态势。如表5-3所示,2000—2020年,高资源依赖省份中,人口净流出省份由5个增加至8个,且人口流失规模不断加大;中资源依赖省份中,人口净流出省份由7个增加至8个,其中云南省由人口净流入省份转为人口净流出省份;低资源依赖省份大多为人口净流入省份,仅广西、重庆、湖北三省呈现人口净流出,且随着时间推移,低资源依赖省份的人口净流入和净流出状态没有较大改变。

表5-3　　　　　　　各省人口净流入数量及流入流出比

资源依赖度	省份	2000年 净流入（人）	2000年 流入/流出	2010年 净流入（人）	2010年 流入/流出	2020年 净流入（人）	2020年 流入/流出
高	山西	362209	2.19	110018	1.14	-364898	0.82
高	新疆	1254823	9.03	1527970	6.85	2787278	5.62
高	黑龙江	-787407	0.33	-1651925	0.23	-3103199	0.21
高	陕西	-378425	0.53	-828203	0.54	-1054306	0.65
高	青海	29319	1.31	86929	1.38	-13592	0.97
高	内蒙古	43366	1.09	606051	1.73	-91323	0.95
高	西藏	88820	5.47	111508	3.08	269502	2.96

续表

资源依赖度	省份	2000年 净流入（人）	流入/流出	2010年 净流入（人）	流入/流出	2020年 净流入（人）	流入/流出
高	贵州	-1187942	0.26	-3247665	0.19	-7308182	0.14
	宁夏	101728	2.13	159468	1.77	308681	1.84
	甘肃	-357980	0.39	-1020202	0.3	-2682651	0.22
	河南	-2593716	0.16	-7061217	0.08	-1.5E+07	0.08
中	天津	652534	8.91	2778686	15.62	2736261	4.43
	河北	-288520	0.76	-609261	0.69	-2324979	0.58
	四川	-6401547	0.08	-7460128	0.13	-7768109	0.25
	云南	820860	3.39	-220558	0.85	-731434	0.75
	辽宁	683221	2.89	1011417	2.32	973039	1.52
	吉林	-300088	0.51	-706496	0.39	-1412479	0.41
	山东	-71432	0.94	-457817	0.84	-130198	0.97
	安徽	-4095714	0.05	-8479408	0.08	-9970007	0.13
	湖南	-3958013	0.08	-6356557	0.1	-6463578	0.2
	江西	-3427251	0.07	-5049450	0.11	-5060712	0.2
低	广西	-2013659	0.18	-3314379	0.2	-6749748	0.17
	北京	2371515	26.9	6770168	25.68	7948079	17.9
	海南	262389	3.2	318263	2.19	665360	2.57
	重庆	-602614	0.4	-2479895	0.28	-1982888	0.53
	湖北	-2195454	0.22	-4548208	0.18	-3736178	0.38
	福建	1334680	2.65	2738312	2.74	2275872	1.87
	广东	14634392	35	20669052	26.52	27934861	17.56
	江苏	821255	1.48	4501253	2.57	5956547	2.37
	浙江	2206386	2.49	10088054	6.84	13824222	6.85
	上海	2992265	22	8722062	38.58	10095965	27.31

资料来源：2000年、2010年、2020年全国人口普查资料。

横向来看，人口流失主要集中在中、高资源依赖省份，且人口流失的整体趋势逐渐加重。高资源依赖省份中，2020年除新疆、西藏、宁夏3地外，其余8个省级行政区均为人口流失省份。黑龙江、陕西、贵州、甘肃、河南始终为人口流失，且流失数量不断增多。山西、青海、内蒙古

3 省则经历了人口由净流入向净流出的转变，呈现先流入后流失的演变趋势，且人口流失数量不断增多。作为典型资源型地区和资源依赖度最高的省份，山西人口流入流出比一直下降，2010 年之前大于 1，之后小于 1，2000 年人口净流入数量达 36 万人，2010 年虽仍为净流入，但降为 11 万人，2020 年则转为人口净流失 36 万人；中资源依赖省份除天津和辽宁呈现人口净流入外，其余省份均呈现人口净流出。安徽、四川、湖南、江西等地人口基数大，劳动力丰裕，始终是人口流出数量较多的省份，2020 年其人口净流出数量均超过 500 万人，人口流入流出比在 2010 年以前甚至小于 0.1，2010 年后有所提高但仍小于 0.2；低资源依赖省份中，除广西、重庆、湖北 3 省市始终呈人口流出外，其余省份都为人口净流入，且规模较大，2020 年广东、浙江、上海人口净流入数量均超过 1000 万人，上海人口流入量是流出量的 27 倍，北京、广东两地的人口流入流出比也高达 17 倍，这可能由于低资源依赖地区多分布在东部及沿海地区，经济较发达，吸引大量外来人口流入。

二 地级市层面人口流动特征

通过对第六次全国人口普查数据和第七次全国人口普查数据进行比较，从地级市层面对 2010—2020 年的资源型地区人口流失情况进行分析①。由于 2010—2020 年对地级市行政区划的调整，去除莱芜市（区）、儋州市、三沙市 3 个地级市行政区，对剩余的 334 个地级市行政区依据《全国资源型城市可持续发展规划（2013—2020）》进行划分，其中，资源型城市有 125 个，非资源型城市有 209 个。进一步地，根据各资源型城市所处的发展阶段分为成长型、成熟型、衰退型和再生型，对四个发展阶段的资源型城市和非资源型城市的人口流失情况进行分析。

（一）资源型城市人口收缩问题较为突出

从第六次全国人口普查数据和第七次全国人口普查数据看，资源型城市比非资源型城市的人口流失带来的人口收缩问题更为严重。2010—2020 年 125 个资源型城市中有 73 个城市的常住人口减少，出现了人口收缩，咸阳市和通化市的人口收缩最为严重，其常住人口减少数分别为 1136159 人和 1021661 人，均在 100 万人以上，人口收缩幅度分别为 22.3%和 43.95%。其中，人口收缩幅度使用以下公式进行计算：

---

① 由于地级市行政区城市数量较多，表格较长，这里略去。

$$人口收缩幅度 = \frac{2020 年的常住人口 - 2010 年的常住人口}{2010 年的常住人口} \times 100\% \quad (5.1)$$

209 个非资源型城市中有 73 个城市出现人口收缩，保定市的常住人口从 2010 年的 11194382 人减少到 2020 年的 9242610 人，减少了约 195 万人，出现了较为严重的人口收缩；绥化市的常住人口减少数达 166 万人；四平市的常住人口数从 3385156 人减少到 1814733 人，减少了约 157 万人；资阳市、齐齐哈尔市、六安市和安庆市四个城市的常住人口减少数也在 100 万人以上。虽然常住人口减少数在 100 万人以上的非资源型城市比资源型城市的更多，但是其人口收缩幅度要比资源型城市小。

山西省作为典型的资源型省份，11 个地级市中有 10 个地级市均为资源型城市，除太原市和晋中市以外，其他地级市均出现了人口流失现象，其中忻州市的人口流失现象最为严重，人口减少数达 377835 人，人口收缩幅度也最高；运城市、临汾市、吕梁市 3 个市的常住人口减少数也在 30 万人以上，阳泉市的常住人口从 1368502 人减少到 1318505 人，人口流失量最小；晋中市虽然没有出现人口流失现象，但其常住人口只增长了 130073 人，其原因可能为大学城的迁移导致的人口增加。东北三省 36 个地级市有 21 个地级市属于资源型城市，其中，吉林省的通化市、吉林市、松原市的人口流失情况最为严重，通化市人口减少数达 102 万人，人口收缩幅度为 43.95%，收缩幅度最大，吉林市人口减少数达 79 万人，松原市达 62 万人。从东北三省出现人口流失的地级市的数量上来看，黑龙江省最多。黑龙江省的 13 个地级市中有 9 个地级市出现了人口流失问题，人口流失的地级市占比高达 69%，并且黑龙江省除大庆市以外，各资源型城市的人口收缩幅度均较大，大兴安岭地区最高，达到 35.24%，3 个地级市的人口收缩幅度在 20% 以上，其余 4 个地级市的人口收缩幅度在 15% 以上。无论是从人口的收缩幅度还是从人口流失的数量来看，东北三省中，辽宁省的人口收缩情况最为轻微，14 个地级市中有 6 个地级市出现了人口流失问题，本溪市和鞍山市两市的常住人口减少了 30 万人以上，人口流失数量最多；盘锦市的常住人口从 2010 年的 1392493 人减少到 2020 年的 1389691 人，人口流失问题最为轻微，人口收缩幅度只有 0.2%。

（二）不同阶段资源型城市人口收缩差异明显

第一，处于成熟型发展阶段的资源型城市的人口收缩更为严重。处于成长型发展阶段的 20 个资源型城市中，有 12 个资源型城市的常住人口出现减少（见表 5-4），其中咸阳市的常住人口减少 1136159 人，南充市和松原市的人口收缩程度次之，分别减少了 671049 人和 627092 人。成熟型的 65 个资源型城市中有 41 个城市出现了人口收缩，出现人口收缩的城市占成熟型发展阶段所有资源型城市的 63%，有 27 个城市的人口减少数达 10 万人以上，吉林市的常住人口从 2010 年的 4413157 人减少到 2020 年的 3623713 人，人口收缩程度最为严重。处于衰退型发展阶段的 24 个资源型城市中，有 14 个城市的常住人口呈现出下降的态势，白山市的人口减少数量最多，人口在十年间下降了 34 万人，处于衰退型发展阶段的资源型城市降幅最小的为焦作市，人口减少数量不足 2 万人。处于再生型发展阶段的 16 个资源型城市中，有 7 个城市出现人口收缩，其中通化市的常住人口数量下降最为明显，下降数量超过了 100 万人。在所有的资源型城市中，临沂市和马鞍山市的常住人口的增长数量最多，在 2010—2020 年分别增长了 978925 人和 793628 人。

表 5-4　　　　　　　　地级市行政区人口情况

城市类型		城市个数	人口增长的城市个数	人口减少的城市个数
资源型城市	成长型	20	8	12
	成熟型	65	24	41
	衰退型	24	10	14
	再生型	16	9	7
	合计	125	52	73
非资源型城市		209	136	73

第二，衰退型城市的人口收缩幅度最大，成熟型城市的人口收缩幅度最小。在人口收缩幅度超过 20% 的 9 个资源型城市中，处于再生型发展阶段的仅有通化市，且通化市的人口流失问题最严重，人口收缩程度最大；处于衰退型发展阶段的有 4 个，大兴安岭地区的收缩幅度为 35.24%，仅次于通化市，白山市、七台河市、伊春市的人口收缩幅度分别为 26.56%、25.08%、23.45%；处于成熟型发展阶段的有 2 个，分别

为黑河市和本溪市,其收缩幅度分别为23.15%和22.43%;处于成长型发展阶段的资源型城市有两个,其人口收缩幅度均在22%左右。处于成熟型发展阶段的各个资源型城市的平均人口收缩幅度为0.07%,其均值在四个发展阶段中最小。在人口收缩幅度小于1%的7个资源型城市中,有5个资源型城市均处在成熟型发展阶段,其中三明市的人口收缩幅度为0.68%,宿州市0.53%,泰安市0.4%,鹤壁市0.21%,攀枝花市最低,为0.16%。

第二节 中国人口跨省流动网络构建与特征分析

一 人口跨省流动网络构建方法和指标

本书采取社会网络分析法分析不同资源依赖程度下中国人口跨省流动的空间结构特征。社会网络分析方法是社会学家以图论和数学方法等为基础发展起来的定量分析方法。人口在一定空间范围内流动,其流动行为具有方向性、特定性或规模性,因而流动人口、流动地点等可作为人口流动网络中的成员。社会网络分析法的研究重点包括密度分析、中心性分析、凝聚子群、社团结构、结构洞分析等,本节主要从网络密度、点度中心度、结构洞三个方面分析。

(一)网络密度

网络密度是测度网络的指标,表示网络中节点联系的紧密程度。密度值越大,节点的关联数量和人口的流动性越大;反之,则越松散。计算公式为:

$$d = \frac{l}{g(g-l)} \tag{5.2}$$

其中,l表示人口流动网络中省份间存在规模性人口流动的关联总数,g表示人口流动网络中节点(省份)的数量。

(二)点度中心度

点度中心度(RD_i)可以反映出每个节点具有的"权力",在有向网络图中,每个节点的点度中心度包括点入度和点出度,点入度指关系"进入"的程度或强度,即从其他省份指向节点省份i的边数;点出度指关系"流出"的程度或强度，即从节点省份 i 指向其他省份的边数。

$$RD_i = \sum_{j=1}^{g} x_{ij} \quad (i \neq j) \tag{5.3}$$

其中，x_{ij} 表示节点 i 与节点 j 之间直接关联的边数目。

（三）中间中心度

中间中心度能够测量网络中的节点（省份）对资源控制的程度，可以反映人口跨省流动网络中具有"媒介者"作用的省份和不受其他省份影响的省份。中间中心度越高，说明该节点对其他节点的控制能力越强。具体计算公式为：

$$RB_i = \sum_{j}^{g} \sum_{k}^{g} b_{jk}(i) \quad (j \neq k \neq i, 且 j < k) \tag{5.4}$$

（四）结构洞分析——限制度

结构洞分析是一种重要的社会网络分析法。结构洞指的是两个节点（省份）之间非冗余的联系，当网络中某个节点所链接的另外两个节点之间不存在直接联系时，该节点所占据的网络位置就是结构洞（陈锐等，2014）。结构洞可以作为一种社会资本，为其"占据者"带来信息和控制方面的优势，对互不相连的另外两方形成控制。结构洞衡量指标包括有效规模、效率、限制度和等级度等，其中限制度是分析结构洞最重要的指标。因此，本书主要分析限制度。结构洞的限制度指的是节点在自己的网络中运用结构洞的能力，节点越居于网络中心，它的结构洞可能越多，受到的网络限制度就越小；反之，越居于边缘，受到的限制度越大。限制度越大，说明节点省份运用结构洞的能力越弱，受限制性越大，对其他省份的人口流动的依赖性越强。

$$限制度 = \sum_{j} (p_{ij} + \sum_{q} p_{iq} p_{qj})^2 \quad (q \neq i, j) \tag{5.5}$$

其中，j 代表与 i 相连的所有点，q 代表除 i 或 j 以外的每个第三者。p_{ij} 代表节点 i、j 之间直接链接占 i 总链接的比例，$p_{iq}p_{qj}$ 指 i 通过节点 q 从而与 j 间接相连的链接占 i 总链接的比例。

二　人口跨省流动网络特征分析

这里使用 31 个省、自治区和直辖市人口普查、抽样调查数据构建人口跨省流动网络，31 个省份可以被认为是人口跨省流动网络中的 31 个节点，而省份之间的人口流动构成了人口跨省流动网络的边，将人口流动矩阵导入 Ucinet 6.545 软件中，利用其自带的 NetDraw 分别生成 2000 年、

第五章　资源型地区人口流失的特征事实及影响因素分析 / 115

2005年、2010年、2015年和2020年的人口跨省流动网络关系图（见图5-1）。本节具体对人口跨省流动网络进行整体密度、中心性和结构洞分析。旨在分析发现不同资源依赖程度的省份人口流动的趋势，以及在人口流动网络中处于什么"地位"，拥有哪些"权力"。

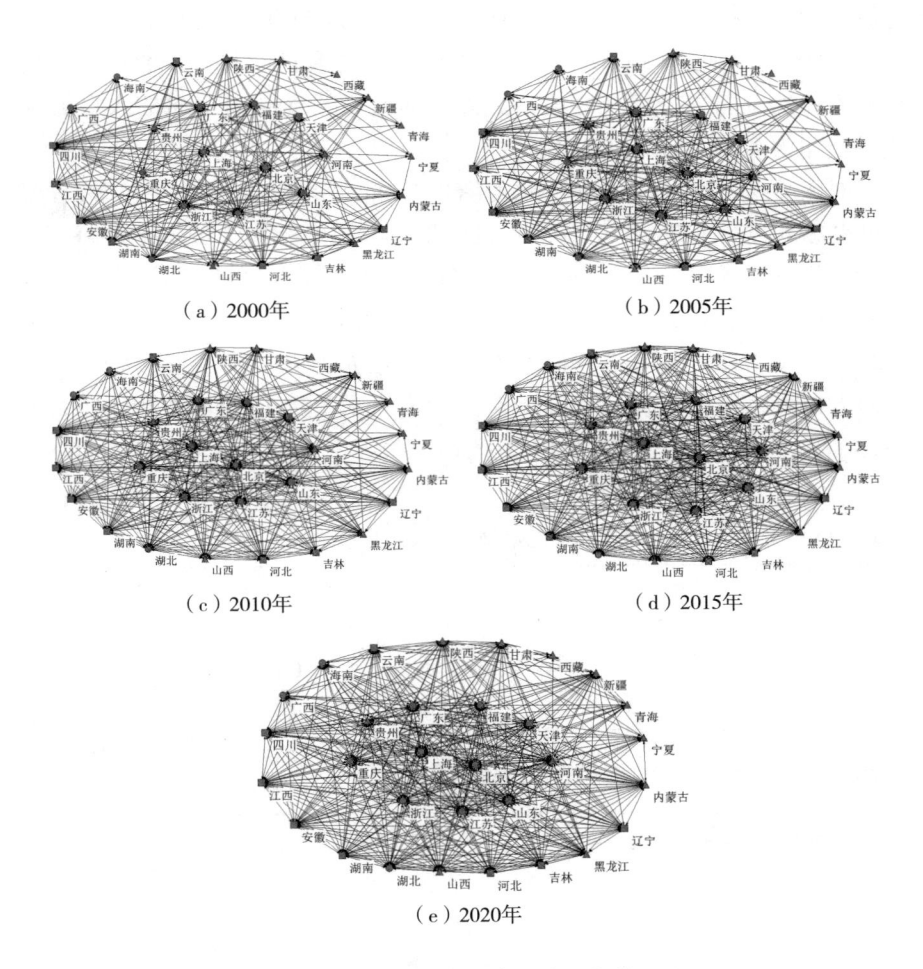

（a）2000年　　　　　　　　　　（b）2005年

（c）2010年　　　　　　　　　　（d）2015年

（e）2020年

图5-1　中国人口跨省流动网络关系

注：三角形节点代表高资源依赖地区，正方形节点代表中资源依赖地区，圆形节点代表低资源依赖地区。箭头方向表示人口由某省流向另一省。2000年、2010年、2020年基于人口普查数据，将省份之间人口流动数量大于1万人的认为其存在人口流动关系，2005年、2015年基于人口抽样调查数据，按抽样比推算数据将省份之间人口流动数量大于100人的认为其存在人口流动关系，可以进行对比。

（一）人口跨省流动网络联系增强，整体凝聚力提升

随着时间的推移，中国人口跨省流动网络联系增强，网络结构更加稳健。图5-1为五个时间节点的人口跨省流动网络图，可以看出，2000年人口跨省流动网络稀疏，31个省份间仅形成385条规模性人口流动。此后，随时间推移，人口流动范围不断扩大，规模性人口流动大幅增加，到2020年已增加到714条，省份与省份之间的人口流动关系数在不断增强，人口的流向选择都在变多；此外，网络联系逐渐由单向的人口流动关系演化为复杂的双向互流关系。

对人口跨省流动矩阵进行网络密度分析，密度能够反映人口跨省流动的紧密程度，密度越大，人口流动越频繁，该网络对节点的影响力也越大。根据表5-5，中国人口跨省流动网络的密度由2000年的0.4140提高到2020年的0.7677，网络的平均聚类系数由2000年的0.618提高到2020年的0.832，平均路径长度由1.684降为1.232，均逐渐接近于1，表明人口流动网络化程度提高，整体凝聚力水平提升，区域可达性大大加强了人口跨省流动网络的空间互联性。

表5-5　　　　　　　　人口流动网络的统计特征

年份	节点数	边数	密度	平均聚类系数	平均路径长度
2000	31	385	0.4140	0.618	1.684
2005	31	441	0.4742	0.627	1.608
2010	31	566	0.6086	0.724	1.409
2015	31	721	0.7753	0.851	1.225
2020	31	714	0.7677	0.832	1.232

注：由Ucinet软件计算得到。

（二）高资源依赖省份人口流动的范围较小，"权力"较弱

第一，资源依赖度越高的省份点度中心度越小。点度中心度可以体现各省份的"权力"，点入度表示省份"流入"的联系，点出度表示省份"流出"的联系。对比各省份人口流动网络的点度中心度和人口流动网络图（见图5-1和表5-6）可以看出，总体而言，点度中心度的顺序为高资源依赖地区<中资源依赖地区<低资源依赖地区，资源依赖度越高，形成规模性人口流动的关系数越少，流动范围越小。也就是说，随时间推

移,流出地人口对流入地的选择增多,但相对来说,选择流入到高资源依赖省份的人口比低资源依赖省份的少。

表 5-6　　　　中国人口跨省流动网络点度中心度　　　　单位:%

省份	2000年 入度	2000年 出度	2000年 入度-出度	2005年 入度	2005年 出度	2005年 入度-出度	2010年 入度	2010年 出度	2010年 入度-出度	2015年 入度	2015年 出度	2015年 入度-出度	2020年 入度	2020年 出度	2020年 入度-出度
山西	11	8	3	12	11	1	20	18	2	21	28	-7	23	27	-4
新疆	14	6	8	14	7	7	19	10	9	25	19	6	24	18	6
黑龙江	11	12	-1	10	13	-3	11	19	-8	19	25	-6	19	25	-6
陕西	11	17	-6	14	18	-4	22	24	-2	29	29	0	26	29	-3
青海	4	2	2	4	6	-2	9	9	0	13	14	-1	9	15	-6
内蒙古	14	10	4	16	12	4	19	15	4	23	23	0	22	26	-4
西藏	2	0	2	1	1	0	3	1	2	4	2	2	7	1	6
贵州	8	14	-6	12	18	-6	14	22	-8	17	24	-7	16	28	-12
宁夏	5	2	3	3	3	0	9	5	4	11	11	0	13	11	2
甘肃	7	12	-5	8	14	-6	13	19	-6	21	27	-6	19	29	-10
河南	12	25	-13	14	28	-14	17	29	-12	27	30	-3	26	30	-4
天津	14	2	12	20	2	18	23	5	18	27	16	11	26	13	13
河北	19	16	3	21	16	5	22	27	-5	26	29	-3	27	29	-2
四川	15	30	-15	17	28	-11	24	30	-6	30	30	0	30	30	0
云南	13	9	4	13	14	-1	16	19	-3	22	22	0	21	24	-3
辽宁	12	8	4	14	11	3	18	15	3	24	25	-1	25	25	0
吉林	11	8	3	10	11	-1	11	14	-3	16	24	-8	18	25	-7
山东	19	16	3	21	18	3	25	28	-3	28	29	-1	27	29	-2
安徽	7	25	-18	12	24	-12	16	29	-13	27	29	-2	24	29	-5
湖南	10	18	-8	12	21	-9	17	25	-8	25	26	-1	24	25	-1
江西	9	13	-4	12	21	-9	17	23	-6	24	24	0	24	26	-2
广西	10	8	2	11	10	1	17	14	3	23	21	2	23	21	2
北京	23	2	21	27	4	23	28	6	22	29	20	9	29	16	13
海南	10	1	9	10	1	9	14	2	12	22	13	9	24	11	13
重庆	6	12	-6	6	21	-15	17	25	-8	21	26	-5	23	26	-3
湖北	11	26	-15	13	26	-13	19	28	-9	28	28	0	27	29	-2

续表

省份	2000年 入度	2000年 出度	2000年 入度-出度	2005年 入度	2005年 出度	2005年 入度-出度	2010年 入度	2010年 出度	2010年 入度-出度	2015年 入度	2015年 出度	2015年 入度-出度	2020年 入度	2020年 出度	2020年 入度-出度
福建	15	19	-4	16	20	-4	21	24	-3	25	26	-1	24	27	-3
广东	26	12	14	27	14	13	28	21	7	29	25	4	29	25	4
江苏	20	22	-2	25	21	4	26	27	-1	29	29	0	29	29	0
浙江	18	26	-8	23	24	-1	24	28	-4	27	29	-2	27	28	-1
上海	18	4	14	25	5	20	27	5	22	29	18	11	29	8	21

注：由 Ucinet 软件计算得到。

分不同年份来看，2000年、2010年、2020年总体均呈现资源依赖度越高的省份，点入度和点出度越小的规律，说明高资源依赖地区的人口流动范围较小，仅与少部分省份形成人口流动关系。2010年之前大部分省份的流入和流出关系较为单一，出入度差较大，2010年之后省际流动关系数增加，出入度差缩小，人口流动的地域选择不断增加，说明人口流动关系网络的关联性提升的同时，人口流动范围不断交叉扩大。总体来看，从2000年到2020年，全国各省份人口流动的点入度、点出度整体都在不断增加，但高、中、低资源依赖省份的相对地位和作用却并未有较大改变，初期点度中心度相对较高的省份，后期依然较高；初期低资源依赖地区居于人口流入的核心和主导位置，中、高资源依赖地区居于人口流出的核心地位，在此后的人口跨省流动网络中仍呈现相同地位和作用。

第二，高资源依赖省份多呈现相对流出关系。尽管总体人口流动网络趋于复杂，但各省份相对地位并未出现较大改变。表5-6分区域具体来看，高资源依赖地区中，西藏、新疆、宁夏由于其独特性，始终呈现相对人口流入关系，而其他省份到2020年出入度差均变为负，呈现相对人口流出关系，选择流入高资源依赖地区的省份减少，而从高资源依赖地区流入到其他省份的增多。2000年仅有邻近2个省份的人口选择流入西藏，与大部分省份未形成人口流动联系，到2020年与8个省份形成人口流动关系，点入度为7，点出度为1，西藏人口仅流向四川，其他选择流入西藏的人口主要来自四川、青海等邻近地区；值得注意的是，山西、黑龙江是由2000年的流入流出双向关系平衡演变为2020年部分仅单向流出到其他省份，且单向流出关系有加重趋势。高资源依赖地区相较中、低资源依赖地区差别明显，人口较多流向其他省份而较少省份的人口选择流向高资源依赖地区，可能与高资源依赖省份发展落后、资源依赖对人口和创新等要素的挤出有关。随着时间的推移，在中资源依赖省份中，人口流出关系数超过了人口流入关系数，但相对平衡，出入度差在2010年之后基本维持在0左右；而天津点入度始终大于点出度，且出入度差大于10，说明有10多个省份的人口单向流入天津，而天津人口却未流入这些省份。低资源依赖地区多数呈现人口从其他省份单向流入，但随时间推移出入度差下降，广东、北京、上海、江苏居于点入度前5位，2010年前出入度差在10以上，2020年出入度差有所降低，不平衡关系有所缓解。

（三）高资源依赖地区中间中心度较低，但也存在枢纽省份

中间中心度能够测量网络中的节点（省份）对资源控制的程度，具有"枢纽者"的作用，中间中心度越高说明该节点处于越重要位置。从表5-7可以看出，中间中心度均值均呈现高资源依赖地区小于中资源依赖地区和低资源依赖地区的特征。资源依赖度越高的省份，在人口流动网络中拥有的"权力"越小；而资源依赖度越低的省份中，处于重要位置的省份越多。

表5-7　　　　　　2000—2020年中间中心度及其均值　　　　　单位:%

地区		2000年	均值	2005年	均值	2010年	均值	2015年	均值	2020年	均值
高资源依赖地区	山西	0.79	11.98	1.89	10.82	2.99	5.95	4.14	6.04	3.89	4.42
	新疆	27.11		12.8		3.57		2.41		1.67	
	黑龙江	5.23		4.01		2.27		1.68		1.86	
	陕西	22.87		22.1		23.2		25.2		12.9	
	青海	0		0.13		0		0.11		0.71	
	内蒙古	18.35		16.4		8.49		4.35		4.74	
	西藏	0		0		0		0		0	
	贵州	3.13		5.24		1.46		1.08		1.67	
	宁夏	0		0		0.28		0		0	
	甘肃	23.19		10.3		14.1		11.2		8.02	
	河南	31.15		46.1		9.04		16.3		13.2	

续表

地区		2000年	均值	2005年	均值	2010年	均值	2015年	均值	2020年	均值
中资源依赖地区	天津	0	22.00	0	20.35	0.1	15.68	2.87	8.11	1.59	10.06
	河北	63.74		50.8		27.4		9.16		11.5	
	四川	101.6		99.1		66.9		35.6		52	
	云南	5.26		4.24		1.34		1.81		3.14	
	辽宁	0.45		1.23		2.28		2.88		3.16	
	吉林	0.08		0.3		0.22		1.07		1.19	
	山东	25.95		21.4		37.6		11.2		11.4	
	安徽	12.42		14.9		13.8		9.27		8.06	
	湖南	8.43		7.93		4.23		4.67		3.07	
	江西	2.06		3.57		2.94		2.58		5.47	
低资源依赖地区	广西	1.59	26.42	0.39	24.24	10.1	15.79	1.72	6.13	1.45	6.69
	北京	2.64		7.81		3.31		5.45		4.58	
	海南	0		0		0		0.15		0.28	
	重庆	1.33		2.13		13.1		6.71		4.66	
	湖北	19.05		13.4		12.3		8.64		12.9	
	福建	16.79		14		7.87		4.07		4.11	
	广东	104.6		86.3		47.9		7.58		10.6	
	江苏	54.27		51.7		34.4		12.8		16.7	
	浙江	59.1		61.6		26.7		9.6		10.4	
	上海	4.86		5.1		2.23		4.62		1.19	

注：由 Ucinet 软件计算得出。

横向来看，中、低资源依赖省份的中间中心度有所下降，而高资源依赖省份的中间中心度一直维持在较低的水平。2000 年，高、中、低资源依赖地区的中间中心度均值分别为 11.98%、22.00%、26.42%，低资源依赖地区中间中心度较大但各省份的差距也较大。广东作为人口流入大省，中间中心度大于 100%，说明广东在人口流动网络中具有绝对优势，占据重要枢纽位置；同时江苏、浙江中间中心度大于 50%，也在人口流入方面形成一定的控制优势，也是重要的枢纽省份。中资源依赖地区中，四川中间中心度大于 100%，四川作为人口流出大省也占据重要位置；河北中间中心度为 64%，处于人口流出的重要地位。2010 年，各省份中间中心度均下降，说明各省份的核心地位均不断弱化，已不存在对人口流动具有绝对控制优势的省份，但高资源依赖地区依然相对较小。中间中心度从高到低依次是四川、广东、山东、江苏、河北、浙江、陕西，这些省份占据相对重要地位，其他省份均降到20%以下。2020年仅四川达到50%，其余省份的中间中心度均下降到20%以下。相对来说，高资源依赖地区在人口流动网络中拥有的"权力"较小，但也存在枢纽省份如陕西和河南。

纵向来看，各省份的"权力"趋向均衡，不再是"几省独大"。各省份的中间中心度差距随时间推移而缩小，原先中间中心度大的在减小，原先小的有所增加，很多省份不再需要某些省份"中转"而直接形成人口互动联系。在高资源依赖地区中，陕西和河南的中间中心度高，相对处于枢纽位置，具有一定的控制作用。总体来看，中、低资源依赖地区对人口的枢纽作用普遍强于高资源依赖地区，但随着经济、交通等的发展，人口流向选择趋向多样化，均不再能形成具有绝对控制优势的省份，相对控制优势也在不断弱化。

（四）高资源依赖省份限制度大

对人口跨省流动网络进行结构洞分析，结构洞的限制度指的是节点在自己的网络中运用结构洞的能力，限制度越大，说明节点省份运用结构洞的能力越弱，受限制性越大，对其他省份的依赖性越强。由表5-8分析得出，受限制性总体呈现高资源依赖地区大于中资源依赖地区和低资源依赖地区的特征，尤其西部高资源依赖地区，位置偏远，在人口流动网络中受其他节点限制较大。

分地区纵向来看，随着时间推移，人口流动网络中节点的限制度整体呈下降趋势，说明各地区在人口流动网络中受限制程度减弱，对其他省份的依赖性降低。2000年，全国还未形成大规模人口流动，人口流向单一，整体受限制度大，到2010年之后限制度整体均减小，2020年基本与2010年持平。虽整体较2000年有所改善，差距也逐渐缩小，但高、中、低资源依赖地区的相对地位未发生变化，各个年份限制度始终呈现高资源依赖地区大于中、低资源依赖地区的特征，资源依赖度越高省份，在人口流动网络中运用结构洞能力越弱，受其他省份限制越大，人口流动来源于外省流入。为降低这种依赖性，国家政策应向高资源依赖地区倾斜，鼓励人口向高资源依赖地区流动，促进资源型地区转型发展。

表 5-8 结构洞指标——限制度

地区		2000年 限制度	均值	2005年 限制度	均值	2010年 限制度	均值	2015年 限制度	均值	2020年 限制度	均值
高资源依赖地区	山西	0.192	0.234	0.171	0.257	0.151	0.181	0.138	0.154	0.142	0.195
	新疆	0.17		0.168		0.154		0.14		0.15	
	黑龙江	0.191		0.172		0.152		0.142		0.148	
	陕西	0.17		0.156		0.151		0.132		0.133	
	青海	0.328		0.263		0.143		0.151		0.248	
	内蒙古	0.184		0.163		0.18		0.139		0.146	
	西藏	0.578		1		0.422		0.284		0.532	
	贵州	0.198		0.173		0.157		0.144		0.144	
	宁夏	0.236		0.242		0.19		0.158		0.232	
	甘肃	0.181		0.175		0.15		0.136		0.135	
	河南	0.15		0.142		0.142		0.133		0.133	
中资源依赖地区	天津	0.192	0.178	0.159	0.162	0.151	0.1491	0.141	0.138	0.149	0.1417
	河北	0.163		0.154		0.141		0.135		0.135	
	四川	0.138		0.135		0.132		0.129		0.129	
	云南	0.202		0.179		0.159		0.141		0.149	
	辽宁	0.198		0.174		0.157		0.14		0.145	
	吉林	0.205		0.186		0.167		0.143		0.148	
	山东	0.158		0.151		0.138		0.134		0.135	
	安徽	0.152		0.154		0.143		0.135		0.137	
	湖南	0.179		0.165		0.15		0.138		0.145	
	江西	0.193		0.166		0.153		0.14		0.145	
低资源依赖地区	广西	0.222	0.173	0.194	0.160	0.163	0.1489	0.142	0.138	0.152	0.1419
	北京	0.155		0.145		0.144		0.138		0.139	
	海南	0.217		0.205		0.182		0.146		0.16	
	重庆	0.197		0.158		0.146		0.139		0.143	
	湖北	0.153		0.152		0.143		0.135		0.135	
	福建	0.164		0.159		0.146		0.139		0.144	
	广东	0.151		0.146		0.14		0.136		0.136	
	江苏	0.149		0.144		0.139		0.133		0.133	
	浙江	0.149		0.145		0.139		0.134		0.136	
	上海	0.172		0.154		0.147		0.139		0.141	

注：数据来源于第七次全国人口普查数据，利用 Ucinet 软件得到。

第三节　模型设计与数据来源

前文从不同角度分析了 2000—2020 年中国人口跨省流动网络特征，基于资源依赖度将全国 31 个省份划分为高、中、低资源依赖地区，对高资源依赖地区与中、低资源依赖地区进行对比分析可以看出，资源依赖度的大小也会对人口跨省流动产生影响，部分资源依赖度高的地区呈现人口流失态势。因而本节运用 QAP 方法和面板回归分析中国人口跨省流动的影响因素以及资源依赖度对人口流动的影响效应。

一　变量选择

已有研究证实，经济发展水平仍然是促进人口流动的重要因素，环境舒适度也越来越得到学者的重视。本节将 2000 年、2005 年、2010 年、2015 年和 2020 年五个时点的人口跨省流动关系矩阵（户籍地→现住地）作为被解释变量，将选取的测度人口流动影响因素的差值矩阵（由流入地指标数值减去流出地指标数值构成）作为解释变量（见表 5-9）。

表 5-9　　　　　　　　各解释变量说明与假设

变量	变量解释与说明	预期假设
resource	省际资源依赖度差值矩阵	资源依赖程度越大，越不利于某地区人口流入，预期为负
wage	省际城镇单位在岗职工平均工资差值矩阵	工资收入越高，越吸引人口流入，预期为正
tindus	省际三产增加值占 GDP 比重的差值矩阵	第三产业增加值占 GDP 比重越大，越有利于人口流入，预期为正
market	省际市场化指数差值矩阵	市场化水平越高，越有利于人口流入，预期为正
edu	省际人均教育经费差值矩阵	人均教育经费差距越大，越不利于人口流入，预期为负
patent	省际每万人拥有专利授权数的差值矩阵	拥有专利授权数越多，越吸引人口流入，预期为正
doctor	省际每万人拥有执业医师数差值矩阵	拥有执业医师数越多，越吸引人口流入，预期为正

续表

变量	变量解释与说明	预期假设
smoke	省际烟尘颗粒物排放量年度均值差值矩阵	烟尘颗粒物排放量越大，地区人口流入越少，预期为负
pm	省际PM2.5浓度差值矩阵	PM2.5浓度越高，地区人口流入越少，预期为负
park	省际公园个数差值矩阵	公园个数越多，越吸引人口流入，预期为正
green	省际人均绿地面积差值矩阵	人均绿地面积越大，越吸引人口流入，预期为正
geopro	地理邻近性：两省之间直接相邻则为1，否则为0	地理空间越邻近，越有利于人口流入，预期为正
point	网络邻近性：省际人口流动网络点度中心度差值的绝对值矩阵	网络邻近度越高，越不利于人口流入，预期为负

资源型地区是本节主要的解释对象，因此构建资源依赖度差值矩阵作为主要解释变量；基于数据的可得性，本书选取了城镇单位在岗职工平均工资、三产增加值占GDP比重和市场化指数来衡量省级社会经济发展状况；选取每万人拥有专利授权数、人均教育经费、每万人拥有执业医师数等来衡量各省份科技教育医疗公共服务水平；选取烟尘颗粒物排放量、PM2.5浓度、公园个数以及人均绿地面积来衡量地区的环境舒适程度。同时考虑到省份间的空间关联性，以地理邻近性和网络邻近性作为调节变量，考察各因素的影响作用是否受空间距离影响。

二 模型设定

为进一步考察人口流动的影响因素以及资源依赖对人口流动的影响，构建如下计量模型：

$$population_{ijt} = \alpha_0 + \alpha_1 resource_{ijt} + \alpha_c C_{ijt} + \varepsilon_{ijt} \quad (5.6)$$

其中，$population_{ijt}$ 为 t 年份 i 省份流向 j 省份的人口流动矩阵，$resource_{ijt}$ 为 t 年份 j 省份与 i 省份间的资源依赖度差值矩阵，C_{ijt} 为上述影响人口流动的经济、公共服务、环境等因素矩阵；α_0、α_1、α_c 为待估参数；ε_{ijt} 为随机误差项。

同时，为进一步考察各因素影响人口流动过程中可能存在的机制，构建如下调节模型：

$$population_{ijt} = \beta_0 + \beta_1 resource_{ijt} + \beta_2 M_{ijt} resource_{ijt} + \beta_3 M_{ijt} + \beta_c C_{ijt} + \varepsilon_{ijt} \quad (5.7)$$

其中，M_{ijt} 为调节变量，考察内容既包括经济、公共服务、环境等因素对资源依赖影响人口流动的调节，也包括地理邻近性、空间邻近性对资源依赖、经济、公共服务、环境等因素影响人口流动的调节；β_0、β_1、β_2、β_3、β_c 为待估参数。

三　数据来源

中国省域人口流动网络数据来源于 2000 年、2010 年、2020 年全国人口普查资料和 2005 年、2015 年 1% 人口抽样调查数据中的"全国按现住地分的户口登记地在外省的人口"。数据显示，中国 31 个省份（不包含中国的香港、澳门、台湾）之间或多或少都存在人口流动，为更合理清晰地了解人口跨省流动网络特征，对人口流动数量设置阈值：对于 2000 年、2010 年和 2020 年普查数据，将中国人口跨省流动数量大于 10000 人定义为省份间存在规模性人口流动；对于 2005 年和 2015 年 1% 人口抽样调查数据，各地区总量数据按抽样比进行推算，将人口跨省流动数量大于 100 人定义为存在规模性人口流动，则可以直接与 2000 年、2010 年和 2020 年进行对比，进而分别构成 2000 年、2005 年、2010 年、2015 年和 2020 年 5 个时点的人口流动网络。其他各项经济社会指标数据均来源于历年《中国统计年鉴》、《中国工业统计年鉴》、各省份统计年鉴或国家统计局网站。

第四节　实证结果分析

一　QAP 回归结果

QAP 是一种对两个或多个方阵中对应的各个元素值进行比较的方法，通过比较各个方阵对应的值，揭示出两个矩阵之间的相关系数，同时对系数进行非参数检验，以对矩阵数据的置换为基础。矩阵的回归把一个矩阵的元素看成因变量，把另一个矩阵中的相应元素看成自变量进行拟合检验。矩阵的回归分析可以利用 UCINET 软件进行计算：对自变量矩阵和因变量矩阵对应的长向量元素进行常规的多元回归分析，对因变量矩阵的各行和各列随机置换，然后重新回归，保存所有的系数值以及判定系数 R^2 值。重复同一步骤多次，以便估计统计量的标准误。本书利用 UCINET 软件进行 QAP 多元回归，建立中国人口跨省流动的影响因素模型，该模型因变量和自变量都为 31×31 的网络矩阵数据，用以解释中国人口跨省流动网络影响因素。

利用 UCINET 软件对人口跨省流动关系矩阵与影响人口流动因素的差值矩阵进行 QAP 回归，回归结果见表 5-10。根据回归结果发现，不同时期自变量对人口流动网络的影响各不相同，2000—2020 年调整后的 R^2 分别为 0.140、0.174、0.186、0.168 和 0.175，说明这些指标能够较好地解释中国人口跨省流动网络的形成。平均工资、三产增加值占 GDP 比重、市场化指数、人均教育经费、每万人拥有专利授权数、每万人拥有执业医师数、颗粒物排放量、公园个数、人均绿地面积和地理邻近性等环境舒适差异变量、经济差异变量、科技教育水平差异变量都对不同时期人口流动网络的变化有一定的解释力和影响力，即区域差异关系对人口流动关系有一定的影响，但不同时期不同变量的影响力存在差异。

表 5-10　2000—2020 年人口跨省流动网络（户籍地→现住地）与各因素的 QAP 回归结果

变量	2000 年 回归系数	p 值	2005 年 回归系数	p 值	2010 年 回归系数	p 值	2015 年 回归系数	p 值	2020 年 回归系数	p 值
resource	-0.021	0.417	-0.064	0.185	-0.08	0.148	-0.074	0.153	-0.078	0.148
wage	0.216***	0.004	0.232***	0.003	0.220***	0.007	0.186**	0.020	0.218***	0.009
tindus	0.099*	0.074	0.100*	0.088	0.179**	0.032	0.189**	0.019	0.180**	0.030
market	0.160**	0.015	0.168***	0.005	0.166**	0.012	0.165***	0.006	0.175***	0.009
edu	0.131*	0.055	0.174**	0.040	0.246***	0.005	0.173**	0.018	0.174**	0.024
patent	0.190**	0.036	0.259***	0.001	0.283***	0.000	0.250***	0.000	0.279***	0.000
doctor	0.072	0.136	0.113*	0.062	0.153**	0.036	0.125**	0.012	0.097*	0.089
smoke	-0.113**	0.043	-0.119**	0.034	-0.032	0.336	-0.096**	0.090	-0.046	0.302
pm	-0.003	0.489	-0.025	0.380	-0.019	0.433	-0.008	0.456	-0.039	0.276
park	0.266***	0.007	0.306***	0.001	0.288***	0.002	0.272***	0.006	0.277***	0.005
green	0.156**	0.028	0.225***	0.006	0.241***	0.003	0.226***	0.007	0.146**	0.042

注：*表示显著性水平为 10%，**表示显著性水平为 5%，***表示显著性水平为 1%。

（一）资源依赖对人口流动的抑制作用逐渐显现

如表 5-10 所示，资源依赖对人口流动的 QAP 回归系数虽从 2000 年的-0.021到2020年的-0.078，但其对人口流动的负向影响在10%的显著性水平下均不显著。但资源依赖对人口流动的负向影响仍需引起高资源依赖省份的重视。按已有经验，资源依赖往往通过抑制省份的经济发展，对科技、教育、人才建设产生"挤出"，资源产业主导带来环境污染等，这进一步影响人口流入。

（二）经济发展水平的提高促进人口流入

第一，城镇单位在岗职工平均工资对人口流动呈正向促进作用，工资越高，越吸引人口流入。随着时间迁移，其影响程度较为稳定，由2000年的0.216降为2015年的0.186，2020年又增加到0.218，收入始终是影响人口流动的重要因素；由于人民生活水平整体的提高和对美好生活需求的改变，人口的流动不再只考虑收入而开始考虑其他需求和舒适程度。

第二，第三产业占GDP比重对人口流动也呈现正向影响，且随着时间迁移，其对人口流动的影响愈加显著。服务业是吸纳人口就业的重要载体，随着服务业快速发展，2000年第三产业占比对人口流动的回归系数仅为0.099，且只通过10%的显著性检验；而2020年第三产业占比对人口流动的回归系数达0.180，通过5%的显著性检验，第三产业占比越大，即省份生产性、生活性服务业的繁荣发展对人口流入的吸引越大，影响也在不断增强。

第三，市场化指数对人口流动呈显著正向促进关系。从表5-10回归结果可以看出，市场化指数一直以来也是影响人口流动的重要因素，2000年市场化指数对人口流动的影响系数为0.160，2020年达到0.175，其对人口流动的影响程度不断加深，且都通过5%的显著性水平检验。市场化指数是地区市场化发展水平和程度的表征，市场化程度越高，越有利于人们就业和发展，越能吸引人口流入。

（三）科技、教育、医疗水平提升均能吸引人口流入

第一，每万人拥有专利授权数对人口流动的影响从2000年到2020年都通过1%的显著性水平检验，且始终呈正向关系，其对人口流动的影响系数始终较大，且不断增大，到2020年达0.279。说明科技发展水平越高，越能吸引人口流入。

第二，教育对人口流入具有正向促进作用。2010年人均教育经费对人口流动的影响系数达到最大，为0.246，此后有所降低，但其影响仍十

分显著。说明一个地区的较高的人力资本投资水平对吸引人口流入具有重要促进作用，享受良好的教育是人口流动的重要动力之一。

第三，医疗设施也逐渐成为吸引人口流入的一大因素。2000年医疗设施对人口流动的影响尚未显现，2010年开始呈显著正向促进关系，影响系数增加到0.153，此后其影响效应又开始减弱，但总体较为稳定。随着人们对生活质量的要求越来越高，优质的医疗公共服务设施对人口流动的正向促进作用开始凸显。

(四) 环境舒适度改善能够吸引人口流入

第一，烟尘颗粒物排放量对人口流动呈负向影响，说明空气污染对人口流入有抑制作用。污染排放量越高的省份，其空气质量较差进而阻碍了人口流入。这一情况在2000—2005年较为明显，2005年影响系数为-0.119，且通过5%的显著性检验。近年来，国家及各地区都开始注重环境保护，污染得到不同程度的控制，到2015年污染排放对人口流入的抑制效应减小，直到2020年烟尘颗粒物排放量对人口流动影响不再显著。

第二，公园个数及人均绿地面积能够促进人口流动。2000—2020年其结果均通过显著性检验，且影响程度较高，2015年回归系数分别达到0.272和0.226，2020年分别为0.277和0.146，公园个数和人均绿地面积成为人口流入重要的驱动因素，居住环境舒适度对人口的吸引力很大，一直以来人们都追求舒适的居住环境、绿化环境。

二 面板数据回归

由于QAP为矩阵回归，缺乏对于时间阶段的连贯性考察。为进一步检验人口跨省流动的影响因素估计结果的稳健性，这里将2000年、2005年、2010年、2015年和2020年所涉人口跨省流动数及各解释变量差值矩阵数据按年份整理成短面板数据，重新进行回归。考虑到面板回归过程中可能存在的多重共线性问题，对部分变量进行删减，删减后不影响资源依赖、经济、公共服务和环境等之间关系的考察。

(一) 基准回归

表5-11报告了基于式 (5.6) 的估计结果。其中，列 (1) 为资源依赖对人口流动的影响，列 (2) —列 (5) 为逐次引入工资、教育、医疗、环境等人口流动影响因素的回归结果。结果显示，仅考察资源依赖与人口流入时，省间资源依赖差距的估计系数为-87.153，且通过1%的显著性水平检验。陆续引入其他影响人口流动的因素后，系数绝对值出现下

降，但仍然在1%的显著性水平下显著为负。说明本地区资源依赖度的提升将明显阻碍人口流入，相反，降低资源依赖度则能够有效促进其他地区人口向本地区迁移。从影响人口流动的其他因素来看，省间工资差距对人口流入的估计系数始终为正，且均通过1%的显著性水平检验，这表明提高本地区工资收入能够有效吸引人口流入。省间教育差距对人口流动的估计系数不显著，表明现阶段教育对人口流入的促进作用尚未显现。在控制PM2.5浓度后，省间医疗差距对人口流入的估计系数正向显著，这表明提高地区医疗水平能够有效促进人口流入。PM2.5浓度差距对人口流入的估计系数为-47.310，且在1%的显著性水平下显著，这意味着减少环境污染是吸引人口流入的有效手段。

表 5-11　　　　　　　　　基准回归结果

变量	*population*				
	(1)	(2)	(3)	(4)	(5)
resource	-87.153***	-37.304***	-36.118***	-40.251***	-57.692***
	(-6.955)	(-3.365)	(-3.018)	(-3.081)	(-3.756)
wage		0.207***	0.214***	0.210***	0.213***
		(8.408)	(5.803)	(5.573)	(5.632)
edu			-0.141	-0.256	-0.522
			(-0.334)	(-0.612)	(-1.203)
doctor				57.522	114.611**
				(1.164)	(2.075)
pm					-47.310***
					(-3.620)
常数项	4561.136***	4561.136***	4561.136***	4561.136***	4561.136***
	(6.986)	(7.052)	(7.050)	(7.055)	(7.055)
时间固定	是	是	是	是	是
观测值	4650	4650	4650	4650	4650
R²	0.042	0.069	0.069	0.069	0.070

注：*表示显著性水平为10%，**表示显著性水平为5%，***表示显著性水平为1%。

（二）调节机制检验

第一，经济、公共服务、环境等因素对资源依赖的调节效应。考虑资源依赖对人口流动作用可能受其他人口流动因素影响，基于式（5.7）

对经济、公共服务、环境等因素调节资源依赖影响的作用进行考察，结果见表5-12。在引入各影响因素与资源依赖交互项后，省间资源依赖差距对人口流动仍旧保持显著的负向影响，即上述分析结论具有稳健性。省间工资差距、教育差距、医疗差距与资源依赖的交互项估计系数分别为-0.003、-0.109和-12.545，且均在1%的显著性水平下显著，表明工资、教育、医疗水平的提高会强化资源依赖对人口流动的抑制作用。PM2.5浓度差距和资源依赖的交互项显著为正，即本地区污染的降低会增强资源依赖对人口流入的抑制作用。结果说明，提高工资、教育、医疗水平，减少污染本身对吸引人口流入具有促进作用，但资源依赖不利于人口流入这个效应较为稳固，提高工资、教育、医疗水平或减少污染尚不能有效调节资源依赖负向影响。

表5-12　经济、公共服务、环境等影响因素对资源依赖的调节效应

变量	population			
	(1)	(2)	(3)	(4)
resource	-57.692***	-57.692***	-57.692***	-57.692***
	(-3.750)	(-3.724)	(-3.749)	(-3.727)
resource×wage	-0.003***			
	(-3.034)			
resource×edu		-0.109***		
		(-6.742)		
resource×doctor			-12.545***	
			(-5.939)	
resource×pm				3.164***
				(5.086)
wage	0.213***	0.213***	0.213***	0.213***
	(5.615)	(5.659)	(5.613)	(5.649)
edu	-0.522	-0.522	-0.522	-0.522
	(-1.214)	(-1.261)	(-1.185)	(-1.220)
doctor	114.611**	114.611**	114.611**	114.611**
	(2.078)	(2.089)	(2.068)	(2.080)
pm	-47.310***	-47.310***	-47.310***	-47.310***
	(-3.626)	(-3.633)	(-3.619)	(-3.619)

续表

变量	*population*			
	（1）	（2）	（3）	（4）
常数项	4518.890***	4398.641***	4854.291***	4733.501***
	（6.988）	（6.785）	（7.386）	（7.250）
时间固定	是	是	是	是
观测值	4650	4650	4650	4650
R^2	0.071	0.074	0.072	0.071

注：*表示显著性水平为10%，**表示显著性水平为5%，***表示显著性水平为1%。

第二，地理邻近性对资源依赖、经济、公共服务、环境等因素的调节效应。考虑到空间关联对各因素影响效应的干扰，这里引入地理邻近性和网络邻近性进行分析。表5-13报告了地理邻近性对资源依赖、经济、公共服务、环境等因素影响人口流动的调节效应。结果显示，资源依赖和地理邻近性的交互项估计系数为-1.625，且在5%的显著性水平下显著，这表明地理邻近性会强化资源依赖对人口流动的抑制作用。工资和医疗对人口流动有显著促进作用，且工资、医疗与地理邻近性的交互项估计系数分别为0.008和10.839，且均通过1%的显著性水平检验。这表明地理邻近性能够强化工资和医疗对人口流入的促进作用。教育对人口流动的作用不显著，但教育与地理邻近性的交互项显著为正，即地理邻近性有助于教育发挥人口吸引作用。省间PM2.5浓度差距对人口流入的估计系数为负向显著，但PM2.5浓度差距与地理邻近性的交互项不显著，这是因为环境具有明显的空间外部性，即本地区空气污染水平的提高也会对周边地区产生一定影响，导致地理空间邻近地区对人口的吸引力均明显减弱。此外，地理邻近性对人口流动的估计系数显著为正，这表明地理邻近性对人口流入存在明显的促进作用，人口在进行跨省流动时倾向于流入邻近省份。

表5-13 地理邻近性对资源依赖、经济、公共服务、环境等因素的调节效应

变量	*population*				
	（1）	（2）	（3）	（4）	（5）
resource	-67.699***	-67.325***	-65.138***	-53.239***	-56.862***
	（-3.932）	（-4.445）	（-4.262）	（-3.566）	（-3.749）

续表

变量	population				
	（1）	（2）	（3）	（4）	（5）
resource×geopro	-1.625** (-1.976)				
wage	0.214*** (5.748)	0.279*** (6.041)	0.224*** (5.931)	0.215*** (5.846)	0.213*** (5.730)
wage×geopro		0.008*** (3.727)			
edu	-0.495 (-1.155)	-0.689 (-1.584)	-0.110 (-0.209)	-0.467 (-1.101)	-0.547 (-1.286)
edu×geopro			0.102*** (3.440)		
doctor	109.789** (2.008)	130.143** (2.449)	134.656** (2.513)	186.047*** (2.726)	107.985* (1.960)
doctor×geopro				10.839*** (2.984)	
pm	-45.747*** (-3.563)	-35.533*** (-2.718)	-41.054*** (-3.180)	-36.224*** (-2.867)	-60.705*** (-3.406)
pm×geopro					-1.534 (-1.551)
geopro	112.689*** (5.853)	112.689*** (5.988)	112.689*** (5.928)	112.689*** (5.876)	112.689*** (5.853)
常数项	2888.977*** (4.568)	2888.977*** (4.623)	2888.978*** (4.599)	2888.977*** (4.572)	2888.977*** (4.568)
时间固定	是	是	是	是	是
观测值	4650	4650	4650	4650	4650
R^2	0.095	0.121	0.109	0.099	0.095

注：*表示显著性水平为10%，**表示显著性水平为5%，***表示显著性水平为1%。

第三，网络邻近性对资源依赖、经济、公共服务、环境等因素的调节效应。表5-14报告了网络邻近性对资源依赖、经济、公共服务、环境等因素影响人口流动的调节效应。从估计结果来看，网络邻近性对人口流入的估计系数始终显著为负，即网络邻近度水平越高，对人口流入的抑制作用越强。这是因为网络邻近度反映的是两个省份点度中心度的差距，网络邻近度越高，意味着两个省份的点度中心度越接近，人口流动特征越相似，致使两地区间的人口流动性降低。网络邻近度与资源依赖的交互项估计系数为 2.444，且在 1% 的显著性水平下显著，这表明网络邻近度的提升能够有效缓解资源依赖对人口流动的负向抑制作用。工资、医疗和网络邻近性的交互项估计系数分别为 -0.002 和 -4.542，均通过 10% 的显著性水平检验，这表明网络邻近性会弱化工资、医疗对人口的吸引作用，工资水平和医疗水平的提升对于点度中心度相似省份间人口流动的作用效果较弱。教育和网络邻近性的交互项估计系数不显著。PM2.5 浓度差距和网络邻近性的交互项估计系数为 -2.498，且通过 1% 的显著性水平检验，这表明网络邻近性会强化环境污染对人口流动的负向作用，人口在点度中心度相似省份之间进行选择时，往往倾向于环境质量相对较好的省份。

表 5-14　网络邻近性对资源依赖、经济、公共服务、环境等因素的调节效应

变量	population				
	（1）	（2）	（3）	（4）	（5）
resource	-57.692***	-57.692***	-57.692***	-57.692***	-57.692***
	(-3.739)	(-3.747)	(-3.746)	(-3.748)	(-3.750)
resource×point	2.444***				
	(2.689)				
wage	0.213***	0.213***	0.213***	0.213***	0.213***
	(5.667)	(5.707)	(5.653)	(5.674)	(5.664)
wage×point		-0.002*			
		(-1.667)			
edu	-0.522	-0.522	-0.522	-0.522	-0.522
	(-1.275)	(-1.269)	(-1.282)	(-1.281)	(-1.275)
edu×point			0.013		
			(1.065)		
doctor	114.611**	114.611**	114.611**	114.611**	114.611**
	(2.089)	(2.088)	(2.089)	(2.092)	(2.089)

续表

变量	*population*				
	(1)	(2)	(3)	(4)	(5)
doctor×point				-4.542* (-1.753)	
pm	-47.310*** (-3.640)	-47.310*** (-3.648)	-47.310*** (-3.640)	-47.310*** (-3.646)	-47.310*** (-3.633)
pm×point					-2.498*** (-4.008)
point	-144.613*** (-5.272)	-201.351*** (-7.352)	-150.500*** (-5.562)	-169.434*** (-7.139)	-107.154*** (-3.459)
常数项	6606.530*** (9.015)	7090.175*** (9.402)	6456.614*** (8.490)	6502.957*** (8.531)	6140.051*** (8.322)
时间固定	是	是	是	是	是
观测值	4650	4650	4650	4650	4650
R^2	0.075	0.075	0.075	0.075	0.076

注：*表示显著性水平为10%，**表示显著性水平为5%，***表示显著性水平为1%。

第五节　本章小结

本章对2000—2020年的中国人口跨省流动网络特征及影响因素进行分析，主要发现以下结论：

（1）中国人口跨省流动规模随地区资源依赖度的提高而减弱；人口流动强度始终表现出低资源依赖地区＞中资源依赖地区＞高资源依赖地区的特征；人口流失主要集中在中、高资源依赖地区。城市层面，资源型城市比非资源型城市的人口流失带来的人口收缩问题更为严重；数量上，成熟型发展阶段的资源型城市的人口收缩更为严重；幅度上，衰退型城市的人口收缩幅度最大。

（2）随时间推移，中国人口跨省流动网络联系增强，网络结构更加稳健；高资源依赖省份人口流动的范围较小，"权力"较弱；高资源依赖地区中间中心度较低，在人口流动网络中处于重要位置的省份数量较少；

西部高资源依赖地区在人口流动网络中受其他节点限制较大。

（3）资源依赖、经济发展、科教、医疗、环境等皆是影响地区人口流动的重要因素。资源依赖和环境污染对人口流入存在负向抑制作用，经济发展、科技、教育、医疗、绿化对人口流入有显著正向影响；经济发展、教育、医疗水平提高和环境污染水平下降均会强化资源依赖对人口流入的抑制作用；地理邻近性既能够强化资源依赖对人口流动的抑制作用，也可以有效增强工资和医疗对人口流入的促进作用，还有助于教育发挥人口吸引作用；网络邻近度的提升能够有效缓解资源依赖对人口流动的负向抑制作用，并弱化工资、医疗对人口的吸引作用，但能够强化环境污染对人口流动的负向作用。

第六章 资源依赖对创新创业的挤出效应及缓解机制

资源型地区面临着创新创业难题，创新创业的能力低下，产生问题的原因就在于资源依赖对创新创业的挤出效应。当前研究普遍认为高铁建设会对区域创新创业产生正向效应。资源型地区能否通过借助高铁服务供给缓解资源依赖对创新创业的挤出效应值得关注。本章在分析不同资源依赖地区创新创业水平变化差异的基础上，探究不同资源依赖地区高铁频次与创新创业的关系，刻画了不同资源依赖地区创新创业合作网络时空演化特征，进而通过计量模型实证检验了资源依赖对地区创新创业水平的挤出效应并验证了高铁服务供给的缓解机制。

第一节 经济发展活力不平衡

资源型地区与其他地区经济发展不平衡，也体现在经济发展活力不平衡，表现为资源型地区创新能力较弱、创业活力不足。本节在描述不同资源依赖地区[①]创新创业水平变化差异的基础上，通过刻画各地区高铁频次与创新创业的关系，探讨高铁所带来的创新创业效应受地区资源依赖度影响的大小。

---

① "创新"研究部分资源依赖度采用采矿业占比来衡量，2008—2016年采矿业占比用采矿业产值占工业总产值的比重来表示，考虑数据可得性，2017年和2018年为采矿业营业收入占各省份主营业务收入比重，数据来源于《中国工业统计年鉴》，黑龙江部分数据存在缺失值，采用插值法计算得出。依据资源依赖度平均值从高到低进行排序，高资源依赖地区包含青海、黑龙江、贵州、陕西、山西、甘肃、新疆、河南、内蒙古；中资源依赖地区包含湖南、河北、云南、山东、辽宁、四川、天津、吉林、安徽；低资源依赖地区包含浙江、上海、江西、重庆、福建、江苏、广西、北京、广东、湖北。包括28个省份，主要原因是与高铁开通省份相一致，本章第二节实证检验中高铁服务供给省份为28个。本章"创业"研究部分各省份资源依赖分类与第四章一致。

一　资源型地区创新能力相对较弱

（一）资源依赖度越高的地区创新能力越弱

采用 2008—2018 年不同资源依赖地区的论文合作数、专利合作数、专利授权数以及研发投入强度四个指标来观察各地区创新能力的变化差异，发现中国各地区的创新能力始终表现出高资源依赖地区<中资源依赖地区<低资源依赖地区的特征，创新能力随资源依赖度的提高而减弱。

第一，高资源依赖地区论文合作水平较低，且与其他地区差距越来越大。图 6-1、表 6-1 描绘的是不同资源依赖地区 2008—2018 年论文合作数均值的增长情况。不难看出，低资源依赖地区的论文合作数始终高于全国平均水平，中资源依赖地区略低于全国平均水平，而高资源依赖地区则明显落后，且随着时间推移，与全国平均水平的差距越来越大。分区域来看，高资源依赖地区的论文合作数在全国处于最低水平且其增速缓慢，尤其是 2016 年之前，仅从 2008 年的 520.8 篇增长到 2016 年的 2629.7 篇，2016 年之后增速才有所增加，到 2018 年增长到 6906.1 篇。中资源依赖地区的创新能力在全国处于中等水平，其论文合作数从 2008 年的 1331.9 篇增长到 2018 年的 11648.8 篇，同高资源依赖地区相似的是，中资源依赖地区的论文合作数也是在 2016 年之后增速加快。低资源依赖地区的论文合作数早在 2008 年就达到 2568.3 篇，这是高资源依赖地区 2016 年才能达到的水平，2015 年其论文合作数率先破万，到 2018 年已经达到 23319.2 篇，可见不同资源依赖的地区创新能力表现出鲜明的差异。

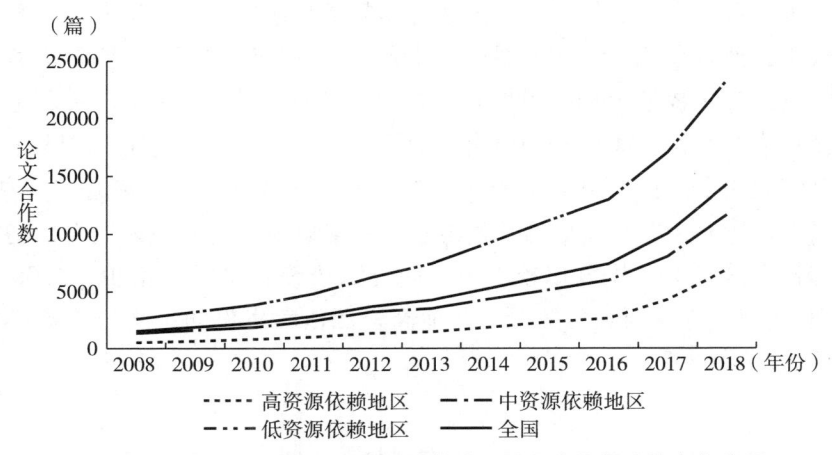

图 6-1　2008—2018 年不同资源依赖地区论文合作数均值变化差异

表 6-1　　　2008—2018 年不同资源依赖地区论文合作数均值　　　单位：篇

年份	全国	高资源依赖地区	中资源依赖地区	低资源依赖地区
2008	1512.8	520.8	1331.9	2568.3
2009	1874.2	643.2	1597.8	3230.9
2010	2224.0	808.8	1848.2	3835.8
2011	2821.8	1006.7	2422.7	4814.7
2012	3704.0	1337.0	3222.3	6267.7
2013	4262.5	1460.6	3507.8	7463.5
2014	5316.0	1852.1	4364.3	9290.0
2015	6407.6	2310.1	5180.7	11199.6
2016	7409.0	2629.7	5981.9	12994.9
2017	10059.4	4282.1	8060.3	17058.2
2018	14292.4	6906.1	11648.8	23319.2

注：论文合作数均为该地区各个省份 SCI 论文合作数总和除以该地区省份个数得到。

高资源依赖省份论文合作数增长速度快，但论文合作数相较于中、低资源依赖省份明显偏少。从表 6-2 高资源依赖省份论文合作数均值可以看出，2008—2018 年，论文合作数均值从 521 篇增长到 6906 篇，呈十倍多的增长，增长数量为 6385 篇，而中、低资源依赖省份的论文合作数增长 7.7 倍和 8.1 倍，论文合作数分别增长 10317 篇、20751 篇，可以看出高资源依赖省份论文合作数增长速度快，但论文合作数量相较于其他省份偏少。具体来说，2008—2018 年，陕西、甘肃、黑龙江的论文合作数呈十倍以上增长。以陕西为例，在 2008 年，陕西论文合作数为 825 篇，2013—2018 年陕西论文合作数急剧增加，2018 年论文合作数在全国排名第七。2008—2018 年，河南、山西、新疆、贵州、内蒙古、青海论文合作数增长速度也在 6 倍以上。但从整体上看，高资源依赖省份论文合作数相较于中、低资源依赖省份明显偏少，2008 年和 2013 年，除陕西和河南外，其他高资源依赖省份的论文合作数都排名靠后。

表6-2　　　　2008年、2013年、2018年中国省份论文合作数　　　　单位：篇

高资源依赖地区				中资源依赖地区				低资源依赖地区			
省份	2008年	2013年	2018年	省份	2008年	2013年	2018年	省份	2008年	2013年	2018年
新疆	460	1548	4161	云南	715	1784	5595	重庆	959	3037	10098
陕西	825	2093	17372	天津	2016	5208	14284	浙江	2420	7113	20018
山西	576	1999	6811	四川	1337	3788	16518	上海	5137	12730	34256
青海	153	426	1591	山东	2106	5404	16343	江西	559	1346	5823
内蒙古	264	915	2189	辽宁	989	2640	9607	江苏	1870	10511	33444
黑龙江	468	1452	8437	吉林	1025	2913	8800	湖北	1017	2768	20029
河南	1213	2896	11502	湖南	1284	3335	12932	广西	734	1913	5056
甘肃	313	730	3567	河北	1465	3187	7771	广东	2050	7306	25999
贵州	415	1086	6525	安徽	1050	3311	12989	福建	705	2064	7417
—	—	—	—	—	—	—	—	北京	10232	25847	71052
均值	521	1461	6906	均值	1332	3508	11649	均值	2568	7464	23319

资料来源：主要通过爬虫方法从Web of Science核心合集中获取。

第二，高资源依赖地区专利合作数均值维持较低水平。图6-2、表6-3运用专利合作数均值①来反映不同资源依赖地区创新能力的差异。从图中可以看出，随着时间推移，各地区的专利合作数均值都有不同程度的增长，但由于不同的经济基础和产业状况，专利合作数均值的增长速度有较大差异。高资源依赖地区的专利合作数均值从2008年的104.7件增长到2018年的1425.4件，中资源依赖地区从115.4件增长到3494.2件，低资源依赖地区从351.6件增长到5762.6件。可见，2008年不同资源依赖地区专利合作数均值差距并不算大，后来低资源依赖地区以较高的增长速度突飞猛进，中资源依赖地区的专利合作数均值略低于全国平均水平，而高资源依赖地区的专利合作数均值却始终维持在较低水平，这再次验证了资源依赖对创新的挤出效应。

---

① 各个省份之间的专利合作数通过国家知识产权局专利数据库多次检索获得，一个专利的研发单位既包括一个省份，也包括另一个省份，则为一个专利合作。

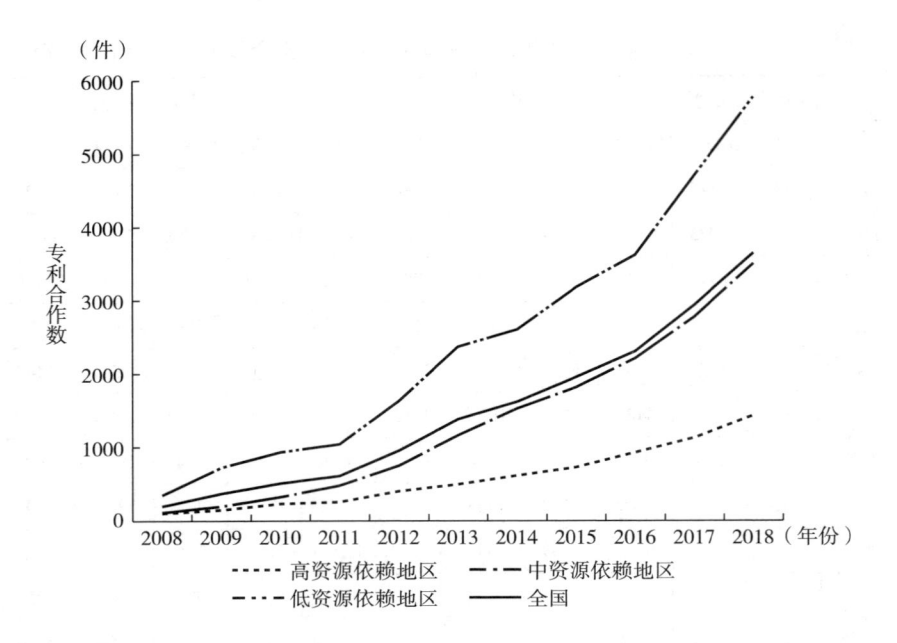

140 / 资源型地区经济转型研究：基于区域网络视角

图 6-2　2008—2018 年不同资源依赖地区专利合作数均值变化差异

表 6-3　　　　　2008—2018 年不同资源依赖地区专利合作数均值　　　　单位：件

年份	全国	高资源依赖地区	中资源依赖地区	低资源依赖地区
2008	201.6	104.7	115.4	351.6
2009	373.1	152.9	200.4	726.6
2010	512.5	233.8	325.8	931.4
2011	610.4	259.4	482.2	1041.5
2012	952.1	404.2	750.3	1626.9
2013	1375.9	497.8	1159.8	2360.6
2014	1614.7	615.0	1521.9	2598.0
2015	1948.1	725.4	1810.2	3172.5
2016	2295.6	926.6	2200.2	3613.5
2017	2926.4	1124.3	2764.9	4693.6
2018	3639.4	1425.4	3494.2	5762.6

注：高、中、低资源依赖地区（包括全国）专利合作数均值为该地区各个省份专利合作数总和除以该地区省份个数得到。

从 2008 年、2013 年以及 2018 年各省份专利合作数来看，高资源依赖地区始终处于落后地位。表 6-4 显示，2008 年高资源依赖地区各省份专利合作数均值为 105 件，中资源依赖地区与其相差不大，仅为 115 件，而低资源依赖地区专利合作水平成倍于中、高资源依赖地区，达 352 件。到 2013 年，高资源依赖地区专利合作数均值仅增长 393 件，而中资源依赖地区迅猛发展，专利合作水平与高资源地区拉开差距，增长 1045 件，此时低资源依赖地区依然稳居全国领先地位。到 2018 年高、中、低资源依赖地区的专利合作数均值分别为 1425 件、3494 件、5763 件，可以看出从 2008 年至 2018 年的十年间，虽然高资源依赖地区的专利合作水平有所发展，且增速在增加，但其专利合作水平一直落后于中、低资源依赖地区。具体来看，2008 年高资源依赖地区除青海专利合作水平在全国排名第六外，其余省份排名都较为靠后，2013 年高资源依赖地区只有河南省专利合作数达到上千件，而低资源依赖地区绝大多数省份专利合作数都远高于 1000 件，广东省排全国第一，专利合作数达 4639 件，从 2013 年到 2018 年陕西省发展速度较快，专利合作数增长到 3124 件，而高资源依赖地区其他省份的专利合作水平依然处于全国落后地位。

表 6-4　　2008 年、2013 年、2018 年中国省份专利合作数　　单位：件

高资源依赖地区				中资源依赖地区				低资源依赖地区			
省份	2008 年	2013 年	2018 年	省份	2008 年	2013 年	2018 年	省份	2008 年	2013 年	2018 年
新疆	4	117	623	云南	43	269	722	重庆	34	551	1556
陕西	142	966	3124	天津	100	686	2402	浙江	426	2815	6282
山西	38	325	945	四川	77	748	2729	上海	1178	4203	9315
青海	393	738	1572	山东	223	1838	4888	江西	63	1027	2119
内蒙古	18	174	786	辽宁	223	2541	8076	江苏	484	4636	9706
黑龙江	131	455	1639	吉林	38	418	984	湖北	154	1199	3621
河南	136	1103	2458	湖南	102	788	1524	广西	35	463	1363
甘肃	18	207	872	河北	79	468	1779	广东	706	4639	12273
贵州	62	395	810	安徽	154	2682	8344	福建	84	824	1983
—	—	—	—	—	—	—	—	北京	499	3249	9408
均值	105	498	1425	均值	115	1160	3494	均值	352	2361	5763

资料来源：国家知识产权局网站。

第三，高、中资源依赖地区万人专利授权数一直低于全国平均水平。图 6-3、表 6-5 从万人专利授权数均值分析不同资源依赖地区创新能力的差异。低资源依赖地区在全国各地区中遥遥领先，且与其他两个地区的差距逐年扩大，高资源依赖地区万人专利授权数均值 2018 年只有 5.7 件/万人，中资源依赖地区万人专利授权数 2018 年突破 10 件/万人，达到 11.4 件/万人，而低资源依赖地区从 2015 年已突破 20 件/万人，2018 年达到 29.2 件/万人，即将跨越 30 件/万人。无论是低资源依赖地区还是中、高资源依赖地区，其万人专利授权数均值增长变化情况都出奇的一致，2008—2014 年增长平稳，2014—2015 年出现一个较大的提升，2015—2017 年再次以平稳的速度增长，2017—2018 年又出现一个跃升，这可能与鼓励创新的政策导向紧密相关。

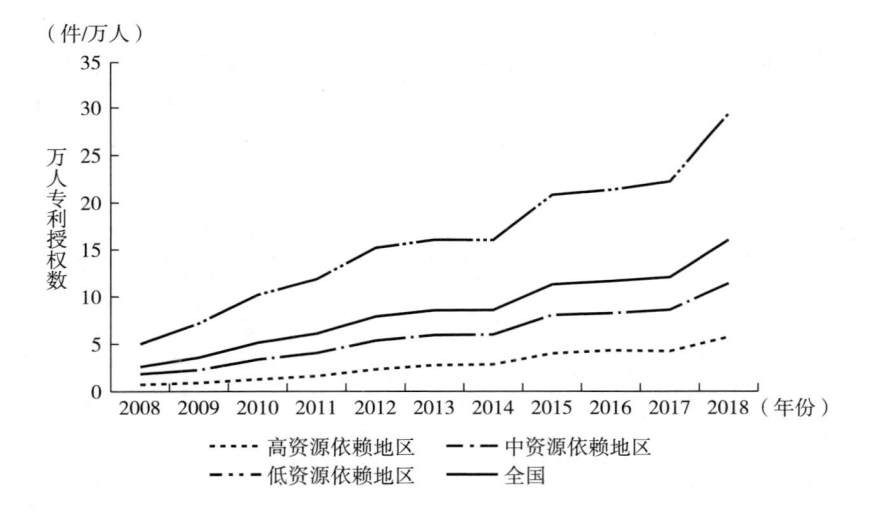

图 6-3　2008—2018 年不同资源依赖地区万人专利授权数均值变化差异

表 6-5　　2008—2018 年不同资源依赖地区万人专利授权数均值

单位：件/万人

年份	全国	高资源依赖地区	中资源依赖地区	低资源依赖地区
2008	2.6	0.7	1.9	5.0
2009	3.6	0.9	2.3	7.2
2010	5.1	1.3	3.4	10.2

续表

年份	全国	高资源依赖地区	中资源依赖地区	低资源依赖地区
2011	6.1	1.6	4.1	11.9
2012	7.9	2.3	5.3	15.1
2013	8.5	2.8	5.9	16.0
2014	8.5	2.9	6.0	16.0
2015	11.3	4.0	8.0	20.8
2016	11.6	4.3	8.2	21.3
2017	12.1	4.3	8.6	22.2
2018	15.9	5.7	11.4	29.2

注：高、中、低资源依赖地区（包括全国）万人专利授权数均值为该地区各个省份万人专利授权数总和除以该地区省份个数得到。

资料来源：专利授权数数据来自历年《中国科技统计年鉴》，人口数来自国家统计局。

从各省份万人专利授权数来看，中、高资源依赖地区远远落后于低资源依赖地区。如表6-6所示，从均值来看，2008年高、中、低资源依赖地区万人专利授权数均值分别为0.7件/万人、1.9件/万人、5.0件/万人，2013年分别为2.8件/万人、5.9件/万人、16.0件/万人，2018年分别为5.7件/万人、11.4件/万人、29.2件/万人，可以看出，中、高资源依赖地区万人专利授权数均值明显落后于低资源依赖地区。具体来看，2008年高资源依赖地区中黑龙江省万人专利授权数排名第一，为1.20件/万人，其次是陕西省，为1.18件/万人，而贵州、甘肃、内蒙古、青海、山西五个省份万人专利授权数都落后于该地区平均水平，同时也处于全国倒数地位。中资源依赖地区各省份万人专利授权数差异较大，云南、四川、吉林、湖南、河北、安徽六个省份均落后于该地区平均水平，只有天津、山东和辽宁万人专利授权数水平较高，而低资源依赖地区万人专利授权数领先于中、高资源依赖地区，比如浙江、上海、北京的万人专利授权数分别为10.16件/万人、11.43件/万人、10.02件/万人。2018年，中、高资源依赖地区万人专利授权数依然相对落后，高资源依赖地区除陕西省以外，其余省份万人专利授权数都位于10件/万人以下；中资源依赖地区除天津、四川、山东、安徽四个省份以外，其余省份也都在10件/万人以下；低资源依赖地区仅有广西万人专利授权数为4.17件/万人，其余省份都达到10件/万人以上，浙江省达到了49.61件/万人。

表 6-6　　2008 年、2013 年、2018 年中国省际万人专利授权数

单位：件/万人

高资源依赖地区				中资源依赖地区				低资源依赖地区			
省份	2008年	2013年	2018年	省份	2008年	2013年	2018年	省份	2008年	2013年	2018年
新疆	0.70	2.21	3.88	云南	0.44	1.45	4.21	重庆	1.70	8.36	14.73
陕西	1.18	5.54	10.73	天津	5.77	16.89	35.05	浙江	10.16	36.80	49.61
山西	0.67	2.36	4.05	四川	1.64	5.70	10.48	上海	11.43	20.16	38.14
青海	0.41	0.87	4.42	山东	2.83	7.91	13.18	江西	0.52	2.20	11.36
内蒙古	0.54	1.54	3.80	辽宁	2.47	4.93	8.06	江苏	5.73	30.19	38.13
黑龙江	1.20	5.17	5.15	吉林	1.09	2.26	5.13	湖北	1.47	4.96	10.83
河南	0.97	3.13	8.57	湖南	0.96	3.65	7.10	广西	0.46	1.67	4.17
甘肃	0.48	2.26	5.40	河北	0.79	2.48	6.87	广东	6.27	16.01	42.14
贵州	0.41	1.83	5.29	安徽	0.71	8.10	12.61	福建	2.18	9.94	26.04
—	—	—	—	—	—	—	—	北京	10.02	29.63	57.33
均值	0.7	2.8	5.7	均值	1.9	5.9	11.4	均值	5.0	16.0	29.2

注：高、中、低资源依赖地区（包括全国）省份万人专利授权数计算得到。数据来源同上。

第四，高资源依赖地区研发投入强度不足低资源依赖地区的一半。图 6-4、表 6-7 采用研发投入强度的指标刻画了 2008—2018 年不同资源依赖地区创新能力的不均衡状态。如图 6-4 所示，不同资源依赖地区研发投入强度均值处在不同的水平。低资源依赖地区的研发投入强度均值

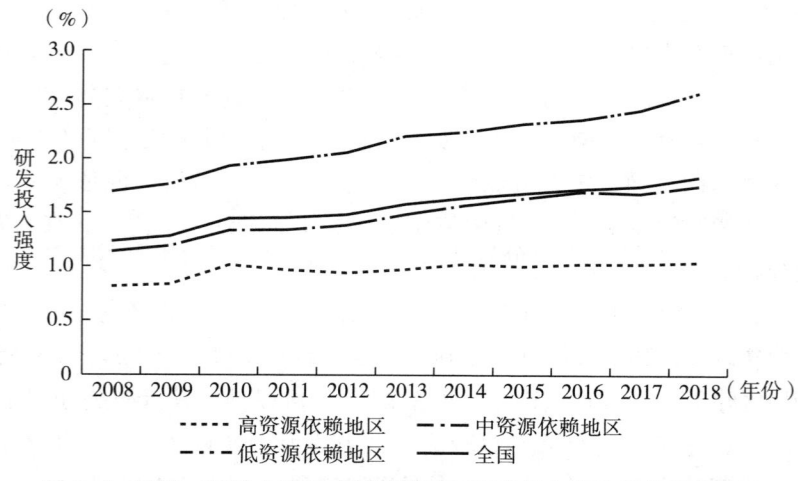

图 6-4　2008—2018 年不同资源依赖地区研发投入强度均值变化差异

始终处于较高水平且以较为均匀的速度增长；高资源依赖地区的研发投入强度近乎为一条水平线，研发投入强度均值较低且增长不明显，2008年为0.81%，2018年为1.04%，仅变化了0.23个百分点；中资源依赖地区的研发投入强度均值从2008年到2018年增长了0.61个百分点，远高于高资源依赖地区研发投入强度均值的增长速度，且中资源依赖地区研发投入强度均值与全国平均水平的差距越来越小，说明中资源依赖的各省份开始重视创新能力的提升，为科研活动投入了更多的经费。

表6-7　2008—2018年不同资源依赖地区研发投入强度均值　　单位:%

年份	全国	高资源依赖地区	中资源依赖地区	低资源依赖地区
2008	1.23	0.81	1.13	1.69
2009	1.28	0.83	1.19	1.76
2010	1.44	1.01	1.33	1.93
2011	1.45	0.96	1.34	1.99
2012	1.48	0.94	1.38	2.06
2013	1.58	0.97	1.48	2.21
2014	1.63	1.02	1.56	2.25
2015	1.68	1.00	1.63	2.32
2016	1.72	1.02	1.69	2.36
2017	1.74	1.02	1.68	2.45
2018	1.83	1.04	1.74	2.61

注：高、中、低资源依赖地区（包括全国）研发投入强度均值为该地区各个省份研发投入强度总和除以该地区省份个数得到。

从各省份研发投入强度来看，高资源依赖地区研发投入强度较弱，且增速缓慢。如表6-8所示，从均值来看，2008年，高、中、低资源依赖地区研发投入强度均值分别为0.81%、1.13%、1.69%，2013年分别为0.97%、1.48%、2.21%，2018年分别为1.04%、1.74%、2.61%。可以看出，高资源依赖地区研发投入强度始终相对较弱。2008—2018年，高、中、低资源依赖地区研发投入强度分别增长0.23个、0.61个、0.92个百分点，说明高资源依赖地区研发投入强度增速缓慢。具体来说，2008—2018年，高资源依赖地区中河南、甘肃、贵州、内蒙古的研发投入强度呈不同速度增长，而山西、青海、黑龙江三个省份2013—2018年的研发投入强度则有降低趋势；中资源依赖地区除吉林省研发投入强度逐年减弱，天津市2013—2018年略有下降外，其余省份研发投入强度都在不断增强；低资源依赖地区经济发达，研发投入强度也领先于中、高资源依赖地区，2018年北京、上海、广东研发投入强度分别为5.65%、4.16%、3.02%，为全国前三强。

表6-8　　　　2008年、2013年、2018年中国省份研发投入强度　　　单位:%

高资源依赖地区				中资源依赖地区				低资源依赖地区			
省份	2008年	2013年	2018年	省份	2008年	2013年	2018年	省份	2008年	2013年	2018年
新疆	0.28	0.53	0.53	云南	0.55	0.67	1.05	重庆	1.14	1.40	2.01
陕西	2.23	1.99	2.18	天津	2.27	2.80	2.62	浙江	1.50	2.08	2.57
山西	0.86	1.09	1.05	四川	1.32	1.47	1.81	上海	2.52	3.37	4.16
青海	0.49	0.69	0.60	山东	1.20	2.04	2.15	江西	0.89	0.88	1.41
内蒙古	0.40	0.64	0.75	辽宁	1.50	1.57	1.80	江苏	1.67	2.38	2.69
黑龙江	0.93	1.07	0.83	吉林	0.96	0.92	0.76	湖北	1.21	1.73	2.09
河南	0.67	1.05	1.40	湖南	0.80	1.30	1.81	广西	0.40	0.75	0.71
甘肃	0.50	0.61	0.82	河北	0.66	0.92	1.54	广东	1.30	2.17	3.02
贵州	0.95	1.07	1.18	安徽	0.95	1.64	2.16	福建	0.89	1.38	1.80
—	—	—	—	—	—	—	—	北京	5.40	5.95	5.65
均值	0.81	0.97	1.04	均值	1.13	1.48	1.74	均值	1.69	2.21	2.61

注：研发投入强度采用R&D支出占GDP的比重进行衡量，数据来源于国家统计局。

（二）资源依赖度越低，高铁通达性越能促进创新

中国高铁通达性[①]与创新能力具有明显的正相关关系，且不同资源依赖度地区的高铁通达性在促进区域创新中的作用具有较大差异，始终表现出高资源依赖地区<中资源依赖地区<低资源依赖地区的特征。

第一，高铁通达性与论文合作数呈正相关关系，但高资源依赖地区正相关关系较弱。图6-5散点图描绘了不同资源依赖地区高铁频次与论

---

① 高铁通达性采用高铁日通车频次进行衡量，数据从极品列车时刻表和盛名列车时刻表等软件中手动收集得到，并利用《全国铁路旅客列车时刻表》对数据进行补充。截至2018年，共有28个省份开通高铁。

文合作数的关系。从不同资源依赖地区的三条拟合线中可以看出无论是低资源依赖地区还是中、高资源依赖地区，其高铁通达性都与创新能力存在显著的正相关关系，说明高铁通达能够显著促进区域创新。低资源依赖地区高铁频次与论文合作数的关系最为显著，这说明在低资源依赖地区，随着高铁频次的逐渐增加，论文合作数的增长更快，高铁通达性对促进区域创新能力的作用更明显；中、高资源依赖地区虽然高铁频次与论文合作数也有一定的正相关关系，但其拟合线的斜率远小于低资源依赖地区，说明资源依赖可能挤出了高铁通达性在推动区域创新中的作用。

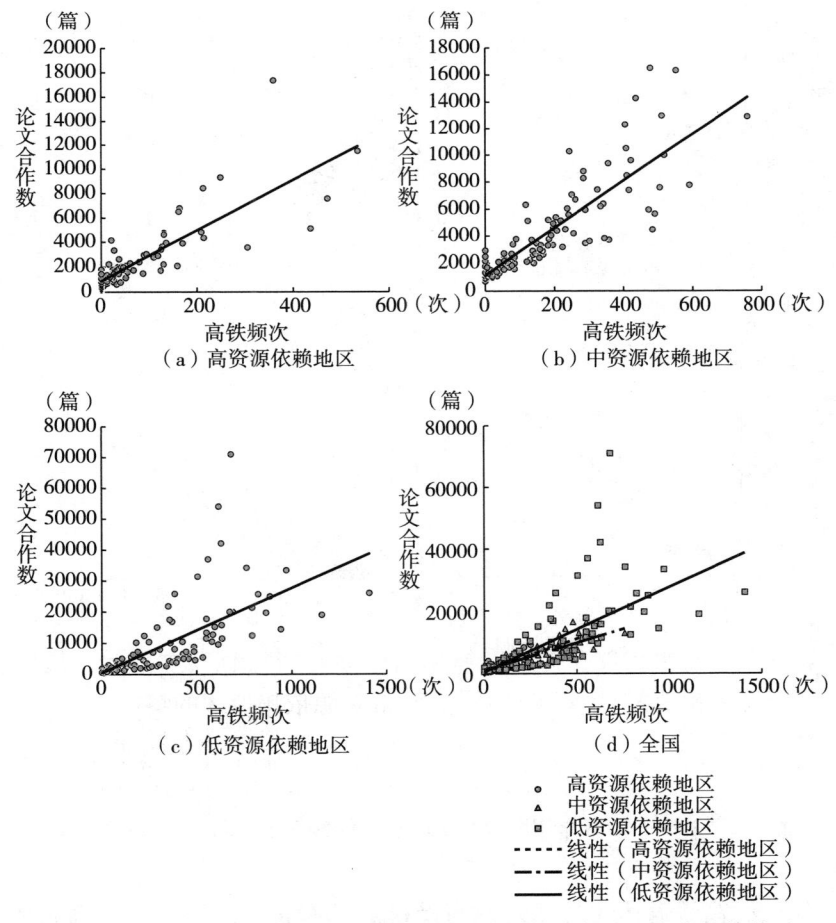

图 6-5　2008—2018 年不同资源依赖地区高铁频次与论文合作数的关系

148 / 资源型地区经济转型研究：基于区域网络视角

第二，高铁通达性对专利合作数有积极影响，而高资源依赖地区的积极影响最弱。图 6-6 采用专利合作数的指标来探讨不同资源依赖地区高铁频次与创新水平的关系。高铁频次在促进区域创新中的作用中表现出高资源依赖地区<中资源依赖地区<低资源依赖地区的特征，随资源依赖度的降低，高铁通达性对创新水平的影响逐渐显著，这再次说明了资源依赖对创新的挤出效应。同时看出，由于低资源依赖地区的经济发展相对领先，其高铁通达性和以专利合作数表示的创新能力都处于更高的水准。

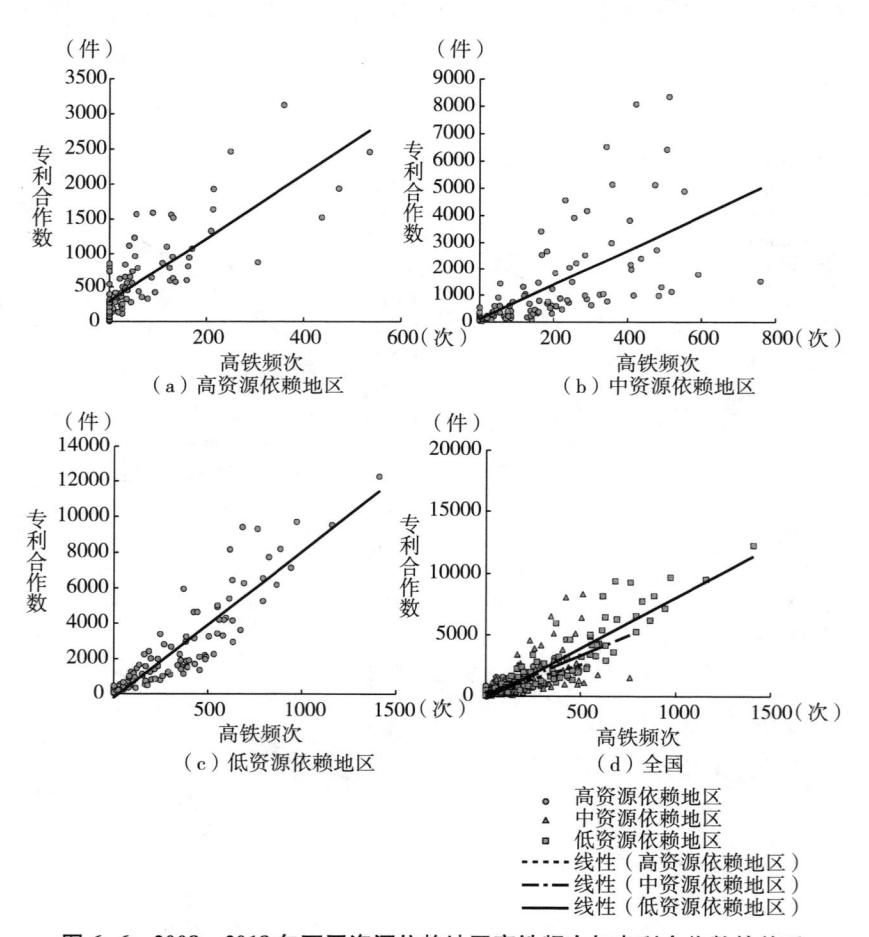

图 6-6 2008—2018 年不同资源依赖地区高铁频次与专利合作数的关系

第三，高铁通达性与万人专利授权数具有正向关系，中、高资源依赖地区的正向关系与低资源依赖地区差距较大。图6-7从万人专利授权数的角度表示了高铁通达性与创新能力的关系，与前文结论一致，拟合线的斜率依然表现出高资源依赖地区＜中资源依赖地区＜低资源依赖地区的特征。低资源依赖地区的高铁通达性和专利授权数都在高水平上表现出了鲜明的正向关系；中、高资源依赖地区的两条拟合线相差不大，几近重合，说明中、高资源依赖地区的高铁通达性和创新能力水平较低，且高铁通达性对创新能力的推动作用较小。这再次验证了对资源的依赖弱化了高铁通达性对创新的推动作用。与图6-5、图6-6不同的是，图6-7中不同资源依赖地区高铁频次与专利授权数拟合线的斜率相差更大，说明在低资源依赖地区，高铁通达性对促进专利授权的作用更为明显。

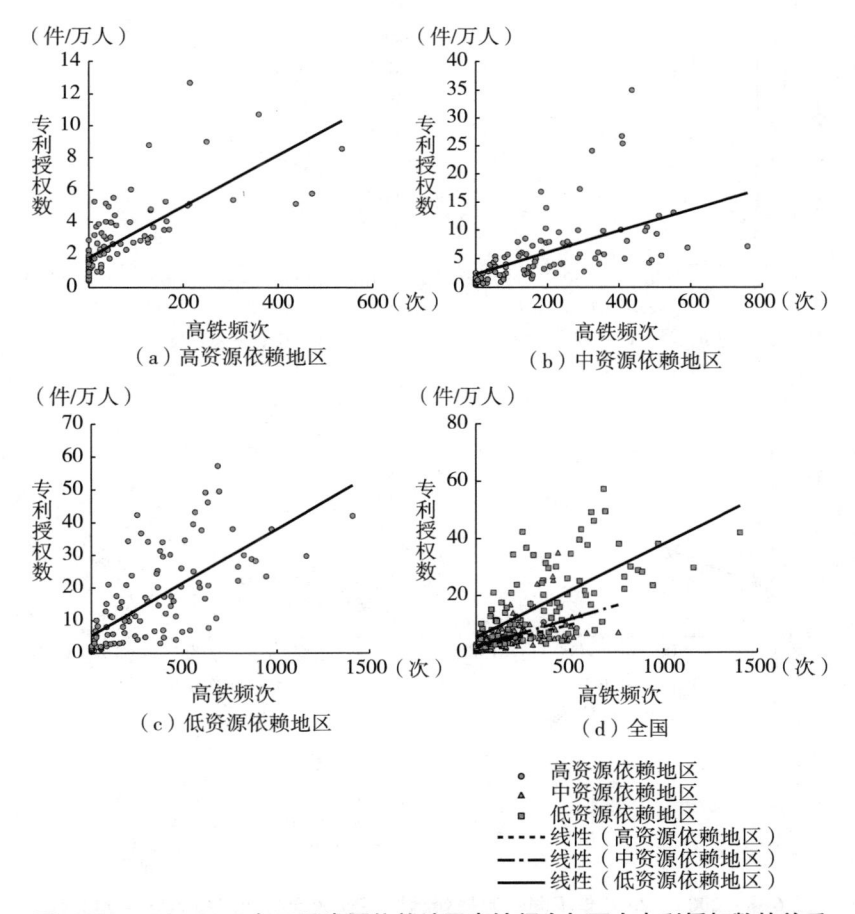

图6-7 2008—2018年不同资源依赖地区高铁频次与万人专利授权数的关系

第四，高铁通达性与研发投入强度具有明显的正相关关系，中、高资源依赖地区的正相关关系稍逊于低资源依赖地区。图 6-8 表示的是不同资源依赖地区高铁频次与研发投入强度的关系。显然，各地区的高铁频次与研发投入强度都表现出明显的正相关关系。中资源依赖地区的高铁频次和研发投入强度都比高资源依赖地区高一个水平，但是两个地区的拟合线却近乎平行，说明高铁通达性在促进两个地区创新水平中的作用相差不大，而低资源依赖地区高铁频次与研发投入强度拟合线的斜率较为陡峭，再次表明资源依赖度越低，高铁通达性对创新水平的影响越明显。

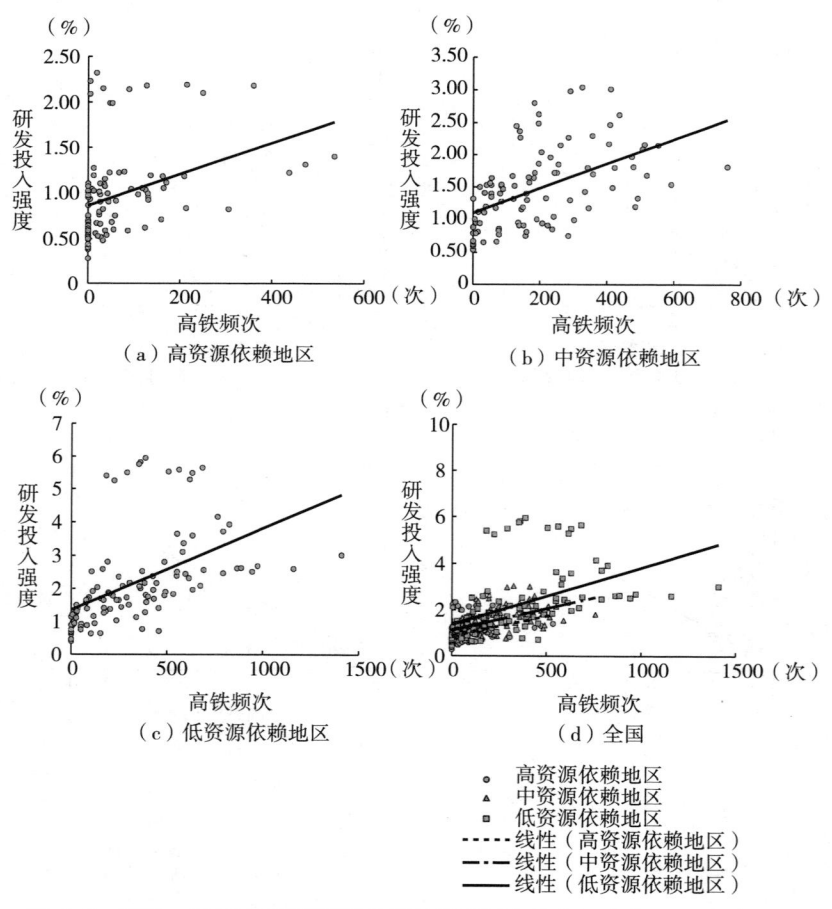

图 6-8　2008—2018 年不同资源依赖地区高铁频次与研发投入强度的关系

二 资源型地区创业活跃度相对较低

借鉴已有文献（高兴民和张祥俊，2015），主要采用新生企业数和地区自雇人数两种方式对各省份创业活跃度进行测度。其中，新生企业数方法主要采用各省份新注册企业数除以各省份就业人数得到劳均新注册企业数，反映各省份的创业活力。自雇人数法则基于私营和个体就业人数占总就业人员比重衡量各省份自雇型创业水平。新注册企业数据来源于爱企查平台，劳动力数据来源于历年《中国统计年鉴》和各省份统计年鉴。

（一）高资源依赖地区创业活力较低

第一，高资源依赖地区[①]劳均新注册企业数较低，但与全国相对差距逐渐缩小。图6-9绘制了2000—2020年高、中、低三类资源依赖地区及全国平均的劳均新注册企业变化趋势。可以看出，自2000年以来，中国各地区的劳均新注册企业数呈现稳定的上升趋势，这表明中国各个地区的创业水平不断提升。同时，2013年以来，创业水平的提升速度明显加快，这离不开近年来国家和地方政府相继出台的一系列创业政策引导。分区域来看，低资源依赖地区的创业活跃度最高，除2008年和2009年外，基本位于全国平均水平之上，中、高资源依赖地区创业活跃度相对较弱。从具体数值来看，2000年低资源依赖地区劳均新注册企业数为71.63家/万人，到2020年增加至396.92家/万人，年平均增长率为8.94%；中资源依赖地区2000年劳均新注册企业数为40.45家/万人，到2020年增加至318.50家/万人，增长幅度为687.39%；高资源依赖地区劳均新注册企业数从2000年的30.85家/万人增加至2020年的301.96家/万人，翻了近9倍。此外，高资源依赖地区在2015—2019年创业活力出现小幅跃升，略高于中、低资源依赖地区（见表6-9）。

[①] 与第四章一致，采用2000—2020年各省份采矿业营业收入占比平均值表征该地区资源依赖度，并依据资源依赖度平均值从高到低进行排序，山西、内蒙古、黑龙江、河南、贵州、陕西、甘肃、青海、宁夏、新疆10个省份作为"高资源依赖地区"；天津、河北、辽宁、吉林、安徽、江西、山东、湖南、四川、云南10个省份作为"中资源依赖地区"；北京、上海、江苏、浙江、福建、湖北、广东、广西、海南、重庆10个省份作为"低资源依赖地区"。西藏、香港、澳门、台湾等省份和地区由于数据缺失而没有参与分类。采矿业营业收入占比数据来源于历年《中国工业统计年鉴》《中国经济普查年鉴》。

(家/万人)

劳均新注册企业数

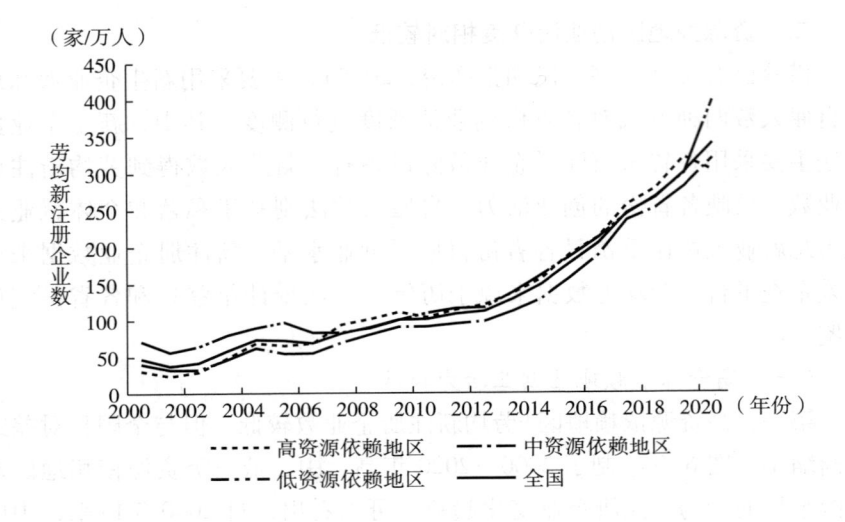

图 6-9　基于劳均新注册企业数的创业水平变化趋势

表 6-9　　　基于劳均新注册企业数的平均创业水平　　单位：家/万人

年份	全国	高资源依赖地区	中资源依赖地区	低资源依赖地区
2000	47.64	30.85	40.45	71.63
2001	37.49	23.70	32.34	56.42
2002	42.01	29.27	32.31	64.44
2003	58.13	48.32	46.34	79.73
2004	73.50	68.74	61.93	89.83
2005	72.08	64.93	54.48	96.83
2006	68.58	68.09	54.70	82.94
2007	81.79	93.68	68.87	82.81
2008	90.09	101.30	80.07	88.91
2009	100.53	110.95	90.39	100.26
2010	101.37	103.78	90.76	109.56
2011	108.42	114.26	94.84	116.15
2012	112.01	120.66	98.24	117.12
2013	128.97	136.80	111.92	138.18
2014	148.88	156.50	128.69	161.45

续表

年份	全国	高资源依赖地区	中资源依赖地区	低资源依赖地区
2015	177.20	188.87	157.08	185.67
2016	204.03	212.26	187.93	211.89
2017	244.95	255.79	235.28	243.80
2018	265.35	277.71	251.76	266.58
2019	299.54	320.22	280.18	298.23
2020	339.13	301.96	318.50	396.92

注：高、中、低资源依赖地区（包括全国）劳均新注册企业数均值按照该类地区各省份劳均新注册企业数总和除以该类地区省份个数得到。

从各省份劳均新注册企业数来看，高资源依赖地区创业水平相对落后。2000年高资源依赖地区劳均新注册企业数高于地区平均值的省份有山西、内蒙古、贵州、宁夏、新疆5个省份（见表6-10）。其中，新疆以每万人54.37家位列第一。中资源依赖地区中高于地区均值的省份有4个，分别为天津、辽宁、湖南和云南。排在首位的天津创业水平是末位安徽创业水平的6.09倍，地区间差距较大。低资源依赖地区中北京的劳均新注册企业数最高，劳均新注册企业数为221.71家/万人，上海次之，为111.79家/万人。浙江和广东的劳均新注册企业数也高于地区均值，分别为78.15家/万人和84.39家/万人。到2010年，高资源依赖地区中黑龙江的创业活力出现显著提升，高于地区均值，而山西和贵州则落至地区平均创业水平以下。中资源依赖地区中吉林创业活力出现较大进步，在中资源依赖地区中的排名由2000年的第6位追赶至第2位。低资源依赖地区中，福建的创业水平上升幅度较大，从2000年的60.93家/万人增加至2010年的110.89家/万人。近十年来，伴随创业政策的不断出台，各省份创业水平都有了较大提高。2020年，高资源依赖地区中陕西和贵州的创业活跃度较高，劳均新注册企业数分别为405.05家/万人和366.98家/万人。中资源依赖地区中高于地区均值的省份有天津、河北、吉林、安徽、山东5个省份。低资源依赖地区中，创业活跃度较高的省份有江苏、浙江、福建，劳均新注册企业数分别为766.18家/万人、446.17家/万人和633.53家/万人。

表 6-10　　2000 年、2010 年、2020 年各省份劳均新注册企业数

单位：家/万人

高资源依赖地区				中资源依赖地区				低资源依赖地区			
省份	2000年	2010年	2020年	省份	2000年	2010年	2020年	省份	2000年	2010年	2020年
山西	31.31	101.73	287.18	天津	83.72	102.46	419.71	北京	221.71	164.89	174.00
内蒙古	39.26	154.94	306.60	河北	17.90	70.50	360.40	上海	111.79	157.80	346.29
黑龙江	29.99	125.62	289.25	辽宁	65.28	136.72	273.94	江苏	52.81	109.19	766.18
河南	9.34	68.76	289.34	吉林	31.10	135.28	340.03	浙江	78.15	130.23	446.17
贵州	34.38	85.55	366.98	安徽	13.75	70.45	322.47	福建	60.93	110.89	633.53
陕西	15.39	91.82	405.05	江西	16.11	90.05	283.90	湖北	17.21	67.40	240.21
甘肃	23.48	74.96	209.42	山东	35.64	72.40	401.26	广东	84.39	122.63	355.41
青海	30.71	90.38	281.98	湖南	54.37	79.19	255.01	广西	38.94	63.31	350.31
宁夏	40.28	139.33	303.34	四川	22.25	65.04	276.55	海南	24.54	73.49	341.35
新疆	54.37	104.70	280.50	云南	64.43	85.57	251.72	重庆	25.79	95.71	315.70
均值	30.85	103.78	301.96	均值	40.45	90.76	318.50	均值	71.63	109.56	396.92

第二，中、高资源依赖地区与低资源依赖地区自雇型创业水平差距明显。图 6-10、表 6-11 从地区自雇人数角度绘制了 2004—2020 年高、中、低三类资源依赖地区及全国平均的私营和个体从业人员占比变化趋势[1]。不难看出，2004—2020 年各类地区的私营和个体从业人员占比均表现为持续增长态势，且和前述分析一致，在 2013 年后增长速度加快。分区域来看，低资源依赖地区私营和个体从业人员占比相对较高，始终位于全国平均线以上，这表明低资源依赖地区相较中、高资源依赖地区拥有更高的创业活跃程度。中、高资源依赖地区私营和个体从业人员占比差距较小，且均位于全国平均线以下，创业水平仍有待进一步提升。从具体数值来看，2004 年低、中、高资源依赖地区私营和个体从业人员占比分别为 21.25%、13.50% 和 12.20%，全国平均水平为 15.65%；到 2020 年，三类地区私营和个体从业人员占比分别为 76.27%、48.73% 和 47.29%，全国平均水平为 57.43%。

---

[1] 城镇私营和个体从业人员占比数据从 2004 年开始公布。

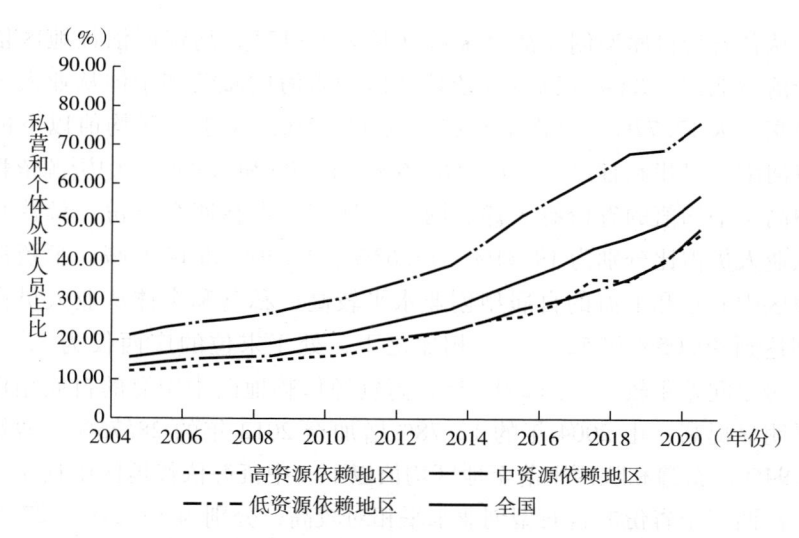

第六章 资源依赖对创新创业的挤出效应及缓解机制 / 155

图 6-10 基于私营和个体从业人员占比的自雇型创业水平变化趋势

表 6-11 基于私营和个体从业人员占比的自雇型创业平均水平   单位:%

年份	全国	高资源依赖地区	中资源依赖地区	低资源依赖地区
2004	15.65	12.20	13.50	21.25
2005	16.84	12.70	14.50	23.32
2006	17.83	13.53	15.33	24.64
2007	18.57	14.40	15.76	25.54
2008	19.33	14.93	16.08	26.98
2009	20.88	15.76	17.70	29.19
2010	21.86	16.31	18.44	30.84
2011	24.11	18.40	20.26	33.65
2012	26.20	20.90	21.38	36.32
2013	28.15	22.54	22.55	39.35
2014	31.95	25.24	25.18	45.44
2015	35.52	26.27	28.25	52.03
2016	38.98	29.55	30.23	57.16
2017	43.66	35.85	32.84	62.31
2018	46.51	35.44	35.90	68.20
2019	50.10	40.79	40.36	69.15
2020	57.43	47.29	48.73	76.27

注:高、中、低资源依赖地区（包括全国）私营和个体从业人员占比均值为该类地区各个省份私营和个体从业人员占比总和除以该类地区省份个数得到。

从各省份自雇型创业活力来看（见表6-12），高资源依赖地区依然处于落后地位。2004年高资源依赖地区中青海的私营和个体从业人员占比最高，为17.77%，其次是新疆，为17.65%。位于地区均值以下的省份有河南、贵州和甘肃，分别为6.76%、4.57%和6.96%。中资源依赖地区中高于平均值的省份有天津、河北、辽宁、吉林四个省份，私营和个体从业人员占比分别为19.31%、13.63%、24.36%和14.66%。低资源依赖地区中北京和上海的自雇型创业水平较高，私营和个体从业人员占比分别达到40.05%和52.37%。相比之下，处于末位的广西仅为8.33%，各省份之间差距较大。到2012年，高资源依赖地区中宁夏的自雇型创业水平明显提高，由2004年的12.78%增加至2012年的28.75%，增幅为124.94%。新疆和陕西则落至地区均值以下。中资源依赖地区中辽宁、吉林、江西三个省份的自雇型创业水平相对较高，分别为33.29%、27.32%和25.82%。低资源依赖地区中，北京、上海、江苏、浙江四个省份的私营和个体从业人员占比位于均值以上，分别为53.49%、63.83%、46.91%和41.89%。2020年，各省份自雇型创业水平再次发生明显变化。高资源依赖地区自雇型创业水平基本在40%—65%。中资源依赖地区中既有提升速度较快的吉林、山东，从2012年的27.32%、20.98%，增加至2020年的71.39%和79.48%，也有四川、天津、云南、湖南四个位于40%以下的慢速发展省份。低资源依赖地区中，除广西、海南、湖北三个省份外，其他省份私营和个体从业人员占比均在70%以上，自雇型创业水平相对较高。

表6-12　2004年、2012年、2020年各省份私营和个体从业人员占比　　单位:%

高资源依赖地区				中资源依赖地区				低资源依赖地区			
省份	2004年	2012年	2020年	省份	2004年	2012年	2020年	省份	2004年	2012年	2020年
山西	12.26	21.06	43.00	天津	19.31	18.44	36.17	北京	40.05	53.49	96.84
内蒙古	13.57	26.17	52.75	河北	13.63	15.70	43.50	上海	52.37	63.83	99.98
黑龙江	13.78	24.73	41.85	辽宁	24.36	33.29	50.17	江苏	17.89	46.91	75.19
河南	6.76	16.94	45.12	吉林	14.66	27.32	71.39	浙江	27.75	41.89	74.03
贵州	4.57	15.14	48.96	安徽	11.03	15.36	55.71	福建	10.87	25.41	88.70
陕西	15.89	20.11	62.06	江西	11.91	25.82	51.80	湖北	9.26	26.82	62.64
甘肃	6.96	16.64	42.09	山东	12.83	20.98	79.48	广东	18.33	29.31	80.44

续表

高资源依赖地区				中资源依赖地区				低资源依赖地区			
省份	2004年	2012年	2020年	省份	2004年	2012年	2020年	省份	2004年	2012年	2020年
青海	17.77	22.48	50.63	湖南	9.88	17.96	36.07	广西	8.33	17.25	45.74
宁夏	12.78	28.75	42.82	四川	8.93	19.07	28.32	海南	14.63	24.14	49.58
新疆	17.65	16.99	43.57	云南	8.44	19.86	35.09	重庆	12.98	34.16	89.56
均值	12.20	20.90	47.29	均值	13.50	21.38	48.73	均值	21.25	36.32	76.27

总体上，基于两种方式度量的创业活力在2000—2020年均表现出明显的上升趋势。相较于中、高资源依赖地区，低资源依赖地区的创业活跃度更高，反映出资源依赖对地区创业活动的挤出效应。

（二）高铁通达性[①]与各地区创业活跃度正相关

本部分在前述分析基础上，继续考察高铁开通与区域创业水平的关系，兼顾探讨高铁创业效应受地区资源依赖度的影响大小。图6-11和图6-12分别绘制了高铁频次与各类地区劳均新注册企业数、私营和个体从业人员占比的散点图和线性拟合关系图。同时，为了更好地反映高铁频次与两类创业数据的相关关系，剔除高铁频次为0的点。

第一，高铁通达性与劳均新注册企业数呈现正相关关系，低资源依赖地区的线性关系较为明显。从图6-11来看，低、中、高资源依赖地区的高铁频次与劳均新注册企业数之间均呈现显著的正向相关关系，即随着高铁频次的增长，地区创业活力不断提高。从散点的分布情况来看，高资源依赖地区散点多位于左下角，即高资源依赖地区高铁服务供给水平较低、地区间创业水平差距较小。中资源依赖地区散点分布呈现扇形发散状，高铁服务供给水平较低时，创业水平的变化幅度相对较小，随着高铁频次的逐渐提高，创业水平的差异化逐渐加强。低资源依赖地区散点匀称分布于拟合曲线左右两侧，高铁频次与创业活力之间的正向线性关系明显。从拟合系数大小也可以看出，低资源依赖地区拟合系数为0.6266，中资源依赖地区为0.4888，高资源依赖地区仅为0.2439。三类地区拟合曲线斜率，依次为高资源依赖地区＞中资源依赖地区＞低资源依

[①] 高铁通达性采用高铁日通车频次进行衡量，数据来源于极品列车时刻表和盛名列车时刻表等软件及《全国铁路旅客列车时刻表》。与本章"创新"部分高铁数据一致。

赖地区，但从图 6-11 来看，中、高资源依赖地区创业水平分布较为离散，且高铁服务供给水平相对较低，拟合曲线斜率相对较为陡峭。

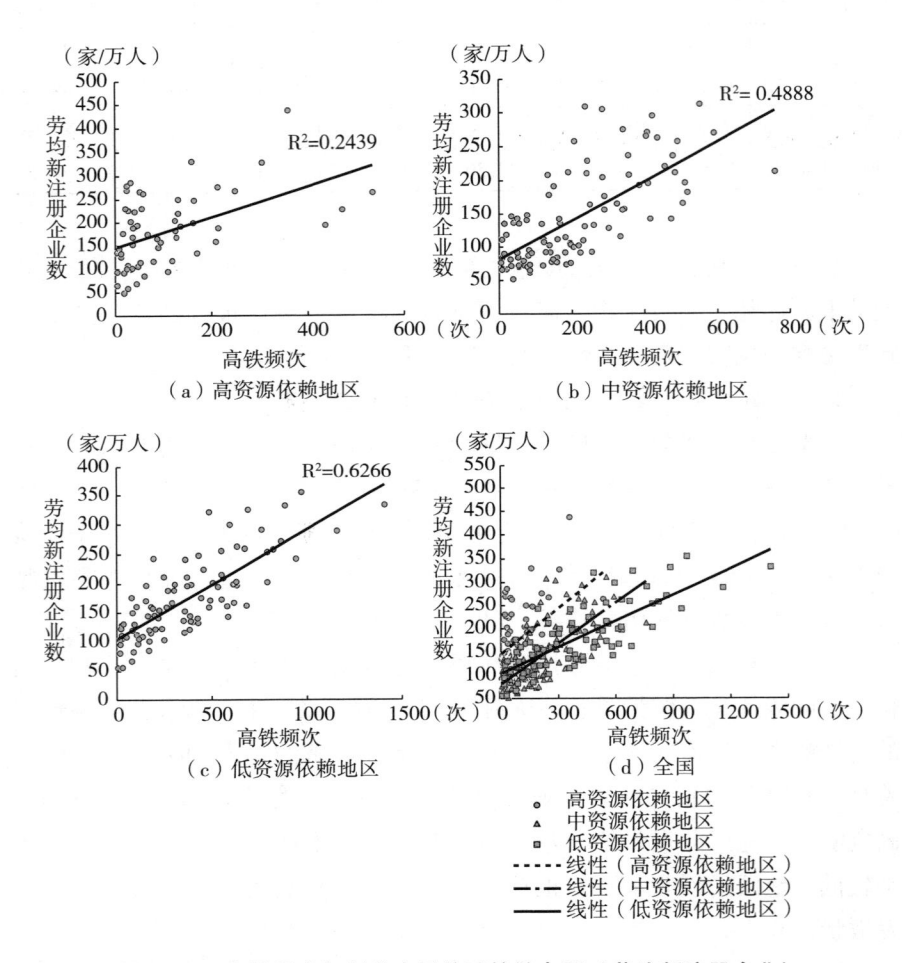

图 6-11　高铁频次与创业水平关系的散点图（劳均新注册企业）

第二，高铁通达性与私营和个体从业人员占比之间呈现正相关关系，但中、高资源依赖地区拟合效果较弱。从图 6-12 来看，低、中、高资源依赖地区的高铁频次与私营和个体从业人员占比之间均呈现显著的正向相关关系，再一次证明，随着高铁频次的增长，地区创业活跃度不断提高。从散点的分布情况来看，高资源依赖地区散点多位于图形左侧，高铁频次较低。但不同于劳均新注册企业数，高资源依赖地区私营和个体

第六章 资源依赖对创新创业的挤出效应及缓解机制 / 159

从业人员占比差异较大,即在高铁频次一定的情况下,地区的私营和个体从业人员占比差距悬殊,这意味着高铁频次在高资源依赖地区的创业效应发挥有限。从拟合优度系数也可以看出,高资源依赖地区高铁频次与私营和个体从业人员占比的线性拟合优度系数仅为 0.0711。中资源依赖地区高铁频次与私营和个体从业人员占比的散点分布与前述相似,即扇形发散状,拟合优度系数为 0.1702。低资源依赖地区尽管较劳均新注册企业数稍显分散,但仍然呈现出较为明显的正向线性关系,拟合优度系数为 0.4450。从拟合曲线斜率来看,低资源依赖地区斜率较大,而中、高资源依赖地区斜率较小,可能存在资源依赖与高铁频次之间的相互作用。

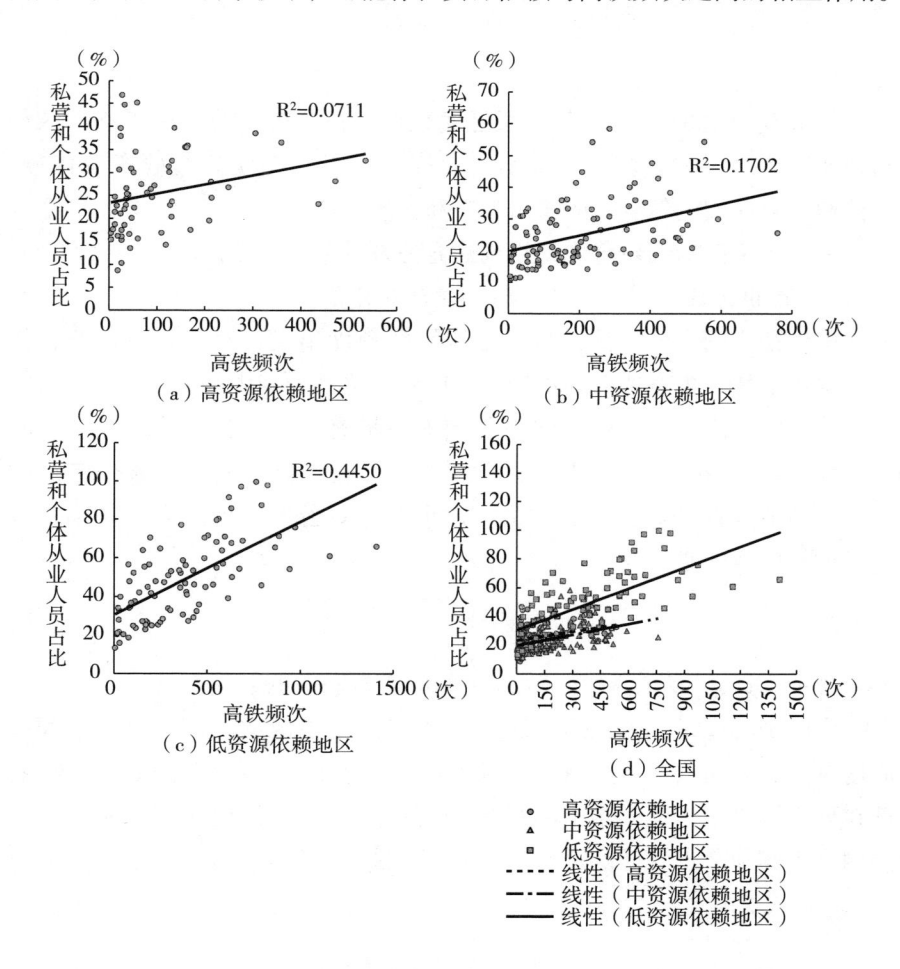

图 6-12 高铁频次与创业水平关系的散点图(私营和个体从业人员占比)

由此可知,高铁频次与创业活力之间存在正向相关关系,伴随高铁频次的提高,地区创业活力逐渐上升。低资源依赖地区高铁频次与创业活力之间的线性关系较为明显,而中、高资源依赖地区高铁频次与创业活力二者间的线性关系相对较弱,可能存在资源依赖对高铁创业效应的弱化作用。高铁频次、资源依赖与地区创业活力之间的相互作用仍然需要通过实证进行深入考察。

第二节 中国区际创新合作网络特征及影响因素分析

本节基于2008—2018年省级层面数据,在分析不同资源依赖地区创新合作网络时空演化特征的基础上,通过计量模型实证检验资源依赖、高铁通达对区域创新合作的挤出效应和挤进效应。

一 中国区际创新合作网络构建方法及计量模型设定

(一) 中国区际创新合作网络构建研究方法

采用社会网络分析法,从社会网络的角度出发,对各省份创新合作特征进行描述,主要选取的指标为点度中心度和中间中心度。

点度中心度是反映某个网络节点地位最直观的指标。节点点度中心度越高,说明越接近网络中心,也就是说,在创新网络中,某个节点省份与其他节点省份直接联系越多,这个节点省份的点度中心度越高,越趋于创新网络中心,其式为:

$$C_{RDi} = \sum_{j=1}^{n} x_{ij} \qquad (6.1)$$

式中,x_{ij} 表示节点 i 与节点 j 之间的直接联系的数量。

中间中心度是反映网络中某个节点对网络资源的控制程度。中间中心度越高,说明这个节点越能够更多掌握其他节点间的资源和信息流通,即在创新网络中,某个节点省份的中间中心度越高,说明其控制或者影响网络中其他节点省份的资源传递能力越强,其计算式为:

$$C_{RBi} = \sum_{j}^{n} \sum_{k}^{n} b_{jk}(i) \qquad (6.2)$$

式中,$b_{jk}(i)$ 为节点 i 控制节点 b 的能力,其中 $j \neq k \neq i$ 且 $j < k$。

(二) 计量模型构建

1. 资源依赖挤出区域创新合作的模型设定

为检验资源依赖对创新合作的挤出效应，构建如下模型：

$$\ln paper_{it} = \beta_0 + \beta_1 minpro_{it} + \beta_2 X_{it} + \gamma_{province} + \mu_{it} \tag{6.3}$$

式中，$paper_{it}$ 表示省份 i 在 t 时期与其他省份论文合作数；$minpro_{it}$ 表示省份 i 在 t 时期采矿业产值占工业总产值比重；β_0 表示截距，β_1、β_2 分别为 $minpro_{it}$、X_{it} 的系数；X_{it} 为控制变量，包括融资便利程度、人力资本、政府支持强度、基础设施水平；$\gamma_{province}$ 表示省域固定效应；μ_{it} 为随机扰动项。

根据前文分析可知，资源依赖对创新合作的影响不仅存在直接路径，还会通过要素、产业等传导机制影响创新合作。为进一步分析资源依赖挤出创新合作的内在机制，构造如下中介效应模型：

$$Z_{it} = \alpha_0 + \alpha_1 minpro_{it} + \alpha_2 X_{it} + \gamma_{province} + \mu_{it} \tag{6.4}$$

$$\ln paper_{it} = \theta_0 + \theta_1 minpro_{it} + \theta_2 Z_{it} + \theta_3 X_{it} + \gamma_{province} + \mu_{it} \tag{6.5}$$

式中，Z_{it} 表示的是传导机制，这里主要从生产要素流动、产业结构升级、创新网络结构优化三方面进行分析，其余变量同上。借鉴 Baron 和 Kenny（1986）的逐步回归法进行中介检验，具体步骤如下：第一步，对式（6.3）进行回归，如果 β_1 显著，表示资源依赖对创新合作影响总效应存在，并进行下一步检验；反之，中介效应不存在，则终止检验。第二步，对式（6.4）进行回归，检验资源依赖对生产要素、产业结构和创新网络结构的影响。第三步，在式（6.3）引入 Z_{it} 生产要素、产业结构、创新网络结构这三类中介变量构成式（6.5）进行回归，检验资源依赖对创新合作的直接效应和通过三类中介变量传导的中介效应；若 α_1、θ_2 两个都显著，则表示间接效应显著，若其中至少 1 个不显著，则进行 Bootstrap 检验，若结果显著，那么间接效应显著，可以进行第四步检验，否则停止分析。第四步，比较 $\alpha_1 \times \theta_2$ 和 θ_1 的符号，如果符号一致，那么表示存在中介效应，并计算中介效应占总效应的比例，即 $\alpha_1 \times \theta_2 / \beta_1$，如果符号不同，说明不存在中介效应。

2. 高铁通达对区域创新合作的影响机制

这里在资源依赖对区域创新合作影响机制模型中引入高铁通达水平这一变量，旨在考察高铁通达是否能够缓解资源型地区资源依赖对创新合作的挤出效应，因此构建模型如下：

$$\ln paper_{it}=\phi_0+\phi_1\ln hsr_{it}+\phi_2 minpro_{it}+\phi_3 X_{it}+\gamma_{province}+\mu_{it} \quad (6.6)$$

$$Z_{it}=\delta_0+\delta_1\ln hsr_{it}+\phi_2 minpro_{it}+\phi_3 X_{it}+\gamma_{province}+\mu_{it} \quad (6.7)$$

$$\ln paper_{it}=\Phi_0+\Phi_1\ln hsr_{it}+\Phi_2 minpro_{it}+\Phi_3 Z_{it}+\Phi_4 X_{it}+\gamma_{province}+\mu_{it} \quad (6.8)$$

式中，hsr_{it} 表示 i 省份第 t 年的高铁通达水平，其余同上，中介机制检验步骤同样采取逐步回归法。

（三）变量选取与数据来源

1. 被解释变量

省际创新合作：主要是通过 Web of Science 核心合集中省际论文合作数来衡量省份间创新合作水平，数据是通过爬虫方法获取到 Web of Science 核心合集中 2008—2018 年省际两两之间的论文合作数。在创新合作网络时空演化特征中使用论文合作数来构建省际创新合作网络，计量检验中对论文合作数按省份进行加总和对数化处理。同时，为了确保结果的稳健性，还在国家知识产权局网站检索收集了 2008—2018 年省际专利合作数（$patent_{it}$），也进行加总和对数化处理。

2. 核心解释变量

资源依赖度：用采矿业占比（$minpro_{it}$）来衡量资源依赖度。2008—2016 年采矿业占比用采矿业产值占工业总产值的比重来表示，考虑数据可得性，2017 年和 2018 年为采矿业营业收入占各省份主营业务收入比重。数据来源于《中国工业统计年鉴》，黑龙江部分数据存在缺失值，采用插值法计算得出。

高铁通达水平（hsr_{it}）：借助极品列车时刻表和盛名列车时刻表等软件手动收集了各省份所辖城市 2008—2018 年高铁日通车频次，并利用《全国铁路旅客列车时刻表》对数据进行补充，最终得到各省份高铁通达水平。参考朱文涛（2019）等的方法，某些省份在前期的高铁服务水平为 0，所以在对数化处理前先将各省份原始高铁服务水平数据加 1。

3. 中介变量

生产要素层面：主要选取了高素质劳动力（$talent$）、人口集聚（$urban$）和投资要素（$invest$）三个变量。由于非农就业的劳动者相较于农业人口受教育程度更高，用非农就业人口占总就业人口的比重表示高素质劳动力情况，数据来源于《中国统计年鉴》和 Wind 数据库。城镇化是一个人口集聚的过程，故选择城镇化作为人口集聚的代理变量，即人口集聚为城镇人口占年末常住人口的比重，数据来源于《中国统计年鉴》。投资要素集聚用全社会固定资产投资与省份行政面积的比值来表示，其中全社会固定资产投资以 2008 年为基期用固定资产投资价格指数折算得到，并将投资要素进行对数化处理。

产业结构层面：主要选取了制造业占比（manupro）和第三产业占比（sevpro）两个变量。考虑数据可得性，2008—2016 年制造业占比用制造业产值占各省份规模以上工业企业工业产值比重表示，2017 年和 2018 年为制造业营业收入占各省份工业主营业务收入比重，数据来源于《中国工业统计年鉴》，黑龙江部分缺失值采用插值法得到。第三产业占比数据来源于《中国统计年鉴》。

创新网络结构层面：主要选取了点度中心度（degree）和中间中心度（nbetw）两个变量。点度中心度和中间中心度代表了各省份在整个创新合作网络的地位。通过将 2008—2018 年各省际创新合作数的矩阵导入 UCINET 软件，计算得出各省份点度中心度和中间中心度，并将点度中心度进行对数化处理。

4. 控制变量

选取其他可能影响区域创新合作的变量：融资便利程度（loan），选取各省份金融机构贷款余额与 GDP 的比值来表示。人力资本（teach），选取普通高等学校专任教师数作为人力资本的代理变量。政府支持强度（govern），采用政府财政支出中的科技支出所占比重来衡量。基础设施建设水平（infrast），选择公路里程作为衡量各省份基础设施建设水平的代理变量。

控制变量数据主要来源于《中国金融年鉴》《中国科技统计年鉴》《中国城市统计年鉴》，以及各省份国民经济和社会发展统计公报和国家统计局。考虑西藏数据可得性和海南、宁夏截至 2018 年尚未开通通往其他省份的高铁，故选取除香港、澳门、台湾、西藏、海南、宁夏外的其他 28 个省份 2008—2018 年的面板数据进行分析[①]。同时，将全国 28 个已开通高铁省份按 2008—2018 年资源依赖度均值分为高、中、低资源依赖省份三组。其中，高资源依赖省份包含 9 个省份，分别为青海、黑龙江、贵州、陕西、山西、甘肃、新疆、河南、内蒙古；中资源依赖省份包含 9

[①] 本章在开展"创新"部分研究的时候收集了高铁开通的数据，数据截至 2018 年。本章在研究高铁通达与"创业"活力关系时也用了这一高铁数据。

个省份，分别为湖南、河北、云南、山东、辽宁、四川、天津、吉林、安徽；低资源依赖省份包含10个省份，分别为浙江、上海、江西、重庆、福建、江苏、广西、北京、广东、湖北。样本量描述性统计结果见表6-13。

表6-13 样本的描述性统计

变量	全部样本 均值	全部样本 标准差	高资源依赖省份 均值	高资源依赖省份 标准差	中资源依赖省份 均值	中资源依赖省份 标准差	低资源依赖省份 均值	低资源依赖省份 标准差
paper	5443.968	7905.691	2159.737	2569.803	4469.697	3490.240	9276.618	11561.116
patent	1495.422	2020.319	588.141	594.697	1347.768	1738.595	2444.827	2604.500
minpro	9.876	10.065	0.212	0.101	0.070	0.027	0.023	0.020
hsr	197.146	229.986	63.253	103.406	192.222	167.466	322.082	286.515
talent	64.219	14.826	0.292	0.065	0.382	0.078	0.436	0.105
urban	55.051	13.067	0.481	0.080	0.537	0.122	0.625	0.137
invest	1554.805	2186.409	425.077	565.942	1679.078	1.049	2459.715	2586.367
manupro	81.789	12.518	0.676	0.109	0.866	0.046	0.968	0.689
sevpro	44.136	9.905	0.411	0.068	0.427	0.072	0.482	0.127
degree	4.074	4.777	1.546	1.124	3.381	0.391	6.973	6.844
nbetw	1.025	2.102	0.375	0.683	1.049	1.363	1.587	3.107
loan	1.712	0.783	1.596	0.407	1.460	0.350	2.044	1.135
teach	5.203	2.591	3.713	2.536	5.769	2.205	6.034	2.397
govern	2.028	1.434	1.105	0.314	1.768	0.933	3.094	1.715
infrast	15.025	7.113	15.769	4.737	17.359	8.442	12.255	6.712

二 高资源依赖地区创新合作网络的时空特征分析

将全国28个已开通高铁省份分为高、中、低资源依赖省份三组，同时将高资源依赖省份定义为资源型地区。接下来使用UCINET软件构建创新合作网络空间结构（见图6-13）、计算网络中心性（见表6-14、表6-15）来分析资源型地区创新合作网络的时空演化特征。

第一，高资源依赖地区省份节点连线由稀疏到稠密，空间关联度在不断增强。利用UCINET软件，先将论文合作数多值矩阵转为二值矩阵，

（a）2008年

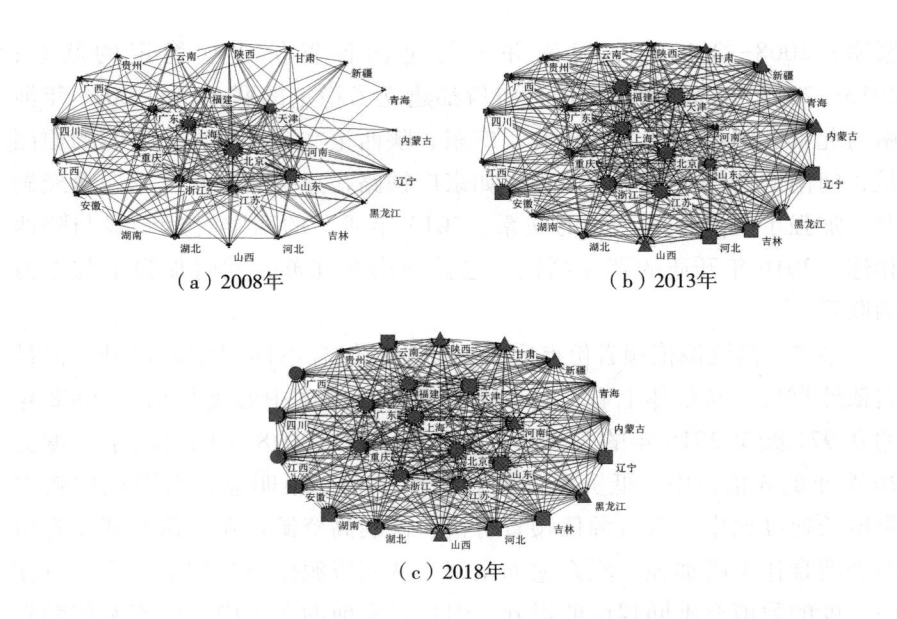

（b）2013年

（c）2018年

图 6-13　2008 年、2013 年、2018 年中国省际创新合作网络

注：节点大小反映省份创新合作能力强弱，节点越大，说明该省份与其他省份间创新合作数越多，在创新合作网络中地位越高，三角形节点为高资源依赖地区（资源型地区），正方形节点代表中资源依赖地区，圆形节点代表低资源依赖地区。图中连线表示两省份有创新合作联系。

由于目前省份间创新合作不断增强，将论文合作数超过 10 篇的设为 1，再用 UCINET 软件的 Netdraw 可视化工具绘制 2008 年、2013 年、2018 年省际创新合作网络空间结构图。如图 6-13 所示，2008—2018 年省份间的连线不断增加，说明全国省份间的联系不断加强。从高资源依赖省份来看，高资源依赖省份节点连线也呈现逐年增加的趋势，表明资源型地区创新合作不断加强。以青海为例，2008 年，青海与内蒙古、辽宁、吉林、黑龙江、福建、广西、贵州都未进行创新合作；2013 年，青海与除江西、湖南和湖北三省外的其他省份均有联系，但论文合作数量小于 10 篇，故部分连线未在创新合作网络空间结构图中呈现；2018 年，青海与各省份都建立了创新合作联系。2008—2018 年，青海主要加强了与西部地区创新合作联系，可能是因为青海加强了高铁建设，比如兰新铁路第二双线，改善青海外部可达性环境，加强了与其他省份联系，提升了青海的创新合作能力。以高资源依赖省份创新合作能力较强的河南省为例来分析，2008 年，河南与除福建之外的省份都建了联系，其中，与北京联系最紧密；2008—2013年，河南并未与全国各省份建立稳定的联系；2013—2018年，河南与全国各省份都建立了稳定的联系，且2018年河南与北京、江苏、上海、湖北、广东、陕西论文合作较多。可能的原因是，河南的高铁建设不断完善，如京广铁路，连接北京与广东，途经湖北，加强了河南与这三省的联系；2013年通车的西宝客运专线与陕西相连；2016年开通的郑徐高铁，连接河南和江苏，同时加强了与上海的联系。

第二，高资源依赖省份点度中心度的数值有不同程度的提升，但排名依然靠后。从整体上看，高资源依赖省份点度中心度均值从2008年的0.971跃至2018年的2.953（见表6-14），2018年的点度中心度为2008年的3倍，中、低资源依赖省份为2倍。很明显，高资源依赖省份增长速度比中、低资源依赖省份快，说明高资源依赖省份与其他省份的创新合作不断加强，联系愈加紧密。从高资源依赖各省份来看，点度中心度的数值有不同程度的提升，但排名靠前的多为中、低资源依赖省份，说明在创新合作网络中非资源型地区与其他省份联系更为紧密，资源型地区在整体创新合作网络中地位较低。具体来看，从河南的点度中心度来分析，2008年，河南点度中心度在高资源依赖地区位列第1，在全国排名第11；2018年，河南点度中心度增长至4.906，在高资源依赖地区位列第2，但在全国排名第13。从陕西的点度中心度来看，2008年，陕西点度中心度为1.539，在高资源依赖省份位列第2，但在全国排名第17；到2013年，点度中心度提升为2.042，在高资源依赖省份和全国的排名并未改变；2018年，陕西的点度中心度急剧增长至7.432，在高资源依赖地区位列第1，在全国排名跃至第7。点度中心度在高资源依赖省份排名第1、第2的省份，在全国排名最高为第7。2008年，在全国排名前五的省份分别为北京、上海、浙江、山东、广东，除山东为中资源依赖省份外，其他省份都为低资源依赖省份；2013年，在全国排名前五的分别是北京、上海、江苏、广东、浙江；到2018年，在全国排名前五的省份分别为北京、上海、江苏、广东、湖北，2013年、2018年在全国排名前五的省份都为低资源依赖省份，说明高资源依赖省份在全国排名靠后。

表 6-14　　创新合作网络中心性分析——点度中心度

高资源依赖省份			中资源依赖省份			低资源依赖省份		
2008 年	2013 年	2018 年	2008 年	2013 年	2018 年	2008 年	2013 年	2018 年
河南 2.258	河南 2.811	陕西 7.432	山东 3.942	山东 5.256	四川 7.071	北京 19.105	北京 25.112	北京 30.341
陕西 1.539	陕西 2.042	河南 4.906	天津 3.752	天津 5.055	山东 6.977	上海 9.566	上海 12.367	上海 14.614
山西 1.074	山西 1.944	黑龙江 3.601	河北 2.74	四川 3.687	天津 6.101	浙江 4.506	江苏 10.203	江苏 14.279
黑龙江 0.871	新疆 1.507	山西 2.905	四川 2.501	湖南 3.235	安徽 5.539	广东 3.817	广东 7.089	广东 11.095
新疆 0.856	黑龙江 1.412	甘肃 2.789	湖南 2.393	安徽 3.217	湖南 5.515	江苏 3.482	浙江 6.902	湖北 8.563
甘肃 0.772	甘肃 1.059	新疆 1.775	安徽 1.954	河北 3.101	辽宁 4.099	湖北 1.898	重庆 2.951	浙江 8.539
贵州 0.583	内蒙古 0.889	贵州 1.522	吉林 1.908	吉林 2.830	吉林 3.753	重庆 1.785	湖北 2.685	重庆 4.311
内蒙古 0.491	贵州 0.709	内蒙古 0.934	辽宁 1.843	辽宁 2.562	河北 3.317	广西 1.370	福建 2.004	福建 3.163
青海 0.294	青海 0.429	青海 0.711	云南 1.355	云南 1.740	云南 2.390	福建 1.312	广西 1.857	江西 2.483
—	—	—				江西 1.040	江西 1.308	广西 2.157
均值 0.971	均值 1.422	均值 2.953	均值 2.488	均值 3.409	均值 4.974	均值 4.788	均值 7.248	均值 9.955

注：表中点度中心度为标准点度中心度。

资料来源：通过 UCINET 计算得出。

第三，大部分省份中间中心度数值不断缩小，且高资源依赖省份在全国排序总体呈现下降趋势。从整体上看，2008 年，高资源依赖省份中间中心度均值为 0.605，在 2013 年却下降至 0.264，但在 2018 年回升到 0.671（见表 6-15），说明 2008—2018 年高资源依赖省份中间中心度数值总体较低且存在波动。中、低资源依赖省份中间中心度均值分别从 1.656 下降至 1.074，3.357 下降至 1.202，说明中、低资源依赖省份中间中心度数值高却呈现下降趋势，从高资源依赖省份和中、低资源依赖省份中间中心度均值分析结果来看，全国中间中心度差距在不断缩小。具体来说，以低资源依赖省份北京为例，2008年，北京中间中心度为21.465，远远高于其他省份，说明北京作为"中间人""控制"其他省份之间的创新合作能力较强；2018年，北京中间中心度降为4.919，说明节点间的资源和信息流通不再主要被北京所"控制"，节点间的生产要素流通趋向于均衡化。从中资源依赖省份四川的中间中心度变化可以看出，四川从2008年的7.190下降到2013年的3.585，到2018年持续下降至3.339，进一步说明节点间生产要素流动趋于均衡化。从北京和四川的中间中心度变化可以看出，2008年中间中心度数值大的省份到2018年该省份数值都大幅度缩小。从中、低资源依赖省份来看，2008—2018年中间中心度数值在增加的省份除山东、天津、湖北外，其他省份中间中心度数值都呈缩小趋势。从高资源依赖省份中间中心度数值和排序来看，河南、甘肃、青海、贵州、新疆中间中心度数值和排序在下降，说明其受限程度增强，"控制"其他省份之间进行创新合作的能力在下降；陕西、山西、黑龙江中间中心度数值和排名在上升，特别是陕西在2018年中间中心度超过北京，位列全国第一，说明陕西在全国创新合作网络中起着重要的"桥梁"传导作用。

表6-15　　　　创新合作网络中心性分析——中间中心度

高资源依赖省份			中资源依赖省份			低资源依赖省份		
2008年	2013年	2018年	2008年	2013年	2018年	2008年	2013年	2018年
河南 2.605	山西 0.781	陕西 5.194	四川 7.190	吉林 6.498	天津 3.434	北京 21.465	北京 15.916	北京 4.919
甘肃 1.193	陕西 0.766	河南 0.445	吉林 3.493	四川 3.585	四川 3.339	广东 3.986	广东 5.194	湖北 2.160
青海 0.763	甘肃 0.326	青海 0.115	湖南 1.594	湖南 3.222	山东 2.139	上海 3.646	广西 2.220	广东 1.899
陕西 0.676	河南 0.313	黑龙江 0.103	山东 1.020	山东 1.453	湖南 0.440	浙江 1.688	浙江 1.962	上海 1.360
贵州 0.130	青海 0.187	甘肃 0.092	天津 0.746	天津 0.885	吉林 0.125	江苏 1.514	上海 1.658	江苏 1.360
新疆 0.052	内蒙古 0.000	山西 0.091	辽宁 0.486	辽宁 0.176	安徽 0.098	广西 0.645	江苏 1.525	浙江 0.292
山西 0.029	新疆 0.000	内蒙古 0.000	云南 0.187	云南 0.076	辽宁 0.066	湖北 0.283	湖北 1.086	重庆 0.029

续表

高资源依赖省份			中资源依赖省份			低资源依赖省份		
2008 年	2013 年	2018 年	2008 年	2013 年	2018 年	2008 年	2013 年	2018 年
内蒙古 0.000	黑龙江 0.000	新疆 0.000	安徽 0.109	河北 0.043	河北 0.029	福建 0.192	重庆 0.679	江西 0.000
黑龙江 0.000	贵州 0.000	贵州 0.000	河北 0.073	安徽 0.000	云南 0.000	重庆 0.147	福建 0.127	广西 0.000
—	—	—	—	—	—	江西 0.000	江西 0.000	福建 0.000
均值 0.605	均值 0.264	均值 0.671	均值 1.656	均值 1.771	均值 1.074	均值 3.357	均值 3.037	均值 1.202

注：中间中心度是由经过阈值处理后的二值矩阵计算得到的（取平均值为阈值）标准中间中心度。

资料来源：通过 UCINET 计算得出。

三 资源依赖对区域创新合作的挤出效应检验

基于 2008—2018 年省级层面数据，选取混合回归、个体固定、时间固定和随机效应等模型对式（6.3）和式（6.6）进行回归分析。Hausman 检验结果显示，拒绝使用随机效应的原假设，应选择固定效应模型，因此选择固定效应模型进行基准回归分析，分别对式（6.4）、式（6.5）和式（6.7）、式（6.8）进行中介效应分析。

（一）资源依赖对区域创新合作的挤出效应

为进行资源依赖对区域创新合作影响总效应分析，这里对式（6.3）进行回归分析，回归结果见表 6-16。

表 6-16　资源依赖挤出区域创新合作的基础面板回归结果

变量	(1) lnpaper	(2) lnpaper	(3) lnpaper	(4) lnpaper	(5) lnpaper	(6) lnpaper	(7) lnpaper
$minpro$	-0.021*** (-4.667)	-0.041*** (-6.308)	-0.013*** (-5.596)	-0.036*** (-3.694)	-4.002*** (-5.216)	-8.115*** (-4.114)	-2.248 (-1.010)
控制变量	是	是	是	是	是	是	是
常数项	5.755*** (32.082)	3.607*** (5.640)	5.619*** (46.544)	3.852*** (7.560)	2.941*** (4.273)	6.524*** (11.129)	2.970*** (3.674)

续表

变量	(1) lnpaper	(2) lnpaper	(3) lnpaper	(4) lnpaper	(5) lnpaper	(6) lnpaper	(7) lnpaper
观测值	308	308	308	308	99	99	110
R^2	0.703	0.917	0.903	0.766	0.892	0.873	0.937
Wald 卡方				333.99			
Hausman 检验		116.3 (0.000)					
模型	混合回归	个体固定效应	时间固定效应	随机效应	个体固定效应	个体固定效应	个体固定效应
样本区域	全国整体	全国整体	全国整体	全国整体	高资源依赖省份	中资源依赖省份	低资源依赖省份

注：括号内是 t 值，***、**、* 分别表示在 1%、5%、10%的显著性水平下显著。

从表6-16列（1）—列（4）可以看出，不论是采用哪种模型，资源依赖对区域创新合作挤出都能在1%的显著性水平下显著，即资源依赖度的提高，将会减少区域创新合作。具体来看，列（1）中混合回归模型结果显示，资源依赖度提高1%，区域创新合作减少2.1%。列（2）个体固定效应回归结果显示，在消除个体差异后，资源依赖随时间对区域创新合作的影响效应绝对值为0.041，略有上升，但依然在1%的显著性水平下显著。列（3）时间固定模型显示的是在消除时间差异后，资源依赖度对创新合作的影响系数绝对值从0.041下降为0.013。列（4）随机效应模型中资源依赖对创新合作的影响系数绝对值从0.013上升至0.036，相较于时间固定效应模型大，说明在随机效应模型中，资源依赖对创新合作负向影响更大。从以上结果可以看出，分别以四种模型进行回归，控制变量的系数方向均未发生改变，且对区域创新合作产生消极影响。

从全国整体上看，资源依赖会对创新合作产生负向作用，但各省份资源依赖度不同可能会对区域创新合作产生不同程度的影响，回归结果见表6-16列（5）—列（7）。列（5）—列（6）的结果显示，不管是高资源依赖省份还是中资源依赖省份，对自然资源形成依赖会抑制区域创新合作，不利于区域创新水平的提升。列（7）的结果显示，资源依赖对创新合作的系数不显著，说明资源依赖对低资源依赖省份的创新合作挤出效应并不显著。可能是因为大多低资源依赖省份主要以第二、第三产业为主，优先发展趋向于技术密集型产业，资源型产业占比不高，故低资源依赖省份的创新性会更强，从而创新合作水平较其他省份更高。一般来说，低资源依赖省份属于自然资源欠丰裕地区，不会发展成为资源型产业为主的产业结构，故资源依赖度的提高不会对其创新产生显著影响。

（二）资源依赖挤出创新合作的中介效应检验

从生产要素上看，形成资源依赖的地区主要以自然资源要素发展经济，对其他创新要素产生挤出效应，不利于区域创新合作。从产业结构上看，资源依赖地区的产业结构以资源型产业为主，产业结构单一，缺乏创新主体间交流，从而抑制区域创新合作水平。从创新网络结构上看，形成资源依赖的省份创新能力不足，处于创新合作网络结构边缘，不利于利用创新合作网络结构优势来提升区域创新合作能力。从上节基准回归结果可以看出，资源依赖度提高对区域创新合作具有显著的负向影响。接下来将选取生产要素集聚、产业结构升级、创新网络结构优化作为中介变量，从实证分析的角度对影响机制进行检验。

表6-17中第（1）列显示第一步检验结果，资源依赖对创新合作的影响系数为-0.041且显著，说明资源依赖对区域创新合作挤出的总效应存在。第（2）列、第（3）列结果显示，资源依赖对高素质劳动力影响并不显著，进行Bootstrap检验后，结果显著，则存在中介效应，且中介效应占比为5.634%，说明在一定程度上，资源依赖通过减少高素质劳动力流入对创新合作产生了挤出效应。同样，第（4）列和第（5）列结果显示，资源依赖对人口集聚的影响系数最初并不显著，再进行Bootstrap检验后，结果显著，说明存在中介效应，且中介效应占比为6.537%。可以得出结论：在一定程度上，资源依赖通过减少人口集聚对创新合作产生了挤出。第（6）列结果显示，资源依赖对投资要素具有负向影响。第（7）列结果表明，投资要素系数为0.486，显著为正，且资源依赖系数显著为负，说明存在中介效应，且中介效应占比为32.005%。自然资源的丰裕给资源行业带来高收入和高利润，而在高收益的驱使下，劳动力、投资等生产要素都向资源行业集聚，挤出了其他行业投入，从而抑制区域技术研发和创新。

表 6-17　资源依赖挤出区域创新合作的中介机制检验：生产要素集聚

变量	(1) lnpaper	(2) talent	(3) lnpaper	(4) urban	(5) lnpaper	(6) lninvest	(7) lnpaper
minpro	-0.041*** (-6.308)	-0.077 (-1.563)	-0.039*** (-6.398)	-0.067 (-1.263)	-0.038*** (-6.394)	-0.027*** (-4.430)	-0.028*** (-4.294)
talent			0.030*** (3.165)				
urban					0.040*** (4.555)		
lninvest							0.486*** (5.049)
控制变量	是	是	是	是	是	是	是
常数项	3.607*** (5.640)	68.655*** (9.617)	1.549** (2.014)	39.379*** (3.115)	2.033*** (2.616)	5.678*** (10.203)	0.845 (1.145)
观测值	308	308	308	308	308	308	308
R²	0.917	0.971	0.922	0.928	0.933	0.969	0.930
Bootstrap 检验（间接效应）		-0.035*** (-6.482)		-0.037*** (-7.199)			
模型	个体固定效应	个体固定效应	个体固定效应	个体固定效应	个体固定效应	个体固定效应	个体固定效应

注：括号内是 t 值，***、**、*分别表示在1%、5%、10%的显著性水平下显著；样本区域为全国整体。

在表 6-18 中，第（2）列给出了资源依赖对制造业占比影响的回归结果，系数显著为负，说明资源依赖对制造业产生了挤出效应。资源依赖的形成会导致对自然资源开采增加，加大对缺乏技术含量的资源型产业的投入，导致对具有创新溢出效应的制造业产生挤出，进而对当地的创新合作产生负面效应。第（3）列在第（1）列的基础上加入制造业占比，但制造业占比的系数并不显著，资源依赖对制造业占比的影响系数也为负，则不存在中介效应，说明资源依赖会对制造业产生挤出，但制造业对创新合作的负向影响并不显著。第（4）列的结果显示，资源依赖对第三产业占比的影响系数为-0.463，说明资源依赖对第三产业具有显著的负向影响。第（5）列结果中第三产业占比系数为0.051，显著为正，资源依赖对第三产业占比的影响系数为-0.017，说明存在中介效应，且中介效应占比为57.593%，即资源依赖通过对第三产业产生消极影响从而抑制区域创新合作的中介效应占总效应的57.593%。

表6-18 资源依赖挤出区域创新合作的中介机制检验：产业结构升级

变量	(1) lnpaper	(2) manupro	(3) lnpaper	(4) sevpro	(5) lnpaper
minpro	-0.041*** (-6.308)	-0.751*** (-10.965)	-0.049*** (-4.804)	-0.463*** (-5.712)	-0.017*** (-2.626)
manupro			-0.010 (-0.810)		
sevpro					0.051*** (7.532)
控制变量	是	是	是	是	是
常数项	3.607*** (5.640)	75.645*** (17.672)	4.381*** (3.864)	26.227*** (3.886)	2.265*** (3.977)
观测值	308	308	308	308	308
R^2	0.917	0.962	0.918	0.909	0.936
Bootstrap检验（间接效应）			-0.056** (-2.252)		
模型	个体固定效应	个体固定效应	个体固定效应	个体固定效应	个体固定效应

注：括号内是t值，***、**、*分别表示在1%、5%、10%的显著性水平下显著；样本区域为全国整体。

在表6-19中，第（2）列结果显示资源依赖对点度中心度的影响系数为-0.014，显著为负，说明资源依赖对点度中心度具有反向作用。第（3）列的回归结果表明，在固定资源依赖这一变量的条件下，点度中心度的回归系数为1.588且显著，说明存在中介效应，且中介效应占比为54.224%，说明资源依赖会对点度中心度产生消极作用，从而抑制区域创新合作。第（4）列、第（5）列结果显示，中间中心度对创新合作的影响并不显著，则进行Bootstrap检验，结果显著，说明存在中介效应，且中介效应占比为0.259%，即在一定程度上提高资源依赖度将会通过对中间中心度产生负向效应从而对创新合作产生挤出作用。资源依赖地区对自然资源要素需求增大,对其他创新要素产生挤出,故不利于提升资源型地区的创新合作水平,使得资源型地区在创新合作网络中处于边缘,总体上点度中心度和中间中心度都偏低。

表 6-19 资源依赖挤出区域创新合作的中介机制检验:创新网络结构优化

变量	(1) lnpaper	(2) lndegree	(3) lnpaper	(4) nbetw	(5) lnpaper
minpro	-0.041*** (-6.308)	-0.014*** (-3.784)	-0.018*** (-6.018)	-0.053* (-1.797)	-0.041*** (-6.338)
lndegree			1.588*** (28.779)		
nbetw					0.002 (0.128)
控制变量	是	是	是	是	是
常数项	3.607*** (5.640)	1.214*** (4.112)	1.679*** (4.441)	22.236*** (2.938)	3.565*** (4.525)
观测值	308	308	308	308	308
R^2	0.917	0.961	0.981	0.553	0.917
Bootstrap 检验（间接效应）					-0.054*** (-8.197)
模型	个体固定效应	个体固定效应	个体固定效应	个体固定效应	个体固定效应

注:括号内是 t 值,***、**、* 分别表示在 1%、5%、10% 的显著性水平下显著;样本区域为全国整体。

(三) 稳健性检验

专利合作数是区域创新合作的重要体现,那么衡量区域间创新合作也可将专利合作数作为衡量指标。为保证资源依赖影响区域创新合作回归结果的稳健性,将专利合作数作为被解释变量(论文合作数)的替代变量。为得到 28 个省份之间 2008—2018 年的专利合作数,从国家知识产权局专利检索收集并加总得到 2008—2018 年 28 个省份各年专利合作数。同样,选择混合回归模型、个体固定模型、时间固定模型和随机效应模型进行稳健性检验(见表 6-20),检验结果显示第(1)—(4)列回归结果与前文基准回归结果一致,即提高资源依赖度会减少区域创新合作,说明研究结果稳健。

从全国整体上看，资源依赖度会对专利合作数产生负向影响，但资源依赖度不同可能会对专利合作数产生不同程度的影响。不同资源依赖省份回归分析结果见表 6-20 中列（5）—列（7）。列（5）的结果显示，高资源依赖省份中提升资源依赖度对专利合作数的消极影响并不显著。列（6）、列（7）回归结果显示，资源依赖对专利合作的影响系数分别为 -11.081、-8.174，表明中、低资源依赖省份提升资源依赖度会显著减少专利合作数量，抑制区域创新合作。总的来说，资源依赖会对不同资源依赖度省份的专利合作数产生一定程度的负向效应，提高资源依赖度会抑制区域创新合作水平的提升。不同资源依赖度对专利合作数影响分析结果都显示稳健。

表 6-20　　稳健性检验结果

变量	（1）	（2）	（3）	（4）	（5）	（6）	（7）
	lnpatent	lnpatent	lnpatent	lnpatent	lnpatent	lnpatent	lnpatent
$minpro$	-0.027*** (-3.822)	-0.028** (-2.040)	-0.028** (-2.040)	-0.039** (-2.075)	-1.874 (-1.403)	-11.081*** (-3.176)	-8.174* (-1.714)
控制变量	是	是	是	是	是	是	是
常数项	4.376*** (15.917)	-0.537 (-0.655)	-0.537 (-0.655)	0.864 (1.146)	-2.613*** (-2.848)	2.701*** (2.735)	-0.409 (-0.324)
观测值	308	308	308	308	99	99	110
R^2	0.541	0.892	0.892	0.7455	0.896	0.896	0.913
Wald 卡方				110.14			
Hausman 检验		144.01*** (0.000)					
模型	混合回归	个体固定	时间固定	随机效应	个体固定	个体固定	个体固定
样本区域	全国整体	全国整体	全国整体	全国整体	高资源依赖省份	中资源依赖省份	低资源依赖省份

注：括号内是 t 值，***、**、* 分别表示在 1%、5%、10% 的显著性水平下显著。

四　高铁通达对区域创新合作的挤进效应检验

前文研究发现，资源依赖通过对生产要素流动、产业结构升级和创新网络结构优化的负向效应从而挤出了创新合作。与挤出效应相对应，将高铁通达对创新合作的改善效应定义为挤进效应。挤进效应原本运用于财政政策，由迈克尔·帕金（2015）在《经济学》一书中提出，指政府采用扩张性财政政策时，能够诱导民间消费和投资的增加，从而带动产出总量或就业总量增加的效应。

（一）高铁通达对区域创新合作的挤进效应

为进行高铁通达对区域创新合作影响总效应分析，对式（6.6）进行回归分析，回归结果见表6-21。从列（1）—列（4）可以看出，总体上，不管采用哪种模型，在1%的显著性水平下高铁通达都对创新合作产生正向影响，说明高铁建设能够提高区域创新合作水平。具体来看，列（1）采用混合回归，结果显示，高铁通达对区域创新合作的影响系数显著为正，说明在高铁通达后，区域创新合作水平提升了27.5%。列（2）个体固定效应模型中高铁通达的影响系数从0.275下降至0.157，说明高铁通达依然对区域创新合作产生显著正向影响。列（3）采用时间固定效应模型，高铁通达系数为0.104，较个体固定效应模型系数下降了0.053。列（4）随机效应模型中高铁通达的影响系数为0.234，较时间固定效应系数大。Hausman检验结果拒绝原假设，应选择固定效应模型。因此，高铁通达对创新合作的影响研究选择了固定效应模型进行基准回归分析。

表6-21　高铁通达影响区域创新合作的基础面板回归结果

变量	（1） lnpaper	（2） lnpaper	（3） lnpaper	（4） lnpaper	（5） lnpaper	（6） lnpaper	（7） lnpaper
lnhsr	0.275*** (13.202)	0.157*** (8.515)	0.104*** (5.821)	0.234*** (7.112)	0.146*** (3.571)	0.170*** (6.146)	0.120*** (4.031)
$minpro$	-0.011*** (-3.308)	-0.029*** (-4.924)	-0.011*** (-5.150)	-0.018*** (-2.650)	-3.141*** (-4.649)	-6.866*** (-4.172)	-1.896 (-0.974)
控制变量	是	是	是	是	是	是	是
常数项	5.330*** (40.942)	3.927*** (7.152)	5.512*** (49.911)	4.441*** (14.265)	4.385*** (6.300)	5.630*** (10.574)	3.010*** (4.409)
观测值	308	308	308	308	99	99	110
R^2	0.833	0.933	0.913	0.809	0.906	0.904	0.945
Wald卡方				1107.39			

续表

变量	(1) lnpaper	(2) lnpaper	(3) lnpaper	(4) lnpaper	(5) lnpaper	(6) lnpaper	(7) lnpaper
Hausman 检验			105.36 (0.000)				
模型	混合回归	个体固定效应	时间固定效应	随机效应	个体固定效应	个体固定效应	个体固定效应
样本区域	全国整体	全国整体	全国整体	全国整体	高资源依赖省份	中资源依赖省份	低资源依赖省份

注：括号内是 t 值，***、**、*分别表示在1%、5%、10%的显著性水平下显著。

从全国整体上看，高铁通达会对创新合作产生正向效应，但高铁通达可能对于不同资源依赖度省份创新合作挤出效应的缓解程度不同，为了更加具体分析，采用个体固定效应模型对不同资源依赖度省份再进行一次回归分析。回归结果见表6-21列（5）—列（7）。从整体上看，不管是高资源依赖省份还是中、低资源依赖省份，高铁通达对不同资源依赖度省份都有不同程度的正向效应，即高铁建设会促进不同资源依赖度省份的创新合作水平提升，高资源依赖省份高铁通达提升1%，创新合作提升0.146%。

（二）高铁通达对区域创新合作的中介效应分析

上述实证分析，证明高铁通达确实能够在一定程度上缓解资源型地区资源依赖对创新合作的挤出效应，这里将生产要素集聚、产业结构升级、创新网络结构优化作为中介变量进一步进行分析。从生产要素上看，高铁通达能够降低城市间要素流通成本，加快生产要素在区域间的流动，加强区域间联系，促进区域创新合作水平的提升。从产业结构上看，高铁建设能够降低区域间产业转移和承接成本，加强跨区域产业主体间交流与合作，提升区域创新合作能力。从创新合作网络上看，高铁网络的发展能够促进创新网络结构的优化，从而在不同程度上提升区域创新合作水平。故依然将生产要素集聚、产业结构升级和创新网络结构优化作为中介变量依次对式（6.7）、式（6.8）进行回归分析，同时加入资源依赖作为控制变量，回归结果见表6-22、表6-23、表6-24。

表 6-22　高铁通达促进区域创新合作的中介机制检验：生产要素集聚

变量	(1) lnpaper	(2) talent	(3) lnpaper	(4) urban	(5) lnpaper	(6) lninvest	(7) lnpaper
lnhsr	0.157*** (8.515)	0.565*** (3.929)	0.146*** (7.692)	0.890*** (4.414)	0.128*** (7.314)	0.089*** (4.891)	0.126*** (6.311)
$minpro$	−0.029*** (−4.924)	−0.035 (−0.732)	−0.029*** (−5.077)	−0.002 (−0.028)	−0.029*** (−5.262)	−0.020*** (−3.229)	−0.022*** (−3.764)
$talent$			0.020** (2.259)				
$urban$					0.033*** (4.688)		
ln$invest$							0.352*** (3.699)
控制变量	是	是	是	是	是	是	是
常数项	3.927*** (7.152)	69.807*** (10.013)	2.530*** (3.647)	41.191*** (3.397)	2.575*** (3.721)	5.858*** (11.264)	1.865** (2.555)
观测值	308	308	308	308	308	308	308
R^2	0.933	0.972	0.935	0.932	0.943	0.972	0.939
模型	个体固定效应	个体固定效应	个体固定效应	个体固定效应	个体固定效应	个体固定效应	个体固定效应

注：括号内是 t 值，***、**、*分别表示在1%、5%、10%的显著性水平下显著；样本区域为全国整体。

表6-22第（1）列采用个体固定效应分析高铁通达对省际创新合作的影响总效应，回归结果显示，在加入高铁通达这一变量后，资源依赖对创新合作的影响系数绝对值从表6-17第（1）列中的0.041降至现在的0.029，说明高铁通达能够显著缓解资源依赖对创新合作的挤出效应；同时在控制其他影响因素后，高铁通达的影响系数为0.157，显著为正，表明高铁通达显著提高了省际创新合作水平。第（2）列显示，高铁通达对高素质劳动力的影响系数为0.565，说明高铁通达能够显著增加高素质劳动力人口。第（3）列表明，高素质劳动力的回归系数和高铁通达系数显著为正，说明存在中介效应，高铁通达增加高素质劳动力流入从而提升省际创新合作水平的中介效应占总效应的7.197%。在第（4）列中，

高铁通达对人口集聚的影响系数为 0.890,说明高铁通达能够增强人口集聚程度。第(5)列回归结果表明,人口集聚的回归系数为 0.128,说明高铁建设通过增强人口集聚程度从而提升了省际创新合作水平。高铁通过增加人口集聚从而提升省际创新合作水平的中介效应占总效应的比重为 18.707%。第(6)列给出了高铁通达对投资要素的回归结果,高铁通达对投资要素的影响系数为 0.089,说明高铁通达能够显著提升区域投资要素的流入。第(7)列结果显示,投资要素的回归系数在 1% 的显著性水平下显著为正,说明高铁通达通过增加投资要素投入提升了创新合作水平。高铁通过增加投资要素投入进而提高区域创新合作水平的中介效应占总效应的比重为 19.954%。

表 6-23　高铁通达促进区域创新合作的中介机制检验:产业结构升级

变量	(1) ln$paper$	(2) $manupro$	(3) ln$paper$	(4) ln$paper$	(5) $sevpro$	(6) ln$paper$
lnhsr	0.157*** (8.515)	0.610*** (3.388)	0.172*** (9.215)		0.346 (1.463)	0.141*** (8.347)
$minpro$	−0.029*** (−4.924)	−0.706*** (−10.131)	−0.046*** (−5.268)		−0.438*** (−5.333)	−0.009 (−1.322)
$manupro$			−0.024* (−1.966)	0.017* (1.729)		
$sevpro$						0.047*** (8.093)
控制变量	是	是	是	是	是	是
常数项	3.927*** (7.152)	76.889*** (17.753)	5.757*** (5.478)	1.705* (1.920)	26.933*** (4.065)	2.662*** (5.205)
观测值	308	308	308	308	308	308
R^2	0.933	0.964	0.935	0.909	0.910	0.949
Bootstrap 检验(间接效应)					0.340*** (22.337)	
模型	个体固定效应	个体固定效应	个体固定效应	个体固定效应	个体固定效应	个体固定效应
样本区域	全国整体	全国整体	全国整体	全国整体	全国整体	全国整体

注:括号内是 t 值,***、**、* 分别表示在 1%、5%、10% 的显著性水平下显著;样本区域为全国整体。

表 6-23 是将产业结构作为中介变量的回归结果。第（2）列结果显示高铁通达对制造业占比的影响系数为 0.610，说明高铁通达度的提升能强化制造业的发展。通过对第（3）列结果分析得出，制造业对创新合作的促进效应并不显著。在第（4）列中只保留制造业占比这一变量的情况下可以看出，制造业占比系数为 0.017 且显著，说明提升制造业占比有利于区域创新合作。第（5）列以第三产业占比为被解释变量，高铁通达对第三产业占比的影响并不显著，第（6）列在基础模型上加入第三产业占比，回归结果表明，第三产业占比系数为 0.047 且显著，并进一步进行 Bootstrap 检验，结果显示存在间接效应，表明高铁通达在一定程度上能够提升第三产业占比来推动区域创新合作水平的提升的中介效应占比为 10.358%。

表 6-24　高铁通达促进区域创新合作的中介机制检验：创新网络结构优化

变量	（1）lnpaper	（2）lndegree	（3）lnpaper	（4）nbetw	（5）lnpaper
lnhsr	0.157*** (8.515)	0.066*** (5.595)	0.059*** (6.172)	0.136* (1.933)	0.158*** (8.516)
$minpro$	-0.029*** (-4.924)	-0.009** (-2.560)	-0.015*** (-5.501)	-0.043 (-1.545)	-0.030*** (-5.029)
ln$degree$			1.493*** (27.906)		
$nbetw$					-0.007 (-0.487)
控制变量	是	是	是	是	是
常数项	3.927*** (7.152)	1.348*** (4.688)	1.914*** (5.570)	22.514*** (2.945)	4.073*** (5.999)
观测值	308	308	308	308	308
R^2	0.933	0.965	0.983	0.556	0.933
Bootstrap 检验（间接效应）			0.410*** (21.990)		
模型	个体固定效应	个体固定效应	个体固定效应	个体固定效应	个体固定效应

注：括号内是 t 值，***、**、* 分别表示在 1%、5%、10%的显著性水平下显著；样本区域为全国整体。

表 6-24 中第（2）列给出了高铁对点度中心度的回归结果，回归结果显示，高铁通达对点度中心度具有显著的正向影响。第（3）列进一步说明了高铁通达正是通过提高点度中心度进而影响区域创新合作的。高铁通过提高点度中心度来提升创新合作水平的中介效应占总效应的62.763%，即点度中心度是高铁影响区域创新合作的重要机制。第（4）列给出高铁对中间中心度的回归结果，高铁通达对中间中心度的影响系数为 0.136，说明高铁通达在一定程度提升了中间中心度。第（5）列在第（1）列的基础上加入中间中心度，中间中心度的回归系数并不显著，可能是因为省份之间的桥梁作用弱，使得区域之间的间接交流有所限制。高铁通达回归系数为 0.158，说明高铁通达能够提升创新合作水平。但中间中心度系数不显著，说明不存在中介效应。

第三节 中国省际创业关联网络特征及影响因素分析

本节基于创业关联数据，考察高、中、低三类资源依赖地区创业关联网络的时空演化特征，进而运用计量模型探析资源依赖对地区创业活力的影响效应，发现资源依赖度与省份所处创业网络地位密切相关。

一 中国省际创业关联网络构建方法及计量模型设定

（一）中国省际创业关联网络构建方法

地区间创业关联关系是构建创业关联网络的基础，也是分析区域创业网络结构特征的关键。基于已有文献（安勇和赵丽霞，2020），本书选用引力模型确定地区间创业关联关系。具体模型构建如下：

$$E_{ij} = K_{ij} \frac{\sqrt[3]{EN_i P_i G_i} \sqrt[3]{EN_j P_j G_j}}{d_{ij}^2} \tag{6.9}$$

其中，E_{ij} 表示地区 i 在创业方面对地区 j 的影响力；EN_i 和 EN_j 分别为 i 和 j 两个地区的新注册企业数量；P_i 和 P_j 分别为 i 和 j 两个地区的常住人口；G_i 和 G_j 分别为 i 和 j 两个地区的 GDP；K_{ij} 为修正系数，$K_{ij} = \frac{EN_i}{EN_i + EN_j}$ 表示 i 对 j 的规模关联；d_{ij} 为两地区间的经济地理距离，即 $D_{ij}^2 = [d_{ij}/(pgdp_i - pgdp_j)]^2$。依据式（6.9），即可得到地区间创业的引力矩阵。

为更好地观察省际创业关联网络的空间结构特征，本书基于两类阈值构建中国各省份创业关联的二值矩阵。一是以2010年两两省份关联强度的均值作为样本期内所有创业关联关系的阈值，若两地间创业关联强度大于该阈值，则赋值为1，否则赋值为0，从而构建跨期可比的区域创新关联矩阵。二是参考已有文献的一般做法（邵海琴和王兆峰，2022），将矩阵中各省份与其他省份间的创业关联强度均值作为该地区创业关联度的阈值，当两省份间创业关联强度大于该阈值时，赋值1；反之，赋值0。本书主要采用社会网络分析法，从社会网络的角度出发，对各省份间的创业关联关系进行探讨分析，主要选取的指标有点度中心度、中间中心度和接近中心度。其中，点度中心度和中间中心度的计算公式在前文已进行叙述。接近中心度的具体计算方法如下：

$$C_{OCi} = \frac{1}{\sum_{j=1}^{n} r_{ij}} \quad (6.10)$$

$$C_{ICi} = \frac{1}{\sum_{j=1}^{n} r_{ji}} \quad (6.11)$$

其中，C_{OCi} 和 C_{ICi} 分别表示出接近中心度和入接近中心度；r_{ij} 表示 i 省份到 j 省份最短距离（最短路径中包含的连线数）；r_{ji} 表示 j 省份到 i 省份最短距离。

（二）计量模型设定

根据前述特征事实分析，高资源依赖地区往往具有较低的创业活力。为有效检验资源依赖对地区创业活力的挤出效应，设定如下计量模型：

$$\ln enter_{it} = \alpha_0 + \alpha_1 \ln resource_{it} + \alpha_C C_{it} + \varepsilon_{it} \quad (6.12)$$

式中，$enter_{it}$ 表示省份 i 在 t 年份的创业活力；$resource_{it}$ 表示省份 i 在 t 年份的资源依赖度；C_{it} 为创业活力的其他影响因素，包括市场化水平（$market$）、第二产业集聚程度（sa）、第三产业集聚程度（ta）、信息化水平（$tele$）；α_0、α_1、α_C 均为待估参数；ε_{it} 为随机扰动项。

同时，考虑到高铁等交通基础设施改善、地区间创业活动的溢出作用可能对地区创业活力产生影响，及其与资源依赖之间可能产生的交互作用，构建如下调节效应模型：

$$\ln enter_{it} = \beta_0 + \beta_1 \ln resource_{it} + \beta_2 \ln resource_{it} Mo_{it} + \beta_3 Mo_{it} + \beta_c C_{it} + \varepsilon_{it} \quad (6.13)$$

其中，Mo_{it} 表示调节变量，包括点度中心度（point）和高铁服务供给水平（hsr）；β_0、β_1、β_2、β_3、β_c 均为待估参数；若 β_3 显著，即表明调节变量的调节作用成立。

（三）指标选取

创业活力（enter）为本书的被解释变量，主要采用各省份新注册企业数与地区劳动力总数的比值进行度量。同时，为保证回归结果具有稳健性，本书还利用城镇私营和个体从业人员占地区就业人口比重（ementer）表征地区创业水平，进行稳健性分析。

资源依赖度（resource）为本书的核心解释变量，主要选取采矿业营业收入占工业总营业收入的比重来衡量。

市场化水平（market）、第二产业集聚程度（sa）、第三产业集聚程度（ta）、信息化水平（tele）是影响地区创业水平的重要影响因素，也是本书关注的重点之一。其中，市场化水平（market）采用王小鲁等（2021）编制的中国分省份市场化总指数表示，2020年缺失数据根据 2015—2019 年市场化指数的平均增长幅度进行外推；信息化水平选用人均电信业务量进行度量；第二产业集聚程度（sa）和第三产业集聚程度（ta）运用区位商方法进行测度，具体公式为：

$$A_{iq} = \frac{VI_{iq} / \sum_{q=1}^{3} VI_{iq}}{\sum_{i=1}^{n} VI_{iq} / \sum_{i=1}^{n} \sum_{q=1}^{3} VI_{iq}} \tag{6.14}$$

其中，A_{iq} 表示 i 省份的 q 产业集聚程度；VI_{iq} 表示 i 省份 q 产业的产值；n 为省份个数。

点度中心度（point）和高铁服务供给水平（hsr）为本书的调节变量。其中，点度中心度等为反映省际创业关联关系及各省份创业地位的变量，借助各省际创业关联关系矩阵和 UCINET 软件进行计算；高铁服务供给水平采用高铁日通车频次进行衡量，且为便于回归分析，在对数化处理前对各省份原始高铁服务水平数据加 1。

基于数据的质量和可获取性，选取 2000—2020 年 30 个省份（不包括西藏、香港、澳门和台湾地区）为研究样本进行分析；由于对高铁数据获取有限①，本书对高铁调节效应考察时，主要基于 28 个省份 2008—2018 年的面板数据进行分析（不包括海南、宁夏、西藏、香港、澳门和台湾地区）；城镇私营和个体从业人员数据从 2004 年开始进行公布。各变量描述性统计如表 6-25 所示。

表 6-25　　　　　　　　　变量描述性统计

变量名称	变量符号	观测值	均值	标准差	最大值	最小值
创业水平	enter	630	133.413	99.5216	766.181	7.672
资源依赖度	resource	630	9.399	9.9583	44.739	0.017
市场化水平	market	630	6.990	2.0779	11.934	2.243
第二产业集聚度	sa	630	0.921	0.2031	1.454	0.331
第三产业集聚度	ta	630	0.954	0.1917	1.989	0.638
信息化水平	tele	630	0.279	0.4824	4.309	0.005
点度中心度	point	630	1057.680	3143.5770	40249.900	0.094
高铁服务供给水平	hsr	308	197.146	229.986	1409.000	0.000
私营和个体从业人员占比	ementer	510	764.479	774.9007	5662.162	38.100

二　中国省际创业关联网络的时空特征分析

基于创业关联数据，使用 UCINET 软件计算各地区网络中心性及构建省际创业关联网络，以考察高、中、低资源依赖地区创业关联网络的时空演化特征。

第一，省际创业关联关系逐年增强，且关联强度依次为低资源依赖地区>中资源依赖地区>高资源依赖地区。图 6-14 至图 6-16 为基于引力矩阵计算的各类地区创业点度中心度、点出度、点入度均值变化趋势。从图 6-14 来看，2000—2020 年，中国各类地区的创业点度中心度不断提升，全国平均值从 2000 年的 7.752 增加至 2020 年的 5571.098，尤其是 2013 年以来，增长速度明显加快，这表明在中央和地方政府政策的指引下，各省份间的创业联系越发紧密。

---

① 这里使用与本章"创新"部分研究中一致的高铁数据来分析高铁与创业活力的关系。

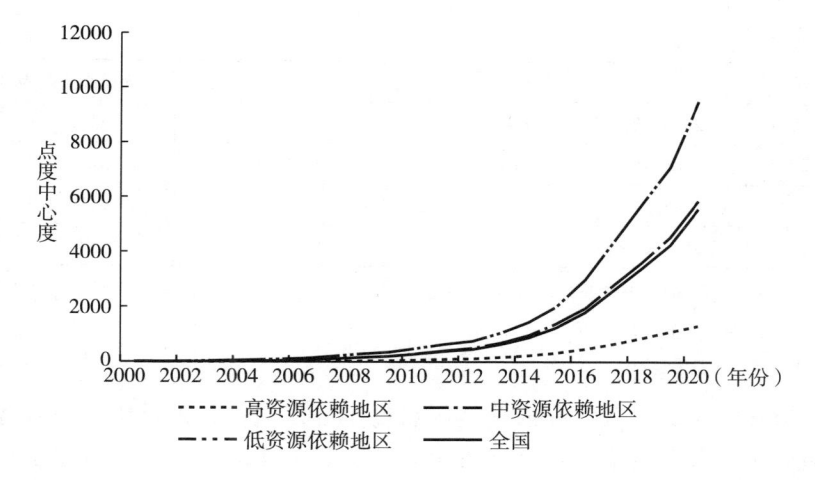

第六章 资源依赖对创新创业的挤出效应及缓解机制 / 185

图 6-14 2000—2020 年高、中、低资源依赖地区点度中心度变化趋势

表 6-26　　2000—2020 年高、中、低资源依赖地区点度中心度

年份	全国	高资源依赖地区	中资源依赖地区	低资源依赖地区
2000	7.752	1.477	5.583	16.195
2001	8.528	1.705	6.419	17.460
2002	12.557	2.592	9.755	25.324
2003	21.311	4.516	17.638	41.778
2004	35.356	7.704	29.866	68.497
2005	49.970	11.507	44.179	94.223
2006	67.692	14.966	60.805	127.307
2007	113.276	26.229	104.333	209.267
2008	159.366	35.826	158.313	283.957
2009	202.116	48.116	203.190	355.043
2010	285.311	68.897	297.615	489.421
2011	383.195	98.740	408.842	642.002
2012	459.582	121.554	500.719	756.473
2013	639.552	171.500	697.085	1050.070
2014	884.767	234.173	974.073	1446.055
2015	1253.996	332.895	1408.005	2021.087
2016	1799.101	466.878	1942.099	2988.327

186 / 资源型地区经济转型研究：基于区域网络视角

续表

年份	全国	高资源依赖地区	中资源依赖地区	低资源依赖地区
2017	2599.324	650.412	2786.338	4361.221
2018	3408.459	862.521	3619.730	5743.127
2019	4248.973	1094.358	4536.262	7116.299
2020	5571.098	1309.887	5873.784	9529.624

注：高、中、低资源依赖地区（包括全国）点度中心度均值为该类地区各个省份点度中心度总和除以该类地区省份个数得到。

分区域来看，低资源依赖地区点度中心度最高，即低资源依赖地区在省际创业关联网络中与其他省份间的关联关系较多，处于网络的中心位置。中资源依赖地区次之，且自2009年以来，关联强度基本位于全国平均值以上。高资源依赖地区最差，且与中、低资源依赖地区间的差距逐渐扩大。从具体数值来看，2000年低资源依赖地区点度中心度均值为16.195，中资源依赖地区为5.583，高资源依赖地区仅为1.477，低资源依赖地区是高资源依赖地区的约11倍；2020年，低、中、高资源依赖地区的点度中心度分别为9529.624、5873.784和1309.887。

从图6-15和表6-27来看，2000—2020年中国各类地区的创业点出度总体呈现上升趋势，全国平均值从2000年的5.451增至2020年的3681.876，年均增长率为38.51%，这表明各省份对其他省份创业活动的

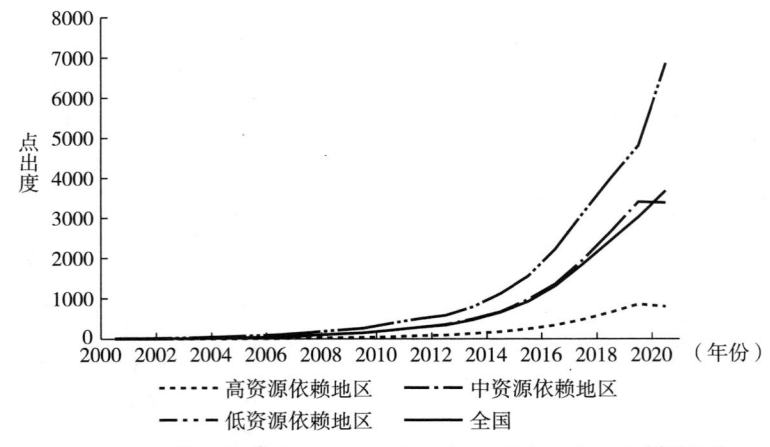

图6-15 2000—2020年高、中、低资源依赖地区点出度变化趋势

第六章 资源依赖对创新创业的挤出效应及缓解机制 / 187

影响力不断增强。分区域来看,低资源依赖地区点出度最高,即低资源依赖地区在省际创业关联网络中发挥着较强的辐射作用。中资源依赖地区的溢出作用介于高、低资源依赖地区之间。高资源依赖地区最差,且与中、低资源依赖地区的差距逐渐拉大。从具体数值来看,2000年低资源依赖地区点出度均值为12.627,中资源依赖地区点出度均值为3.177,高资源依赖地区点出度均值仅为0.550;2020年,低、中、高资源依赖地区的点出度分别为6859.567、3381.171和804.891。

表6-27　　　2000—2020年高、中、低资源依赖地区点出度

年份	全国	高资源依赖地区	中资源依赖地区	低资源依赖地区
2000	5.451	0.550	3.177	12.627
2001	6.159	0.575	3.501	14.401
2002	8.974	0.873	4.913	21.134
2003	15.601	1.898	9.764	35.140
2004	27.484	3.710	19.811	58.930
2005	37.146	5.083	23.632	82.724
2006	50.332	8.035	37.451	105.511
2007	84.032	20.080	76.832	155.184
2008	119.780	27.813	120.912	210.613
2009	151.977	37.423	151.973	266.535
2010	215.210	51.626	211.068	382.936
2011	287.336	77.052	284.517	500.440
2012	344.625	96.767	357.604	579.503
2013	475.982	135.094	500.216	792.636
2014	657.967	178.098	674.313	1121.489
2015	920.271	245.998	969.608	1545.208
2016	1312.216	343.569	1364.104	2228.977
2017	1858.865	484.098	1967.370	3125.126
2018	2439.817	659.152	2661.075	3999.225
2019	3021.438	858.349	3402.235	4803.731
2020	3681.876	804.891	3381.171	6859.567

注：高、中、低资源依赖地区（包括全国）点出度均值为该类地区各省份点出度总和除以该类地区省份个数得到。

从图 6-16 和表 6-28 来看，2000—2020 年中国各类地区的创业点入度基本呈现稳定上升趋势，这是因为各省份在向其他地区溢出的同时，也在积极接收来自其他省份创业活动的辐射作用。分区域来看，低资源依赖地区的点入度仍旧最高，即低资源依赖地区既在区域创业关联网络中发挥着较强的带动作用，也是网络中的重要受益者，在区域创业网络中扮演着最为活跃的中心者角色。中资源依赖地区的受益情况也较为明显。自 2008 年开始中资源依赖地区点出度超过全国平均值，但在 2005 年其点入度就已经高于全国平均水平。高资源依赖地区点入度相较于中、低资源依赖地区仍有较大进步空间。从具体数值来看，2000 年，低、中、高资源依赖地区的点入度分别为 10.089、4.800 和 1.465；到 2020 年分别增长至 5664.131、4392.980 和 988.518。

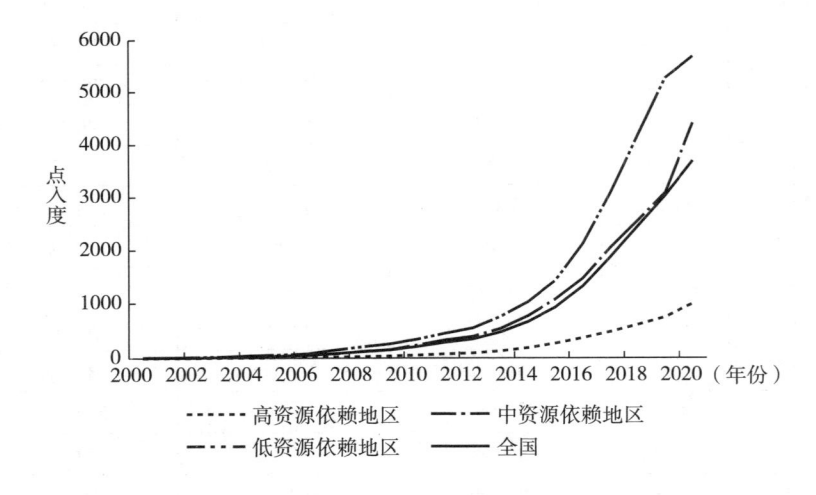

图 6-16　2000—2020 年高、中、低资源依赖地区点入度变化趋势

表 6-28　　　　2000—2020 年高、中、低资源依赖地区点入度

年份	全国	高资源依赖地区	中资源依赖地区	低资源依赖地区
2000	5.451	1.465	4.800	10.089
2001	6.159	1.700	5.615	11.163
2002	8.974	2.571	8.856	15.494
2003	15.601	4.433	15.600	26.769
2004	27.484	7.524	26.635	48.292

续表

年份	全国	高资源依赖地区	中资源依赖地区	低资源依赖地区
2005	37.146	11.183	41.178	59.078
2006	50.332	14.468	54.842	81.687
2007	84.032	20.118	83.100	148.877
2008	119.780	28.995	122.254	208.090
2009	151.977	37.974	157.561	260.394
2010	215.210	56.620	241.697	347.312
2011	287.336	77.650	331.221	453.139
2012	344.625	92.846	394.826	546.202
2013	475.982	130.708	540.471	756.767
2014	657.967	189.273	765.754	1018.874
2015	920.271	267.906	1070.826	1422.083
2016	1312.216	366.479	1463.440	2106.729
2017	1858.865	479.223	2035.597	3061.774
2018	2439.817	605.760	2548.884	4164.808
2019	3021.438	742.628	3073.832	5247.855
2020	3681.876	988.518	4392.980	5664.131

注：高、中、低资源依赖地区（包括全国）点入度均值为该类地区各省份点入度总和除以该类地区省份个数得到。

第二，高资源依赖省份节点连线从无到有再到稠密，与其他省份间的创业关联关系不断增强。本书以 2010 年两两省份间关联强度的均值 0.0717 作为阈值，将 2000—2020 年的省域创业引力矩阵转化为 0—1 二值矩阵，构建省际创新关联网络模型。图 6-17 展示了 2000 年、2010 年和 2020 年的省际创业关联网络关系。由于阈值一致，各年份间可以进行相互比较。从图 6-17 来看，在以 0.0717 作为阈值的情况下，2000 年新疆和青海与其他省份之间无创业关联关系，海南、宁夏和甘肃仅存在由其他省份指向的点入度，点出度为 0。黑龙江、内蒙古、吉林、云南等中、高资源依赖地区的点度中心度也相对较低。相较之下，北京、上海、浙江、江苏、广东等低资源依赖地区的点度中心度较高。尤其是北京和上海，与其他省份间差距明显，可以将其看作创业关联网络中的两个中心核。到 2010 年，各省份间的创业关联关系明显增多，省份间的连线由稀疏转为稠密。在以 0.0717 作为阈值的情况下，新疆、青海、宁夏、黑龙江等高资源依赖地区均能与十余个省份间搭建起创业联系，但相较于低资源依赖地区仍然存在较大差距。低资源依赖地区中北京、上海、广东、福建、江苏、浙江等地区基本实现与全国绝大多数省份的创业联系。继续以 0.0717 为阈值，到 2020 年时已有 7 个省份与全国其他省份之间存在创业关联关系，8 个省份与其他 28 个省份间存在关联关系，其中包括甘肃、陕西两个高资源依赖地区。

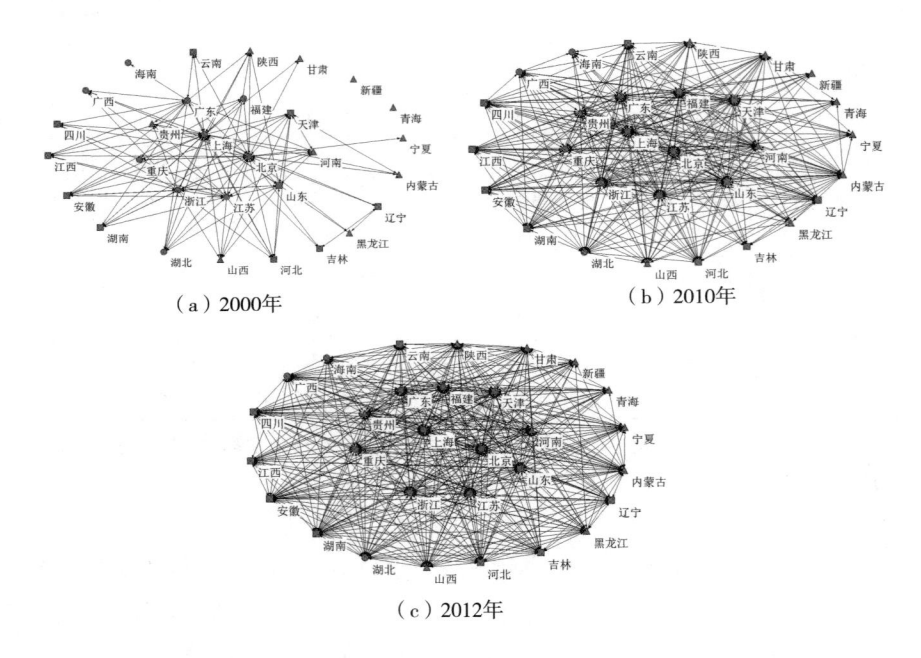

（a）2000年

（b）2010年

（c）2012年

图 6-17　2000 年、2010 年、2020 年中国省际创业关联网络关系

注：三角形节点为高资源依赖地区，正方形节点为中资源依赖地区，圆形节点为低资源依赖地区，图中连线表示两两省份有创业联系。

第三，省际创业关联网络整体呈现溢出大于受益的网络特征，中、高资源依赖地区多为溢出方。按照一般的做法，以各省份与其他所有省份关联的均值作为阈值，将创业引力矩阵转为二值矩阵。表 6-29 汇报了 2000 年和 2020 年各省份的点度中心度（包括点入度和点出度）。从点出度来看，2000 年全国排名第一的省份是广东，点出度为 10，云南和重庆并列第二，点出度为 8。贵州、甘肃、四川、上海紧随其后，点出度为 7，高、中、低资源依赖地区间的区别不明显。从点入度来看，2000 年排名前 5 位的省份分别为上海、北京、天津、江苏、浙江，即这些省份在创业关联网络中受益最高，排名后 5 位的省份分别为青海、陕西、海南、新疆和宁夏，除海南外皆为高资源依赖地区，表明高资源依赖地区从创业关联网络中的获益较少。对比各省份点出度和点入度，点入度高于点出度的省份有上海、北京、天津、江苏、浙江、山东和安徽 7 个省份。这些省份经济发展水平或经济规模相对较高，创业环境较其他地区更为优越，能够在省际创业关联网络中产生"虹吸"效应，有效吸引其他省份的创业要素。

表 6-29　　　　　　　　2000 年和 2020 年各省份点度中心度

分类	省份	2000 年 点出度	排名	点入度	排名	2020 年 点出度	排名	点入度	排名
高资源依赖地区	贵州	7	4	4	11	8	2	2	18
	甘肃	7	4	1	21	7	8	4	14
	河南	6	8	6	8	6	16	7	7
	青海	6	8	0	26	6	16	1	21
	陕西	6	8	0	26	5	20	1	21
	山西	4	20	2	14	4	24	2	18
	黑龙江	4	20	1	21	5	20	0	27
	内蒙古	3	25	1	21	4	24	1	21
	新疆	3	25	0	26	6	16	0	27
	宁夏	3	25	0	26	5	20	0	27
	均值	4.9	—	1.5	—	5.6	—	1.8	—
中资源依赖地区	天津	5	15	16	3	2	30	12	5
	云南	8	2	1	21	7	8	2	18
	四川	7	4	2	14	7	8	1	21
	山东	4	20	7	7	6	16	5	13
	江西	6	8	3	12	7	8	6	9
	湖南	6	8	2	14	7	8	4	14
	安徽	4	20	5	9	4	24	4	14
	辽宁	5	15	2	14	4	24	1	21

续表

分类	省份	2000年 点出度	排名	点入度	排名	2020年 点出度	排名	点入度	排名
中资源依赖地区	吉林	4	20	1	21	4	24	0	27
	河北	3	25	2	14	5	20	6	9
	均值	5.2	—	4.1	—	5.3	—	4.1	—
低资源依赖地区	上海	7	4	27	1	8	2	27	1
	北京	6	8	24	2	7	8	25	2
	江苏	2	29	14	4	8	2	25	2
	浙江	2	29	14	4	4	24	15	4
	广东	10	1	10	6	10	1	7	7
	重庆	8	2	2	14	8	2	6	9
	福建	5	15	5	9	8	2	9	6
	广西	6	8	2	14	7	8	4	14
	湖北	5	15	3	12	8	2	6	9
	海南	5	15	0	26	7	8	1	21
	均值	5.6	—	10.1	—	7.5	—	12.5	—

注：高、中、低资源依赖地区点度中心度均值为该类地区各省份点度中心度总和除以该类地区省份个数得到。

从2020年来看，点出度排名第一的省份仍然为广东，上海、江苏、福建、贵州、湖北、重庆等省份紧随其后。排在后10位的省份分别为河北、黑龙江、陕西、宁夏、浙江、安徽、辽宁、山西、吉林、内蒙古、天津，除浙江外基本为中、高资源依赖地区。点入度排名前五的省份为上海、江苏、北京、浙江、天津，排名后4位的省份为新疆、黑龙江、宁夏、吉林，且这4个省份点入度均为0，为纯溢出方。对比点入度和点出度，点入度大于点出度的省份仅8个，分别为上海、江苏、北京、浙江、天津、福建、河南、河北，剩余省份均为点出度大于等于点入度，主要属于创业溢出省份。从三类地区点度中心度均值来看，2000年高、中、低资源依赖地区的点出度均值分别为4.9、5.2、5.6，点入度分别为1.5、4.1、10.1，中、高资源依赖地区为溢出方，低资源依赖地区为受益方。到2020年，三类地区的点出度分别为5.6、5.3、7.5，点入度为1.8、4.1、12.5，中、高资源依赖地区溢出方的角色仍未发生变动。

第六章 资源依赖对创新创业的挤出效应及缓解机制 / 193

第四，高资源依赖地区入接近中心度较低，接收其他省份创业溢出的能力较弱。表6-30汇报了2000年和2020年各省份的接近中心度。从2000年来看，辽宁、黑龙江、吉林、青海、甘肃、海南、陕西、宁夏、新疆为出接近中心度排名前9的省份，除海南外皆为中、高资源依赖地区，表明这些地区的创业要素较容易溢出到其他省份。排在后6位的省份分别为河北、内蒙古、江苏、浙江、北京、天津，这些地区的创业要素较难溢出到其他地区。入接近中心度排名前5的省份分别为上海、北京、江苏、浙江、天津，除天津外皆为低资源依赖地区，这些地区能够较好地获取到其他省份的创业要素，具有较强的整合能力。排在后5位的省份有青海、海南、陕西、宁夏、新疆，这些地区入接近中心度较低，处于省际创业关联网络边缘位置，与其他省份的创业关联关系较弱。

表6-30　　　　　　　2000年和2020年各省份接近中心度

分类	省份	2000年 出接近中心度	排名	入接近中心度	排名	2020年 出接近中心度	排名	入接近中心度	排名
高资源依赖地区	黑龙江	0.422	2	0.123	23	0.595	10	0.115	27
	青海	0.391	4	0.115	26	0.595	10	0.676	25
	甘肃	0.361	5	0.119	25	0.599	9	0.833	23
	陕西	0.344	7	0.115	26	0.578	14	0.676	25
	宁夏	0.340	8	0.115	26	0.690	1	0.115	27
	新疆	0.340	8	0.115	26	0.649	2	0.115	27
	贵州	0.330	12	1.099	16	0.610	4	1.124	19
	河南	0.313	21	1.923	7	0.513	22	1.961	6
	山西	0.312	22	1.639	13	0.508	25	1.667	13
	内蒙古	0.311	25	1.613	13	0.508	25	1.639	14
	均值	0.346	—	0.698	—	0.584	—	0.892	—
中资源依赖地区	辽宁	0.424	1	0.123	22	0.508	25	1.639	14
	吉林	0.422	2	0.123	23	0.592	12	0.115	27
	云南	0.331	10	1.064	20	0.606	5	1.124	19
	四川	0.329	14	1.075	18	0.606	5	0.800	24
	江西	0.328	15	1.754	9	0.575	15	1.852	9

续表

分类	省份	2000年 出接近中心度	排名	入接近中心度	排名	2020年 出接近中心度	排名	入接近中心度	排名
中资源依赖地区	湖南	0.328	15	1.087	17	0.575	15	1.786	11
	安徽	0.312	22	1.818	8	0.508	25	1.786	11
	山东	0.312	22	1.961	6	0.513	22	1.887	8
	河北	0.311	25	1.639	11	0.510	24	1.923	7
	天津	0.302	30	2.222	5	0.465	30	2.128	5
	均值	0.340	—	1.287	—	0.546	—	1.504	—
低资源依赖地区	海南	0.361	5	0.115	26	0.592	12	1.031	21
	重庆	0.331	10	0.855	21	0.613	3	1.031	21
	广东	0.330	12	1.515	14	0.602	8	1.449	17
	广西	0.328	15	1.075	18	0.606	5	1.205	18
	湖北	0.326	18	1.754	9	0.568	18	1.852	9
	上海	0.319	19	3.226	1	0.541	19	3.226	1
	福建	0.317	20	1.333	15	0.575	15	1.515	16
	江苏	0.306	27	2.273	3	0.541	19	3.030	2
	浙江	0.306	27	2.273	3	0.526	21	2.273	4
	北京	0.303	29	2.941	2	0.478	29	3.030	2
	均值	0.323	—	1.736	—	0.564	—	1.964	—

注：高、中、低资源依赖地区接近中心度均值为该类地区各省份接近中心度总和除以该类地区省份个数得到。

从2020年来看，出接近中心度排名前9位的省份分别为宁夏、新疆、重庆、贵州、四川、广西、云南、广东、甘肃，这些省份的创业要素较容易到达其他省份。排在后6位的省份分别为安徽、山西、内蒙古、辽宁、北京、天津，这些省份创业要素到达其他省域相对较为困难。入接近中心度排名前5位的省份分别为上海、江苏、北京、浙江、天津，这些地区在经济发展方面的优势能够使其快速与其他省份建立关联关系，并有效整合其他省份溢出的创业要素。而排在末尾的黑龙江、新疆、宁夏、陕西、青海、四川、甘肃、海南等地区则扮演着"边缘行动者"角色，较难获取其他地区的创业要素溢出。从接近中心度均值来看，2000

年高、中、低资源依赖地区出接近中心度均值分别为 0.346、0.340 和 0.323，2020 年分别为 0.584、0.546 和 0.564，地区间较为平衡。三类地区 2000 年入接近中心度均值分别为 0.698、1.287 和 1.736，到 2020 年为 0.892、1.504、1.964，三类地区入接近中心度呈现明显的阶梯状分布。

第五，低资源依赖省份对创业要素资源具有较强的掌控力，中、高资源依赖地区多为被支配方。表 6-31 汇报了 2000 年、2010 年、2020 年各省份的中间中心度。从 2000 年来看，中间中心度全国排名前 5 位的省份分别是上海、广东、北京、江西、湖北，表明这些省份在区域创业网络中扮演着"桥梁"的重要角色。其中，除江西为中资源依赖地区外，其他 4 省皆为低资源依赖地区。上海和广东的中间中心度远高于其他省份，是省际创业关联网络中的关键节点，对创业活动所需的各类资源、要素具有较强的控制力。排名后 5 位的省份分别为陕西、海南、青海、宁夏、新疆，除海南外皆为高资源依赖地区，说明这些省份在省际创业关联网络中处于被支配的一方，对创业要素的支配和控制能力相对较弱。

表 6-31　　2000 年、2010 年、2020 年各省份的中间中心度

分类	省份	2000 年 中间中心度	排名	2010 年 中间中心度	排名	2020 年 中间中心度	排名
高资源依赖地区	贵州	18.07	7	10.23	13	22.01	12
	河南	16.36	8	19.10	10	11.01	16
	甘肃	7.25	13	23.75	8	67.00	8
	山西	5.26	14	6.11	16	3.57	19
	内蒙古	2.34	21	1.77	21	1.79	22
	黑龙江	0.25	24	0.00	26	0.00	26
	陕西	0.00	26	0.00	26	0.33	24
	青海	0.00	26	0.00	26	0.00	26
	宁夏	0.00	26	0.00	26	0.00	26
	新疆	0.00	26	0.00	26	0.00	26
	均值	4.95	—	6.10	—	10.57	—
中资源依赖地区	江西	86.33	4	98.32	3	113.16	5
	天津	21.94	6	19.49	9	2.83	21
	四川	13.59	9	10.00	14	1.71	23

续表

分类	省份	2000年 中间中心度	排名	2010年 中间中心度	排名	2020年 中间中心度	排名
中资源依赖地区	安徽	12.51	10	3.07	19	4.32	18
	山东	8.26	12	10.44	12	6.35	17
	河北	5.26	14	6.86	15	24.74	11
	湖南	4.83	16	37.76	6	48.41	10
	辽宁	2.50	19	1.00	22	2.90	20
	云南	1.77	22	11.04	11	21.47	14
	吉林	0.25	24	0.50	25	0.00	26
	均值	15.72	—	19.85	—	22.59	—
低资源依赖地区	上海	224.49	1	123.20	2	153.47	1
	广东	164.66	2	171.91	1	135.44	2
	北京	88.21	3	83.84	4	115.42	4
	湖北	61.51	5	3.07	19	21.92	13
	福建	11.67	11	3.87	17	63.04	9
	江苏	3.31	17	51.10	5	92.29	6
	浙江	3.31	17	28.44	7	15.31	15
	广西	2.43	20	0.98	23	71.31	7
	重庆	1.64	23	3.17	18	122.92	3
	海南	0.00	26	0.98	23	0.28	25
	均值	56.12	—	47.05	—	79.14	—

注：高、中、低资源依赖地区中间中心度均值为该类地区各个省份中间中心度总和除以该类地区省份个数得到。

从2010年来看，中间中心度排名前10位的省份中有5个为低资源依赖省份，3个为中资源依赖省份，2个为高资源依赖省份。后10位省份中，6个为高资源依赖省份，中、低资源依赖省份各有2个。低资源依赖省份中间中心度排名相对靠前，在创业关联网络中支配和控制其他省份创业活动的能力较强，高资源依赖地区相对较弱。到2020年，中间中心度排名前5位的省份分别为上海、广东、重庆、北京、江西，这些城市在创业关联网络中发挥着中介作用。排名后5位的省份依次为吉林、黑龙江、青海、宁夏、新疆，这些地区经济发展水平偏低，且地理位置相对靠近边缘,难以对创业关联网络中的其他省份起到支配作用。从历年各类地区的中间中心度均值也可以看出,低资源依赖地区>中资源依赖地区>高资源依赖地区。

三 资源依赖对创业活力的挤出效应及缓解机制检验

(一) 资源依赖对地区创业活力的挤出效应

为考察资源依赖对地区创业活力的影响效应,基于式 (6.12) 进行回归分析,回归结果见表6-32。列 (1) 为仅考虑资源依赖与创业活力的回归结果,资源依赖估计系数为-0.491,且在5%的显著性水平下显著,这表明资源依赖对地区创业活动存在明显的抑制作用,资源依赖度每提高1%,创业活力降低0.491%。与前述特征事实分析结论一致。在此基础上,逐次引入市场化水平、第二产业集聚度、第三产业集聚度、信息化水平,拟合优度系数 R^2 从最初的0.065增加至0.862,即现有解释变量对创业活力的解释度较高。从各影响因素系数来看,市场化水平对地区创业活力具有显著的正向影响,即市场化水平提高能够有效激发地区创业活力。第二产业集聚度、第三产业集聚度的估计系数显著为正,这说明产业集聚度提升能够显著促进创业活力提高。从集聚的外部性来看,同一行业企业的集聚能够通过共享劳动力市场、中间产品市场和知识信息等途径实现企业发展,而不同行业企业集聚也能够通过共享基础设施、跨行业知识溢出等手段获取发展机会。因而,第二、第三产业集聚程度提高对地区创业活动的促进作用也是显而易见的。信息化水平对地区创业活力的估计系数在1%的显著性水平下显著为正,这表明信息化水平的提高也是促进地区创业发展的有效手段。

表6-32　　资源依赖及各类影响因素对创业活力的估计结果

变量	(1) lnenter	(2) lnenter	(3) lnenter	(4) lnenter	(5) lnenter
lnresource	-0.491** (-2.419)	-0.293* (-1.987)	-0.248** (-2.115)	-0.181*** (-2.842)	-0.146** (-2.350)
lnmarket		2.930*** (16.592)	2.530*** (14.695)	1.959*** (9.061)	1.476*** (7.322)
lnsa			1.046*** (6.074)	3.914*** (7.490)	3.446*** (6.708)

续表

变量	（1）lnenter	（2）lnenter	（3）lnenter	（4）lnenter	（5）lnenter
ln*ta*				4.083***	3.458***
				(8.781)	(7.383)
ln*tele*					0.174***
					(6.484)
常数项	5.359***	-0.504	0.299	1.851***	2.978***
	(16.887)	(-1.239)	(0.884)	(4.055)	(7.219)
估计	固定效应	固定效应	固定效应	固定效应	固定效应
观测值	630	630	630	630	630
R^2	0.065	0.718	0.747	0.847	0.862

注：括号内为 t 值，***$p<0.01$，**$p<0.05$，*$p<0.1$，下同。

为避免由于变量选取造成的估计偏误，以私营和个体从业人员占比作为创业活力的代理变量进行稳健性检验。从估计结果来看，资源依赖对私营和个体从业人员占比的估计系数均为负向，即资源依赖对地区创业活动具有挤出效应，与基准回归结果一致。从表6-33来看，列（1）—列（4）中资源依赖对私营和个体从业人员占比的负向影响皆在10%的显著性水平下显著，但引入信息化水平后，资源依赖对私营和个体从业人员占比的估计系数不显著，这表明信息化水平一定程度上能够弱化资源依赖所带来的负向影响。总体上看，资源依赖度、市场化水平、第二产业集聚度、第三产业集聚度、信息化水平的系数方向和显著性变化较小，前述分析结论具有稳健性。

表6-33　　　　　　　　　　稳健性检验

变量	（1）lnementer	（2）lnementer	（3）lnementer	（4）lnementer	（5）lnementer
ln*resource*	-0.747***	-0.358***	-0.294***	-0.184*	-0.125
	(-6.599)	(-3.352)	(-2.805)	(-1.815)	(-1.288)
ln*market*		2.517***	2.240***	1.907***	1.445***
		(7.526)	(7.349)	(5.392)	(4.985)

续表

变量	（1）	（2）	（3）	（4）	（5）
	ln*ementer*	ln*ementer*	ln*ementer*	ln*ementer*	ln*ementer*
ln*sa*			0.756***	2.543***	2.187***
			(3.267)	(3.296)	(3.037)
ln*ta*				2.415***	1.823**
				(3.024)	(2.324)
ln*tele*					0.156***
					(4.549)
常数项	7.393***	1.793**	2.299***	3.101***	4.130***
	(41.338)	(2.289)	(3.212)	(3.842)	(6.219)
估计	固定效应	固定效应	固定效应	固定效应	固定效应
观测值	510	510	510	510	510
R^2	0.282	0.589	0.618	0.683	0.712

（二）调节效应检验

根据省际创业关联网络的特征分析，可知资源依赖度与省份所处创业网络地位密切相关，那么省间创业活动的溢出和辐射效应能否对资源依赖度及各类影响因素的创业效应产生调节作用，仍然需要进行探究。以各省份点度中心度为调节变量，对式（6.13）进行估计，估计结果如表 6-34 所示。列（1）—列（5）分别为引入点度中心度与资源依赖度、市场化水平、第二产业集聚度、第三产业集聚度、信息化水平交乘项的估计结果。从列（1）来看，ln*expe*×ln*resource* 的估计系数为 0.013，且在 1% 的显著性水平下显著，这表明地区创业点度中心度的提高能够有效缓解资源依赖对创业活动的挤出效应。ln*expe*×ln*sa* 的估计系数为 0.121，且通过了 1% 的显著性水平检验，这表明地区间创业关联度的提升能够强化第二产业集聚的创业效应。点度中心度与第三产业集聚度的交乘项 ln*expe*×ln*ta* 的估计系数显著为负，即本地区与其他地区创业关联度的提高会弱化第三产业集聚的创业效应。创业关联关系对市场化水平和信息化水平的创业效应未产生显著影响。此外，点度中心度自身对创业活力具有显著的正向影响，这表明地区积极融入创业关联网络能够有效促进本地区创业活力提高。

表 6-34　点度中心度对资源依赖及各类影响因素创业效应的调节机制

变量	（1）lnenter	（2）lnenter	（3）lnenter	（4）lnenter	（5）lnenter
lnresource	-0.100*** (-3.864)	-0.088*** (-3.309)	-0.038 (-1.522)	-0.067*** (-2.765)	-0.089*** (-3.209)
lnresource×lnexpe	0.013*** (4.015)				
lnmarket	0.452*** (4.648)	0.447*** (4.206)	0.518*** (5.515)	0.482*** (5.187)	0.468*** (4.535)
lnmarket×lnexpe		-0.017 (-1.308)			
lnsa	2.446*** (15.652)	2.455*** (15.506)	2.143*** (13.502)	1.928*** (11.671)	2.451*** (15.395)
lnsa×lnexpe			0.121*** (7.088)		
lnta	2.663*** (14.806)	2.654*** (14.580)	2.295*** (12.614)	2.040*** (10.768)	2.646*** (14.526)
lnta×lnexpe				-0.203*** (-7.941)	
lntele	0.048** (2.480)	0.044** (2.238)	0.063*** (3.289)	0.080*** (4.176)	0.050** (2.454)
lntele×lnexpe					-0.004 (-0.977)
lnexpe	0.208*** (16.915)	0.207*** (16.264)	0.210*** (17.596)	0.210*** (17.808)	0.204*** (16.418)
常数项	3.513*** (19.687)	3.494*** (17.792)	3.208*** (18.584)	3.341*** (19.744)	3.473*** (17.382)
观测值	630	630	630	630	630
R^2	0.908	0.905	0.913	0.914	0.905

由特征事实部分可知，高铁供给服务与地区创业活力存在正相关关系，但高铁供给服务与资源依赖之间是否会产生交互作用，以及交互作

用的效果如何,需要进一步深入探讨。表 6-35 汇报了高铁服务供给①对资源依赖及各类影响因素创业效应的调节作用估计。列(1)中,资源依赖度与高铁服务供给的交乘项 lnresource×lnhsr 的估计系数为-0.019,且通过 5% 的显著性水平检验。这表明高铁服务供给会强化资源依赖对地区创业活动的挤出效应。市场化水平与高铁服务供给的交乘项 lnmarket×lnhsr 的估计系数为 0.155,且在 1% 的显著性水平下显著,即高铁服务供给能够强化市场化水平的创业效应。同时,高铁服务供给对第二产业集聚与创业活力之间的关系也能够产生显著的调节作用,从估计系数方向来看,高铁服务供给能够强化第二产业集聚的创业效应。高铁服务供给对第三产业集聚和信息化水平的创业效应未能产生有效调节作用。从高铁服务供给自身来看,高铁服务供给水平的提高能够有效推动地区创业能力提升,高铁服务供给对地区创业活力的估计系数始终在 1% 的显著性水平下显著为正。

表 6-35　高铁服务供给对资源依赖及各类影响因素创业效应的调节机制

变量	(1) lnenter	(2) lnenter	(3) lnenter	(4) lnenter	(5) lnenter
lnresource	-0.235** (-2.714)	-0.202** (-2.656)	-0.246*** (-2.968)	-0.271*** (-3.258)	-0.279*** (-3.479)
lnresource×lnhsr	-0.019** (-2.057)				
lnmarket	0.640*** (2.771)	0.818*** (3.686)	0.577** (2.701)	0.621*** (2.803)	0.645*** (2.802)
lnmarket×lnhsr		0.155*** (4.367)			
lnsa	2.500*** (4.352)	2.143*** (4.236)	2.182*** (3.634)	2.417*** (4.158)	2.509*** (4.570)
lnsa×lnhsr			0.130* (1.852)		

① 由于高铁供给服务数据年份为 2008—2018 年,故而将其他数据作相应调整进行回归。这里也对表 6-32 以 2008—2018 年面板数据重新进行了回归,结果与表 6-32 较为一致。这里限于篇幅略去。

续表

变量	(1) lnenter	(2) lnenter	(3) lnenter	(4) lnenter	(5) lnenter
ln*ta*	1.973*** (3.528)	1.553*** (2.963)	1.537** (2.517)	1.792*** (2.924)	2.003*** (3.707)
ln*ta*×ln*hsr*				−0.092 (−1.134)	
ln*tele*	0.061* (1.837)	0.078** (2.344)	0.056 (1.669)	0.054 (1.638)	0.049 (1.433)
ln*tele*×ln*hsr*					0.008 (0.658)
ln*hsr*	0.091*** (5.198)	0.106*** (5.562)	0.091*** (4.798)	0.078*** (5.074)	0.081*** (4.343)
常数项	4.022*** (7.475)	3.490*** (6.333)	4.116*** (8.027)	4.165*** (7.956)	4.130*** (7.441)
估计	固定效应	固定效应	固定效应	固定效应	固定效应
观测值	308	308	308	308	308
R^2	0.816	0.831	0.815	0.812	0.811

第四节　本章小结

本章从趋势分析和回归分析两个角度探究了资源依赖对地区创新创业的挤出效应及高铁服务供给在其中的缓解机制。主要得出以下结论：

（1）资源依赖度越高的地区，创新能力越低。中国各地区的创新能力始终表现出高资源依赖地区<中资源依赖地区<低资源依赖地区的特征。中国高铁通达与创新能力具有明显的正相关关系，不同资源依赖度地区的高铁通达在促进区域创新中的作用具有较大差异。

（2）基于劳均新注册企业数和自雇人数度量的创业活力在2000—2020年均表现出明显的上升趋势，但相较于低资源依赖地区，中、高资源依赖地区的创业活跃度仍然较低。高铁频次与创业活力之间存在正向相关关系，且拟合效果呈现低资源依赖地区>中资源依赖地区>高资源依赖地区的特征，可能存在资源依赖对高铁创业效应的弱化作用。

（3）以省际 SCI 论文合作数构建省际创新合作网络发现，中国省际创新合作网络趋于完善，各个省份之间创新合作关联度在不断增强；高资源依赖省份创新合作也愈加紧密，但其在整体创新合作网络中的地位仍然较低。

（4）不管是高资源依赖省份还是中、低资源依赖省份，对自然资源形成依赖都会抑制区域创新合作，不利于区域创新能力的提升。在一定程度上，资源依赖通过对生产要素流动、产业结构升级和创新网络结构优化的负向效应挤出了创新合作。高铁通达对不同资源依赖度省份都有不同程度的正向效应，即高铁建设能够在一定程度上缓解资源型地区资源依赖对创新合作的挤出效应，且高铁通达通过增加投资要素投入、提升第三产业占比、优化创新网络推动区域创新合作。

（5）使用引力模型构建省际创业关联网络发现，省际创业关联关系逐年增强，且关联强度表现为低资源依赖地区>中资源依赖地区>高资源依赖地区；省际创业关联网络整体呈现出溢出大于受益的网络特征，中、高资源依赖地区多为溢出方；高资源依赖地区入接近中心度和中间中心度较低，接收其他省份创业溢出的能力较弱且多为被支配方。

（6）资源依赖对地区创业活力存在明显的抑制作用，资源依赖度提高导致创业活力下降。积极融入省际创业关联网络，能够有效促进本地区创业活力提高，且地区间创业关联度的提升能够强化第二产业集聚的创业效应；高铁服务供给本身有利于提升创业活力，但会强化资源依赖对地区创业活动的挤出效应，也会扩大市场化水平和第二产业集聚的创业效应。

第七章 中国资源型地区产业逆向演进与锁定的实证分析

本章主要利用产品空间理论对资源型地区产业演进所形成的锁定效应进行特征分析，并检验资源依赖所带来的产业逆向演进及中介机制。在依据资源依赖度对中国省域进行分组基础上，主要使用中国工业企业数据库 2003—2013 年四位代码行业数据，通过与非资源型省份（中、低资源依赖省份）的统计描述与比较，分析资源型省份（高资源依赖省份）的产业锁定特征。建立计量模型，分析资源依赖与显性比较优势产业个数、区域优势产业综合邻近度指数之间的负向关系以及中介机制，并考虑到中国工业企业数据库只能获取到 2013 年，进而使用《中国工业统计年鉴》2007—2017 年二位行业代码数据进行补充检验。

第一节 中国资源型省份产业演进的测度与特征：基于产品空间理论

本节主要利用 2003—2013 年中国工业企业数据库四位代码行业数据，从显性比较优势产业数量与产业空间网络特征、区域优势产业邻近度综合指数特征、生产能力禀赋与产业密度特征等方面对资源依赖度高、中、低三组展开比较分析。

一 基于产品空间理论的测度概念与方法

产品空间理论是基于复杂经济学研究产业演进升级的前沿理论（Hidalgo，2021），主要是从产品层面研究产品空间关联网络特征，主要使用产品空间网络图、产品邻近度、产品密度等概念分析一个国家或区域的产业关联、邻近特征。由于主要使用工业产业层面数据进行分析，因此将产品空间理论主要概念中的"产品"替换为"产业"，以符合实际情况，在产品空间理论中也有相关文献的支撑，比如在产品空间相关理论研究中，Neffke 等（2011）使用行业空间的概念、Zhu 等（2021）使用产业密度的概念。这里主要以"产业空间"为研究对象，使用显性比较优势及显性比较优势产业个数、产业邻近度、产业邻近度综合指数、区域优势产业邻近度综合指数、产业密度等来测度产业演进。

第一，显性比较优势及显性比较优势产业个数。沿用 Balassa（1965）定义的显性比较优势指数（Revealed Comparative Advantage，RCA），评价一个地区的某产业相对全国是否具有显性比较优势。其计算公式为：

$$RCA_{m,i} = \frac{x(m,i)}{\sum_i x(m,i)} \bigg/ \frac{\sum_m x(m,i)}{\sum_{i,m} x(m,i)} \tag{7.1}$$

式中，$RCA_{m,i}$ 为 m 地区 i 产业的显性比较优势指数。该式表示一个地区某产业产值占该地区所有产业总产值比重与全国该产业总产值占全国所有产业总产值比重之比。公式中 $x(m,i)$ 表示 m 地区 i 产业产值，$\sum_i x(m,i)$ 表示 m 地区所有产业总产值，$\sum_m x(m,i)$ 表示全国 i 产业产值，$\sum_{i,m} x(m,i)$ 表示全国所有产业总产值。若 $RCA_{m,i} \geq 1$，则 m 地区 i 产业在全国具有显性比较优势；若 $RCA_{m,i} < 1$，则 m 地区 i 产业在全国不具有显性比较优势。$RCA_{m,i}$ 值越大，表明 m 地区 i 产业在全国具有的显性比较优势越强。对于一个地区而言，可能拥有多个具有显性比较优势的产业，把一个地区所有具有显性比较优势的产业加总起来，就可以得到一个地区的显性比较优势产业个数（rcan）。

第二，产业邻近度与产业邻近度综合指数。产品空间理论主要是在产品层面使用邻近度[①]（Proximity）的概念来衡量两个产品之间的相似程度、关联程度，由于这里是产业层面的研究，因此使用产业邻近度的概念。产业邻近度表示两个产业之间邻近距离关系的指标，反映两个产业在生产要素、技术、设施、制度等方面的相似性、关联性。这里对产业邻近度的测算，是在 Hidalgo 等（2007）计算方法的基础上，借鉴生物学中测度两个物种之间关联系数的思想，进一步拓展了产业邻近度的变化

[①] Hidalgo 等（2007）使用"邻近度"一词来体现产品之间的相似程度，其含义为两种产品在一个区域是显性比较优势产品，在另一个区域也是显性比较优势产品，也就是在区域当中这两种产品总是共同出现，那么这两种产品的邻近度相对较高。邻近度体现的是两种产品同时出现的可能性，不体现两种产品的投入产出关系。

范围及含义。

首先将任意两个产业 i 和 j 在一个区域中具有显性比较优势的情况，分为以下四种情形（见表7-1）。情形 A 表示产业 i 和产业 j 同时都具有显性比较优势；情形 B 表示产业 i 不具有显性比较优势，而产业 j 具有显性比较优势；情形 C 表示产业 i 具有显性比较优势，而产业 j 不具有显性比较优势；情形 D 表示产业 i 和产业 j 都不具有显性比较优势。根据生物学中两个物种之间关联系数 $\varnothing_{ij}$（Dagnelie 系数）[①] 的计算公式，可以测算任意两个产业 i 和 j 的邻近度 $\varnothing_{ij}$，其公式如下：

$$\varnothing_{ij}=\frac{ad-bc}{\sqrt{(a+b)(c+d)(a+c)(b+d)}} \tag{7.2}$$

式中，a、b、c、d 表示在所有样本区域中，产业 i 和产业 j 分别在情形 A、B、C、D 下的样本数量。由此，可以计算出任意两个产业的邻近度。这样在一个拥有 n 个产业的产业空间中，可以形成一个对角线上的值为 1、上下对称的 $n×n$ 阶邻近度矩阵。采用 Dagnelie 系数计算方法，可将产业邻近度的变化范围拓展为 [−1, 1]。在 Hidalgo 等（2007）、贺灿飞等（2017）、马海燕和于孟雨（2018）等文献中，主要将邻近度范围界定为 [0, 1]，这种界定的优势在于邻近度都是正值，便于进行统计、计量分析，缺陷则在于难以体现产业之间的负向、互斥关系。这里则尝试界定为 [−1, 1]，由此进一步拓展了邻近度的经济学含义：如果两个产业之间的邻近度大于 0，则两个产业往往同时存在于某一个区域中，两个产业之间的关系可能为上下游产业（比如煤炭和电力）关系，也可能是共用同一种生产资料（比如梨和苹果），也可能是相互配套（比如装备制造业和装备维修业），也可能是存在一些特殊的隐性的关联，并且邻近度越接近于 1，这种同时存在的关系越显著；如果两个产业之间的邻近度在 0 附近，则两个产业之间没有显著的联系；如果两个产业之间的邻近度小于 0，则两个产业之间是互斥，或者说相互抑制的关系，一个区域中存在其中一个产业，则往往不存在另一个产业，并且邻近度越接近于−1，这种互斥关系越显著。邻近度范围界定为 [−1, 1] 的好处是更能清晰体现产业之间的正向、负向关系，不利之处是部分产业与产业之间的邻近度是负值，不利于进行实证分析，在进行实证分析时需要进行二次处理。

---

① 参见孙儒泳（2001）。

表7-1　　　　　两个产业具有显性比较优势的四种情形

产业 j	产业 i	
	$RCA_{m,i} \geq 1$	$RCA_{m,i} < 1$
$RCA_{m,j} \geq 1$	A	B
$RCA_{m,j} < 1$	C	D

产业邻近度综合指数，是指一个产业与全国所有产业的综合邻近度。其计算表达式如下：

$$\delta_i = \sum_j \varnothing_{ij}(i \neq j) \tag{7.3}$$

式中，δ_i 表示某产业 i 的产业邻近度综合指数，$\varnothing_{ij}$ 表示产业 i 与产业 j 的邻近度，$\sum_j \varnothing_{ij}$ 则表示产业 i 与全国其他所有产业 j 的产业邻近度之和。这个值越大，表明该产业与其他产业的连接越紧密，即该产业与许多产业都有较高的邻近度，反映该产业对其他产业发展的促进带动作用越大。如果这个值为负，表明该产业与大部分产业的邻近度为负值，即该产业与其他很多产业存在互斥关系，反映该产业对其他产业的总体影响是抑制的。

第三，区域优势产业邻近度综合指数。区域优势产业邻近度综合指数，通过计算某个区域所有具有显性比较优势产业（$RCA>1$）的邻近度综合指数之和，反映一个区域优势产业的关联程度，也能够体现未来一个区域产业体系在产业空间中的扩散升级能力。其计算表达式为：

$$U = \sum_i x_{m,i} \delta_i \tag{7.4}$$

式中，U 为区域优势产业邻近度综合指数，δ_i 为产业 i 的邻近度综合指数，$x_{m,i}$ 表示区域 m 中的产业 i 是否具有显性比较优势，当 $RCA_{m,i} \geq 1$ 时，$x_{m,i}$ 取值为1，否则 $x_{m,i}$ 取值为0。$\sum_i x_{m,i} \delta_i$ 表示区域 m 内所有具有显性比较优势产业的邻近度综合指数之和，即区域优势产业邻近度综合指数（qyys）。该指数值越大，说明该区域优势产业与其他产业密切关联，未来该区域产业体系在产业空间中的扩散速度相对越快，产业升级能力越强。

第四，产业密度。产品空间理论主要在产品层面使用产品密度的概念来衡量一个地区的生产能力禀赋，由于这里是产业层面的研究，因此使用产业密度的概念。一个地区当前产业结构体系反映了一个地区所具备的生产能力禀赋，产业升级能力则取决于该产业的周边产业所具有的生产能力大小。借鉴邓向荣、曹红（2016）的做法，将产业密度作为生产能力禀赋代理指标，衡量一个产业的生产能力禀赋大小。以产业邻近度为基础，计算每个产业的密度，产业密度表达式为：

$$density_{m,i} = \frac{\sum_j x_{m,j} \varnothing_{ij}}{\sum_j \varnothing_{ij}} (i \neq j) \tag{7.5}$$

式中，$density_{m,i}$ 表示地区 m 中某产业 i 的产业密度，$\varnothing_{ij}$ 表示产业 i 和产业 j 的产业邻近度，$x_{m,j}$ 表示地区 m 中产业 j 是否具有显性比较优势，当 $RCA_{m,j} \geq 1$ 时，$x_{m,j}$ 取值为 1，否则 $x_{m,j}$ 取值为 0。式（7.5）的分子表示一个地区的某产业 i 与该地区 m 中所有具有显性比较优势产业的邻近度之和，分母表示产业 i 与其他所有产业 j 的邻近度总和，比值表示产业与地区已有优势产业的加权平均邻近度。产业 i 的产业密度值越大，表明该产业与地区优势产业关联越密切，在该产业的周边已经有许多与其邻近度较高且较为成熟的优势产业，则该产业周围累积的生产能力禀赋越大，地区该产业的生产能力越强，即该产业越容易实现升级。

由此，可以计算出全国所有产业在每个地区的产业密度，反映地区该产业的生产能力大小。最后，以地区为单位，将所有产业的产业密度加总，可得到每个地区整体产业密度（$density_n$），反映地区所有产业的整体生产能力禀赋大小。

第五，数据来源及处理。研究数据来源于中国工业企业数据库，该数据库包括全国 34 万多家规模以上工业企业年度数据。基于 2003—2013 年每个企业的工业产值数据，将其汇总到省级 556 个四位代码行业层面，对全国及各省份产业空间特征及产业升级能力进行分析。样本期间为 2003—2013 年。这一方面是由于《国民经济行业分类与代码》在 2002 年进行过较大修订，为减小统计口径不一致所带来的误差，样本期间从 2003 年开始；另一方面由于数据的可获得性，数据更新到 2013 年。在数据处理完之后，会得到由"省份—年份—556 个行业"所形成的包含显性比较优势产业、产业邻近度综合指数、产业密度所组成的三维数据。由于在进行计量检验时，绝大部分的解释变量都是"省份—年份"面板数据，因此，后面再进行统计描述、计量检验时，也会对各个省份、年份的556个四位代码行业数据进行加总，得到包含区域显性比较优势产业个数、区域产业邻近度综合指数、区域产业密度及其他变量的"省份—年份"面板数据。

二　中国产业空间网络构建方法

由全国所有产业基于产业邻近度形成的产业关联性网络，可以直观地展示各产业之间的连接距离关系，也是研究不同地区产业空间结构及产业演进的重要基础模型。基于2013年中国工业企业数据库的最新数据，可以汇总得到全国31个省份556个四位代码工业产值数据[①]，借鉴Hidalgo等（2007）构建产业空间网络图的方法，绘制2013年中国产业空间网络基准图。

产业空间网络构建规则为：第一，通过Matlab计算任意两个产业之间的产业邻近度，获得556×556的产业邻近度矩阵。第二，根据计算得出的邻近度数据，选取邻近度大于0.63的作正产业空间网络基准图，选取邻近度小于-0.63的作负产业空间网络基准图，这样可以清晰展示产业间的主要连接关系。需要说明的是，为了确保产业空间网络中没有孤立点，即所有产业全部连通，在绘制正产业空间网络基准图时，如果某个产业与其他所有产业的邻近度都没有大于0.63，则取与其他产业中邻近度最大的产业连在一起；在绘制负产业空间网络基准图时，如果某个产业与其他所有产业的邻近度都没有小于-0.63，则取与其他产业中邻近度最小的产业连在一起。第三，利用Cytoscape3.3.0，绘制形成包含556个节点共计1312个链接的正产业空间网络基准图（见图7-1a）和包含556个节点共计555个链接的负产业空间网络基准图（见图7-1b）。

三　中国产业空间网络的总体特征

（一）中国产业空间网络基准图的总体特征

图7-1中每个节点代表一个产业，节点之间的连线代表产业间的邻近度，即产业间的距离关系。从正产业空间网络（见图7-1a）看，发现其网络结构并不是均匀的，而是呈现明显的"核心致密—边缘稀疏"的结构。核心位置产业与周围许多产业都有较高的邻近度，产业周围连接

[①] 由于数据获得方面的原因，研究样本为31个省（自治区、直辖市），不包括中国的香港、澳门、台湾。

(a) 正产业空间网络　　　　　　(b) 负产业空间网络

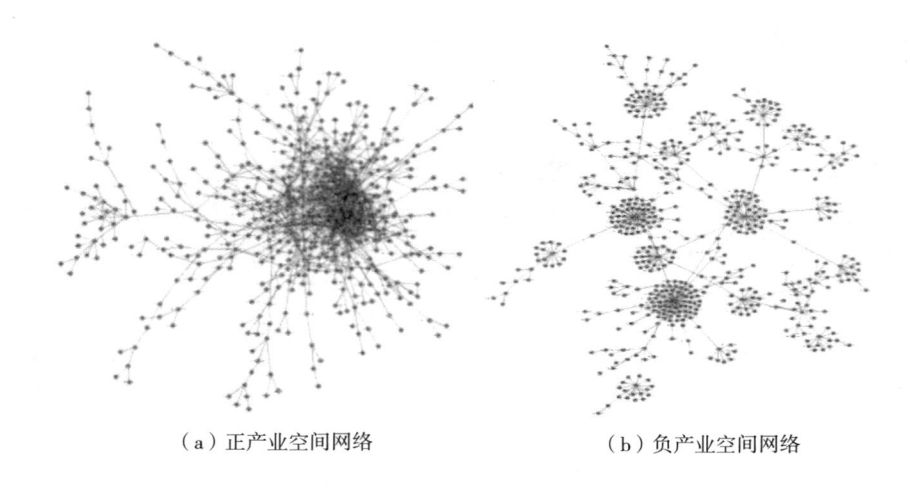

图 7-1　2013 年中国产业空间网络基准图

注：正产业空间网络表示产业与产业之间的正向关联、促进关系，反映最容易共同存在的产业之间的连线；负产业空间网络表示产业与产业之间的负向关联、互斥关系，反映最不容易共同存在的产业之间的连线。

资料来源：利用 Cytoscape3.3.0 绘制。

稠密。外围产业，只与少数产业有较高的邻近度，与核心产业的邻近度较低，因而外围产业周围连接稀疏，且与核心产业的连接距离较远。从正产业空间网络产业类型分布看，发现同一大类的产业因产业关联性较高而聚集在一起。右侧密集的中心区域主要由纺织品等轻工业和电气机械与器材、电子通信设备、交通运输设备等装备制造业构成，该密集区的右半部分主要由纺织等轻工业构成，左半部分主要由装备制造业构成。左侧区域产业连接较为稀疏，主要由农林牧渔相关加工业构成。边缘区域主要为各类采矿业、炼焦、金属冶炼等制造业以及电力、热力、燃气及水的生产和供应业等资源产业，反映了资源产业与核心制造业的邻近度较低、距离较远。

负产业空间网络（见图 7-1b）与正产业空间网络有很大差别。其分布呈现出许多由一个产业与多个产业之间构成的"中心—外围"①结构，并且"中心"大多是采矿业，水泥制造，电力、热力、燃气及水的生产和供应业等资源产业，与之连接的产业是最不容易与之共存的产业，也就是受这些资源产业"抑制"的其他产业。负产业空间网络"中心—外围"结构表示"中心"产业与"外围"产业的互斥或者说相互抑制的关系。

（二）中国产业邻近度综合指数总体特征

从产业空间网络基准图中可以直观看出产业分布类型，在正产业空间网络核心密集区域主要为装备制造和纺织业等产业，负产业空间网络核心基本为资源产业。总体上看，在556个产业中，479个产业的邻近度综合指数大于0，77个产业的邻近度综合指数小于0，也就是说，大部分产业对其他产业的影响是正向的。这里整理了2013年产业邻近度综合指数排名前二十和后二十的产业（见表7-2）。

表7-2　2013年产业邻近度综合指数排名前二十和后二十的产业

排名前二十		排名后二十	
产业	产业邻近度综合指数	产业	产业邻近度综合指数
燃气、太阳能等能源家用器具制造	102.31	石棉、云母矿采选	-39.38
绳、索、缆制造	101.00	炼铁	-39.78
电力电子元器件制造	93.29	无机盐制造	-39.98
机织服装制造	93.23	火力发电	-40.68
模具制造	91.22	热力生产和供应	-41.85
篷、帆布制造	90.70	铜矿采选	-42.08
球类制造	89.82	铁合金冶炼	-42.35
塑料包装箱及容器制造	87.84	淀粉及淀粉制品制造	-44.53
皮革、毛皮及其制品专用设备制造	87.35	啤酒制造	-44.56

---

① 这里对"中心—外围"加引号，主要是因为"中心—外围"是区域经济学中的经典理论，体现中心区域与外围区域之间的发展关系，这里借鉴这一概念。负产业空间网络中出现许多个"中心—外围"结构，类似花朵形（花心与花瓣所组成）产业间关系，表示"中心"（花心）产业对"外围"（花瓣）产业的互斥、抑制关系，"中心"产业发展得好，可能会不利于"外围"产业的发展。

续表

排名前二十		排名后二十	
产业	产业邻近度综合指数	产业	产业邻近度综合指数
起重机制造	86.65	太阳能发电	-44.79
金属切割及焊接设备制造	86.62	炸药及火工产品制造	-46.32
制冷、空调设备制造	85.88	中成药生产	-47.86
其他日用品生产专用设备制造	83.17	电力供应	-56.02
船舶改装与拆除	83.09	石油开采	-57.76
电光源制造	82.80	烟煤和无烟煤采选	-58.82
包装专用设备制造	82.74	铁矿采选	-64.24
手工具制造	82.67	水泥制造	-66.66
广播电视接收设备及器材制造	82.28	炼焦	-68.68
气体压缩机械制造	81.09	乳制品制造	-73.84
运输设备及生产用计数仪表制造	79.53	风力发电	-84.63

资料来源：根据中国工业企业数据库2013年数据汇总、计算、整理得到。

产业邻近度综合指数最高的为燃气、太阳能等能源家用器具制造，为102.31；电力电子元器件制造、机织服装制造、模具制造、专用设备制造、机械制造、运输设备及生产用计数仪表制造等装备制造和纺织业也都排名靠前，且产业邻近度综合指数值为正值，说明这些产业与其他很多产业都有较高的邻近度，对其他产业升级的促进作用比较大，因而分布在正产业空间网络的核心密集区域。产业邻近度综合指数最低的为风力发电，为-84.63；炼焦、炼铁、水泥制造、铁矿采选、烟煤和无烟煤采选、太阳能发电、火力发电、无机盐制造等资源产业也都排名靠后，且产业邻近度综合指数为负值，说明这些产业与其他很多产业的邻近度为负值，对其他产业的总体影响是抑制的，因而分布在负产业空间网络中许多个"中心—外围"结构的"中心"。总之，产业邻近度综合指数较高的主要为纺织、装备制造业，分布在正产业空间网络核心密集区域，易于通过与周围产业紧密联系促进其他产业演化升级；产业邻近度综合指数较低的主要为资源产业，对其他产业总体影响是抑制的，不利于向先进制造业演化升级。

第二节 中国资源型地区产业演进升级能力评价

本节根据资源依赖度对中国各省份进行分类,将"高资源依赖度省份"看作资源型地区,通过与低资源依赖度省份、中资源依赖度省份比较分析资源型地区的产业演进特征。

一 省级层面中国资源型地区的划分依据

本章主要基于产品空间视角对中国资源型省份产业演进的时空特征进行分析。首先要确定中国哪些省份是资源型地区。这里使用《中国工业统计年鉴》2003—2017年采矿业占工业产值比重平均值测度各个省份的资源依赖度,将中国31个省份[①]依据资源依赖度进行分组。

表7-3 中国31个省份资源依赖度排名及分组　　　　单位:%

排名	高资源依赖度组 省份	资源依赖度	排名	中资源依赖度组 省份	资源依赖度	排名	低资源依赖组 省份	资源依赖度
1	山西	35.69	12	河北	8.83	22	北京	3.83
2	新疆	29.13	13	天津	8.69	23	重庆	3.67
3	黑龙江	26.18	14	四川	8.03	24	广西	3.36
4	陕西	24.83	15	云南	8.01	25	湖北	3.27
5	内蒙古	24.04	16	吉林	6.99	26	海南	3.26
6	青海	23.88	17	安徽	6.47	27	福建	1.74
7	西藏	23.67	18	辽宁	6.12	28	广东	1.12
8	贵州	14.40	19	山东	5.65	29	江苏	0.64
9	宁夏	12.90	20	湖南	5.52	30	浙江	0.34
10	甘肃	10.30	21	江西	4.29	31	上海	0.07
11	河南	10.27	—	—	—	—	—	—

注:依据2003—2017年各个省份采矿业占工业产值比重平均值进行分类,其中2003—2016年采矿业及工业产值数据来自历年《中国工业统计年鉴》,2017年数据用采矿业占工业主营业务收入比重来替代。

资料来源:根据《中国工业统计年鉴》和各省份统计年鉴相关数据计算得到。

---

① 鉴于数据可获得性原因,这里开展实证分析的数据不包括中国的香港、澳门和台湾。

观察31个省份资源依赖度数据可以看出,在工业行业中,采矿业产值比重差别较大,最高的为山西省,高达35.69%,最低为上海,仅为0.07%,不同程度的资源依赖度在各省份工业化进程中所起到的作用也差别较大,因此需要进行分组来分析资源依赖对产业演进的影响。将中国31个省份根据2003—2017年的资源依赖度平均值从高到低排序,分为三组:将前11个省份作为高资源依赖度省份,包括山西、新疆、黑龙江、陕西、内蒙古、青海、西藏、贵州、宁夏、甘肃和河南;中间10个省份作为中资源依赖度省份,包括河北、天津、四川、云南、吉林、安徽、辽宁、山东、湖南和江西;后10个省份作为低资源依赖度省份,包括北京、重庆、广西、湖北、海南、福建、广东、江苏、浙江和上海。通过与中资源依赖度组、低资源依赖度组比较,分析资源型地区(高资源依赖度组)的产业演进特征。

二 显性比较优势产业与产业空间网络特征

第一,高资源依赖省份显性比较优势产业个数相对较少。一个地区具有显性比较优势产业的个数与结构特征可以反映该地区的产业体系的竞争力大小。通过计算中国2003—2013年各省份显性比较优势产业数目,整理出各年份显性比较优势产业数目的最大值及所在省份、最小值及所在省份、极差和平均值,以考察显性比较优势产业数目的省际差异,如表7-4所示。具有显性比较优势产业较多的省份主要为资源依赖度较低的省份。2003—2012年,最大值省份是江苏、上海、浙江、广东这些资源依赖度低的省份,显性比较优势产业在200个以上。2013年,资源依赖度中等的湖南省为最大值,为216个;最小值省份西藏、青海、宁夏是资源依赖度较高的省份,显性比较优势产业在30个左右。2013年,最小值省份西藏仅为23个。极差值一直在185个上下波动,可见中国省际显性比较优势产业数目存在较大的差异。

表7-4　　　中国各省份显性比较优势产业个数描述性统计

年份	2003	2004	2005	2006	2007	2008	2009	2010	2011	2012	2013
最大值(个)	239 江苏	228 上海	218 上海	216 浙江	220 浙江	202 浙江	209 浙江	220 浙江	205 广东	208 广东	216 湖南
最小值(个)	32 西藏	32 西藏	37 西藏	39 青海	35 西藏	28 西藏	30 西藏	31 宁夏	27 西藏	28 西藏	23 西藏

续表

年份	2003	2004	2005	2006	2007	2008	2009	2010	2011	2012	2013
极差值（个）	207	196	181	177	185	174	179	189	178	180	193
平均值（个）	120	120	121	120	121	113	120	123	121	123	131

资料来源：根据中国工业企业数据库历年数据汇总、计算、整理得到。

通过比较不同资源依赖度省份及全国的显性比较优势产业个数发现，资源依赖度高的省份优势产业数量较少（见图7-2）。省级层面显性比较优势产业个数与资源依赖度有较大关系，显性比较优势产业数量从大到小依次为低资源依赖度、中资源依赖度、高资源依赖度的省份。2003年，低资源依赖度省份拥有的显性比较优势产业平均值为158个，中资源依赖度省份平均值为128个，全国平均水平为120个，高资源依赖度省份的平均值则仅为79个。低资源依赖度省份、中资源依赖度省份显性比较优势产业平均值均大于全国平均水平，而高资源依赖度省份则始终低于全国平均水平。从变动趋势看，资源依赖度不同的省份显性比较优势产业个数随时间变动趋势也存在一定的差异性。全国平均水平呈现相对稳定而略有上升的态势，从2003年的120个提升到2013年的131个。低资源依赖度省份与高资源依赖度省份显性比较优势产业数量呈现先下降后上升的小幅度变化，但整体上变化不大。中资源依赖度省份具有显性比较优势产业个数呈波动上升态势，且上升速度较快，与低资源依赖度省份的差距在逐步缩小，2012年，二者基本持平。2013年，低资源依赖度省份

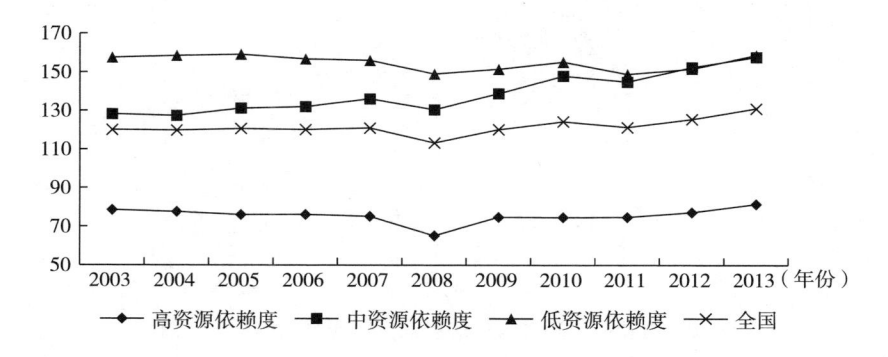

图7-2 不同资源依赖度省份和全国的显性比较优势产业数量平均值变化

资料来源：根据中国工业企业数据库历年数据汇总、计算、整理得到。

平均值为 159 个，中资源依赖度省份平均值为 158 个，高资源依赖度省份平均值为 82 个，比 2003 年略有提升。

第二，高资源依赖省份优势产业位于正产业空间网络边缘、负产业空间网络"中心"地带。产业空间网络基准图不仅能直观看出各省份显性比较优势产业数量多少，还可以看出各省份产业结构特征以及产业演化升级方向。为此，将各省份显性比较优势产业以黑色方块的形式投影在中国产业空间网络基准图上，黑色方块越大表示显性比较优势指数越大，从而直观显示各省份产业结构在中国产业空间网络中的位置。这里分别选取了浙江、广东等低资源依赖度的省份，湖南、安徽等中资源依赖度的省份，以及山西、青海等高资源依赖度的省份，绘制这些代表性省份的产业空间网络图，对资源依赖度不同省份的产业空间异质性进行分析。

图 7-3 和图 7-4 显示了低资源依赖度省份浙江和广东的产业空间网络。从正产业空间网络的投影可以看出，浙江和广东显性比较优势产业大多分布在中心区域，分布在外围的比较少，也就是集中分布在由纺织等轻工业和装备制造业构成的密集区域，这些产业与其他很多产业都有

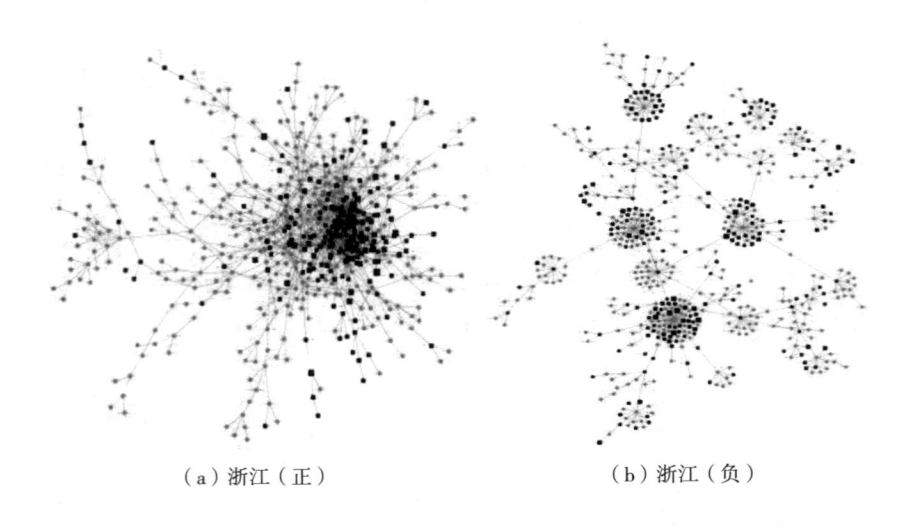

(a) 浙江（正）　　　　　　　　(b) 浙江（负）

图 7-3　低资源依赖度省份的产业空间网络基准图——浙江

注：图中黑色方块表示浙江显性比较优势产业，黑色方块越大表示显性比较优势越大，下同。

资料来源：利用 Cytoscape3.3.0 绘制。

较高的邻近度，易于通过多条路径推动产业的演化升级。从负产业空间网络的投影可以看出，浙江和广东显性比较优势产业大多分布在多个"中心—外围"结构的"外围"，分布在"中心—外围"结构的"中心"产业极少，即在浙江和广东的优势产业中资源产业很少，因而在外围分布了较多的非资源优势产业。

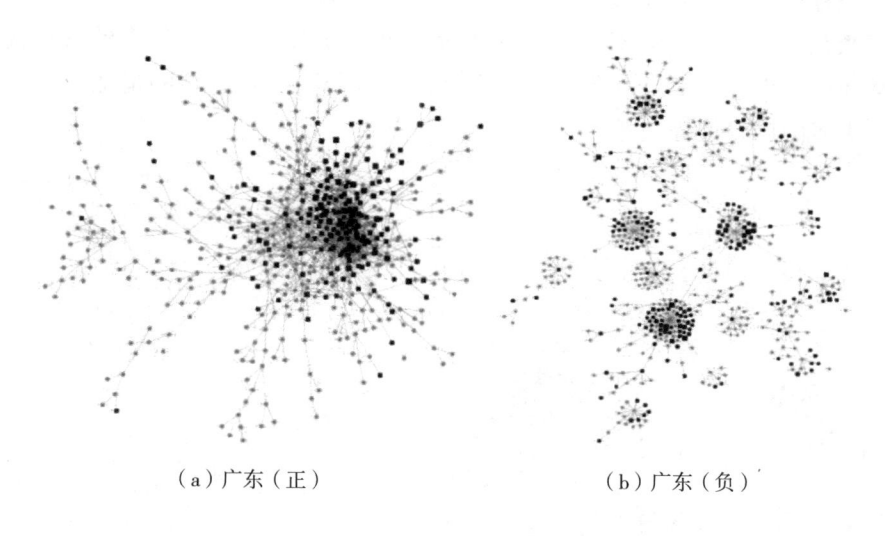

（a）广东（正）　　　　　　（b）广东（负）

图 7-4　低资源依赖度省份的产业空间网络基准图——广东

资料来源：利用 Cytoscape3.3.0 绘制。

图 7-5 和图 7-6 显示了中资源依赖度省份湖南和安徽的产业空间网络。从正产业空间网络的投影可以看出，相比低资源依赖度省份，湖南和安徽的正产业空间网络较为分散，不仅在产业空间网络的核心位置有较多优势产业，而且也参与了更多的外围产业。湖南的正产业空间网络更为分散，虽然其现有产业结构并不集中在产业空间网络的中心，但其分布相对均匀，在各个区域都有一些显性比较优势产业。在产业演进过程中，这些优势产业都可以成为推动产业升级的源头，因此会更快地发展到正产业空间网络的其他区域，即中资源依赖度的省份产业演进发展速度较快。相比之下，低资源依赖度省份显性比较优势产业密集分布在正产业空间网络中心，其产业结构高级化程度较高，但因为只有很少的点分布在正产业空间网络的边缘，在产业演进过程中，位于正产业空间

网络中心的优势产业需要很长的路径和扩散过程才能到达正产业空间网络的边缘，所以其优势产业增长速度并不快。从中资源依赖度省份负产业空间网络可以看出，中资源依赖度的湖南和安徽显性比较优势产业分布在"中心—外围"结构的"中心"要稍多一些，即资源产业相对多一些，而且在这些资源产业的外围分布产业极少，这就体现了资源产业对其他种类产业的互斥或抑制作用。但是，在负产业空间网络中，湖南、安徽在"中心"产业不具有显性比较优势的外围，分布了较多的其他优势产业，也就是中心资源产业不具有比较优势，则在其他制造业方面具有更多的比较优势。

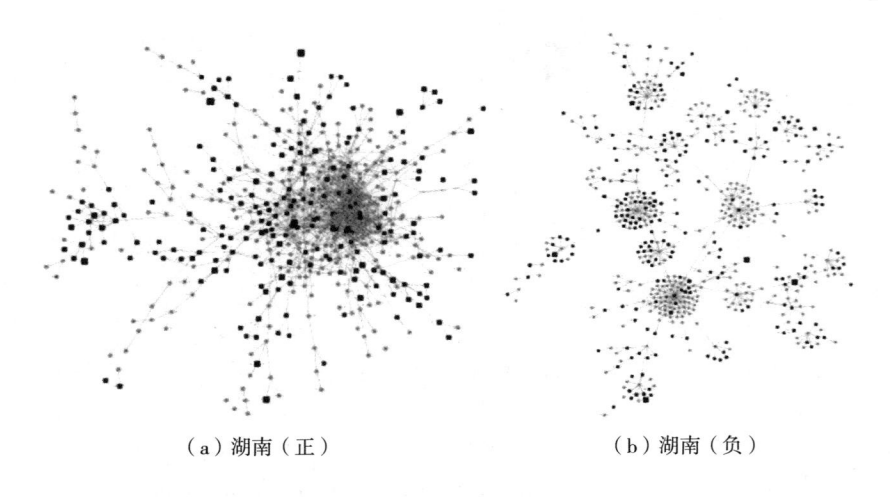

（a）湖南（正）　　　　　　（b）湖南（负）

图 7-5　中资源依赖度省份的产业空间网络基准图——湖南

资料来源：利用 Cytoscape3.3.0 绘制。

图 7-7 和图 7-8 显示了高资源依赖度省份山西、青海的产业空间网络基准图。从正产业空间网络的投影可以看出，山西和青海的优势产业大多分布在边缘区域，分布在核心密集区域的比较少。这些省份的优势产业主要为一些资源产业，由于这些产业与核心产业邻近度较低、距离较远，因而主要分布在边缘区域。从负产业空间网络的投影可以看出，山西和青海的优势产业不少都分布在多个"中心—外围"结构的"中心"位置，其周边与之连接的产业没有一个具有显性比较优势，也就是说，山西和青海的优势产业都对其他产业的发展具有比较明显的抑制作用，

第七章 中国资源型地区产业逆向演进与锁定的实证分析 / 219

这也可以认为是所谓"资源诅咒"的一个实证。

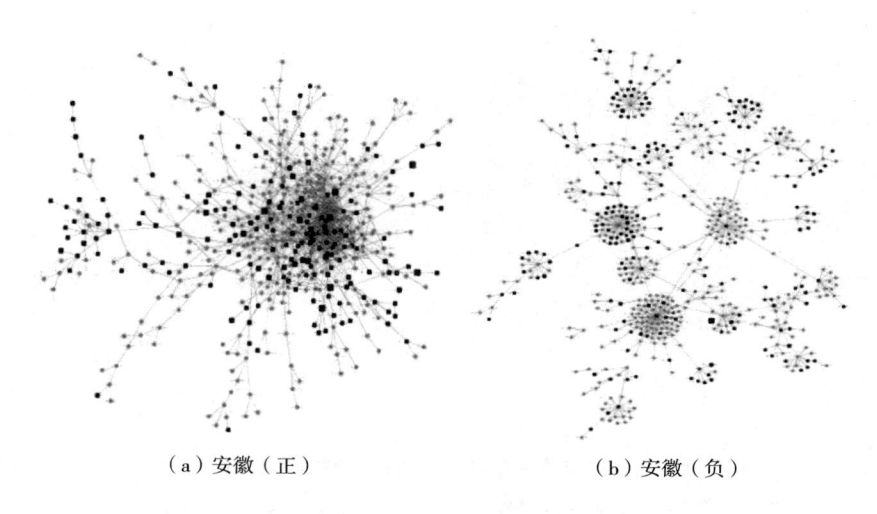

(a) 安徽(正)　　　　　(b) 安徽(负)

图 7-6 中资源依赖度省份的产业空间网络基准图——安徽
资料来源：利用 Cytoscape3.3.0 绘制。

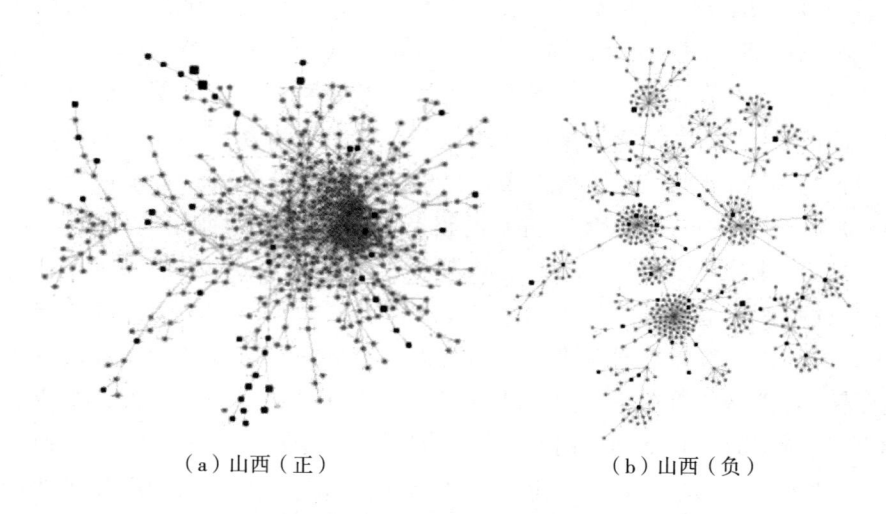

(a) 山西(正)　　　　　(b) 山西(负)

图 7-7 高资源依赖度省份的产业空间网络基准图——山西
资料来源：利用 Cytoscape3.3.0 绘制。

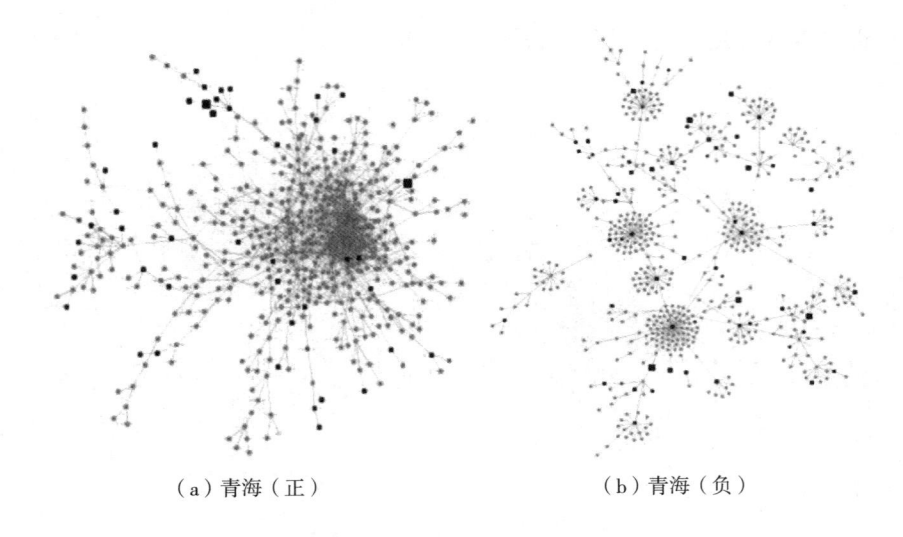

220 / 资源型地区经济转型研究：基于区域网络视角

（a）青海（正）　　　　　　　（b）青海（负）

图 7-8　高资源依赖度省份的产业空间网络基准图——青海

资料来源：利用 Cytoscape3.3.0 绘制。

综上分析，通过构建不同资源依赖度省份的产业空间网络基准图，可以直观地看出以下特征：一是不同资源依赖度省份的产业空间网络结构特征存在较大差异。低资源依赖度省份的优势产业多密集地分布在正产业空间网络的核心，与其他产业连接稠密，易于通过多条路径推动产业演化升级。高资源依赖度省份的优势产业多分布在正产业空间网络的边缘，且在负产业空间网络中表现出资源产业对非资源产业的明显互斥或抑制作用。中资源依赖度省份的正产业空间网络则介于前两者之间，表现为产业分布较为分散。这意味着资源依赖度不同的省份未来产业升级的路径理论上也是差异化的。二是位于正产业空间网络边缘的优势产业，其显性比较优势通常更高。尽管山西、青海等资源依赖度高的省份优势产业基本分布在正产业空间网络的边缘地带，但是从以上三组资源依赖度省份的产业空间网络基准图可以看出，山西、青海等省份的黑色方块比浙江、广东等省份的黑色方块更大，这些高资源依赖度省份的优势产业的显性比较优势通常更高。可以认为，位于正产业空间网络周边的产业竞争不激烈，或者说门槛较高，一些具有资源优势的省份可以在这些产业上形成极高的显性比较优势；而正产业空间网络中心的产业往往竞争激烈，各地很难在这些产业上形成较高的显性比较优势。三是从产业演进升级的方向看,各省份比较优势产业往往呈聚集效应。也就是说,各省份在优势产业周围,往往还有一些其他优势产业,从而构成了或大或小的优势产业集群。这说明在产业演进过程中,各项产业和经济活动在"路径依赖"作用下趋于空间集聚,遵循了产品空间理论产业演化规律。

三 区域优势产业邻近度综合指数特征

通过产业空间网络基准图可以解释为什么有些地方走上了发展的"快车道",而有些地区长期难以摆脱发展的"死胡同"。原因与其主导产业关系密切。下面将通过区域优势产业邻近度综合指数(见表7-5)进一步分析。

表 7-5　　中国省级区域优势产业邻近度综合指数描述性统计

	2003 年	2004 年	2005 年	2006 年	2007 年	2008 年
最大值	13682 江苏	13752 上海	13228 浙江	13424 浙江	13265 浙江	12005 浙江
最小值	-731 青海	-677 西藏	-542 西藏	-576 青海	-565 云南	-371 山西
极差值	14413	14430	13769	14000	13830	12376
平均值	3323	3425	3567	3594	3700	3670
	2009 年	2010 年	2011 年	2012 年	2013 年	—
最大值	12424 浙江	15238 浙江	11093 广东	10981 广东	11661 浙江	—
最小值	-510 青海	-89 宁夏	-532 新疆	-793 新疆	-644 新疆	—
极差值	12934	15327	11625	11773	12305	—
平均值	3747	5236	3573	3585	4203	—

资料来源:Stata15 输出结果。

第一,区域优势产业邻近度综合指数省际差异较大。从表7-5可以看出,各省份区域优势产业邻近度综合指数最大值省份分布在江苏、上海、浙江、广东四个资源依赖度低的省份,这些省份优势产业较多,而且主要分布在正产业空间网络的核心,与周围许多产业都有较高的关联性。区域优势产业邻近度综合指数较高带来产业的可持续、健康发展。

2013年，区域优势产业邻近度综合指数最大值为浙江省的11661。区域优势产业邻近度综合指数最小值省份分布在青海、西藏、云南、山西、宁夏、新疆这些高资源依赖度的省份。2013年，最小值为新疆的-644。这些省份的优势产业数量较少，而且主要为分布在正产业空间网络边缘的资源产业，与其他非资源产业邻近度较低、互斥作用明显。这些区域的优势产业邻近度综合指数较低，被束缚在现有产业结构中，区域产业升级能力较弱。由于每年区域优势产业邻近度综合指数最小值为负，极差值甚至大于最大值，极差较大反映出区域优势产业邻近度综合指数在中国省际差异较大。

第二，高资源依赖度省份区域优势产业邻近度综合指数明显较低。从图7-9可以看出，区域优势产业邻近度综合指数从高到低依次为低资源依赖度省份、中资源依赖度省份、高资源依赖度省份。其中低资源依赖度省份区域优势产业邻近度综合指数始终高于全国平均水平，而高资源依赖度省份却始终低于全国平均水平且差距较大。中资源依赖度省份则介于前两者之间，呈明显上升态势，与低资源依赖度省份的差距在逐步缩小。2013年，全国各省份区域优势产业邻近度综合指数的平均值为4203，低资源依赖省份、中资源依赖省份的平均值分别为6996、5433，都高于高资源依赖省份的平均值544。总之，区域优势产业邻近度综合指数与各省份资源依赖度有较大的关系：低资源依赖度省份的区域优势产业邻近度综合指数较高，产业升级能力较强；高资源依赖度省份区域优势产业邻近度综合指数较低，产业升级能力较弱。这是因为低资源依赖

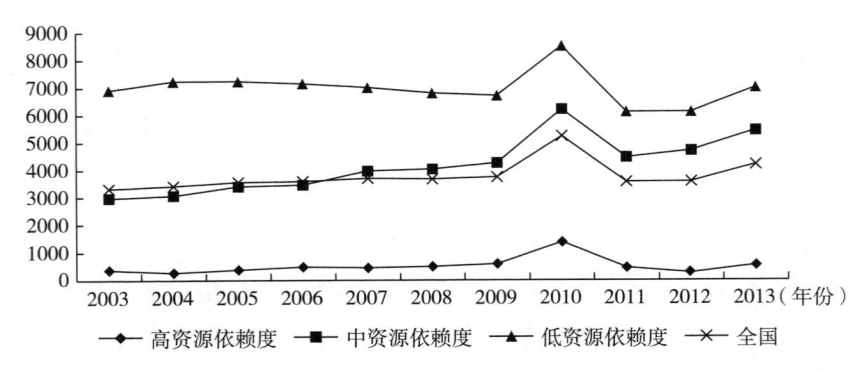

图7-9 不同资源依赖度省份和全国的区域优势产业邻近度综合指数平均值变化

资料来源：根据中国工业企业数据库历年数据汇总、计算、整理得到。

度省份的优势产业较多，且主要为先进制造业和基础制造业，与其他许多产业都有较高的关联性，易于推动产业的演化升级；而高资源依赖度省份优势产业不仅少且主导产业为资源产业，与非资源产业邻近度低，较难实现向先进制造业的升级，长期难以摆脱发展的"资源诅咒"效应。

四 生产能力禀赋与产业密度特征

产品空间理论认为，一个地区当前的产业结构体系反映了一个地区所具备的生产能力禀赋，并且决定了该地区未来产业演化升级的速度和方向（徐孝新和李颢，2019；刘守英和杨继东，2019）。产业密度作为生产能力禀赋的代理指标，将一个地区所有产业的产业密度求和，可得到地区的整体产业密度，反映地区生产能力禀赋大小。需要说明的是，在计算产业密度时，由于产业密度是基于产业邻近度的一个比值，而产业邻近度存在负值，为避免负产业邻近度的影响造成产业密度大小的偏差，因此使用归一化方法对产业邻近度进行标准化处理①，使修正后的产业邻近度均为正值，然后再进行产业密度的计算，最后通过所有产业的产业密度加总得到各个省份的产业密度。2003—2013 年中国各省份的整体产业密度特征如表 7-6 和图 7-10 所示。

第一，中国高资源依赖省份生产能力禀赋相对较低。表 7-6 数据显示，生产能力禀赋（产业密度）最大值省份主要是江苏、上海、浙江、广东等经济较为发达的省份，这些省份均为低资源依赖度省份，具有显性比较优势产业个数较多，整体产业密度值较大。2013 年，产业密度最大值为浙江的 219.95。最小值省份均为西藏、青海、宁夏等经济较为落后的省份。资源依赖度最高的山西的产业密度在这些年也都一直排名靠后，2013 年为倒数第二位。这些高资源依赖度省份显性比较优势产业较少，地区整体产业密度值也较小。2013 年，产业密度最小值为西藏的 20.54。极差值在各年份一直处于 200 左右，可见，中国省份间产业密度差距较大且稳定。总之，中国各省份生产能力禀赋存在着较大差异，生产能力禀赋较高的省份主要为资源依赖度较低的省份，生产能力禀赋较低的省份主要为资源依赖度较高的省份。

---

① 归一化公式为：$x^* = \dfrac{x - \min x}{\max x - \min x}$，其中 x 为任意两个产业的邻近度，min、max 为产业邻近度矩阵中的最小值和最大值。

表 7-6　　　　　　　　　中国各省份产业密度描述性统计

	2003 年	2004 年	2005 年	2006 年	2007 年	2008 年
最大值	249.99 江苏	237.98 上海	226.68 上海	226.57 浙江	230.30 浙江	210.83 浙江
最小值	27.82 西藏	27.98 西藏	32.95 西藏	34.43 青海	31.15 西藏	25.15 西藏
极差值	222.17	210.00	193.73	192.14	199.15	185.68
平均值	117.81	117.46	118.54	118.11	119.20	111.50
	2009 年	2010 年	2011 年	2012 年	2013 年	
最大值	222.37 浙江	234.45 浙江	213.61 广东	220.88 广东	219.95 浙江	
最小值	25.40 西藏	25.74 宁夏	24.26 西藏	23.07 西藏	20.54 西藏	
极差值	196.97	208.71	189.35	197.81	199.41	
平均值	117.69	122.66	119.96	123.63	129.94	

资料来源：Stata15 输出结果。

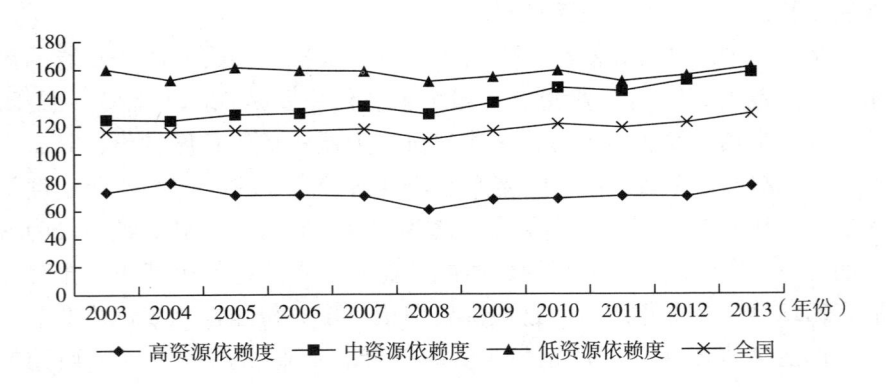

图 7-10　不同资源依赖度省份和全国的产业密度平均值变化

资料来源：根据中国工业企业数据库历年数据汇总、计算、整理得到。

第二，高资源依赖省份生产能力禀赋小幅波动提升，与全国差距拉大。从表 7-6、图 7-10 可以看出，全国各省份产业密度平均值整体呈上升趋势，特别是自 2008 年以来，上升趋势明显，说明全国各地区产业升级能力平均水平在提升。低资源依赖度和中资源依赖度省份各年份产业密度平均值一直处于全国平均水平之上，高资源依赖度省份的产业密度一直处于全国平均水平以下，且与全国平均水平有较大差距。从变动趋势看，资源依赖度不同的地区及全国产业密度均有不同程度的上升。低资源依赖度省份和高资源依赖度省份与全国变化趋势基本一致，呈小幅度波动上升态势，而中资源依赖度省份的产业密度呈明显较快的上升趋势，与低资源依赖度省份的差距不断缩小，2012年、2013年达到与低资源依赖度省份几乎同等的水平。总之，高资源依赖度省份虽然产业密度略有上升，但是与全国平均水平的差距在拉大，2003年为44.67，到2013年扩大为53.14。这是因为较高的资源依赖使地区优势产业主要为资源产业且大多位于正产业空间网络的边缘，与其他非资源产业的邻近度较低。通过对比产业密度与显性比较优势产业数目的变化趋势发现，两者的变动有内在的一致性，而这正是产业密度所反映的生产能力禀赋支撑和引领产业升级的具体体现。在产品空间理论中，产业密度一般被作为影响产业升级的核心因素，而且能够体现出一个区域产业演进升级是否具有路径依赖特征。

第三节 资源依赖对区域产业演进影响的实证检验

从本章第二节可以看出，资源依赖度高的省份显性比较优势产业个数、区域优势产业邻近度综合指数相对较低，不利于产业升级。在此基础上，利用面板数据、截面数据建立计量模型，绘制散点图来清晰体现资源依赖与产业演进的负向关系。

一 模型设定与样本选择

（一）模型设定

为了更好考察资源依赖对区域产业演进的影响，这里构建如下基准模型：

$$industry_{i,t}=\alpha_0+\alpha_1 rdd_{i,t}+\alpha_2 control_{i,t}+\varepsilon_{i,t} \tag{7.6}$$

式中，被解释变量是 $industry$，表示产业演进，主要使用区域显性比较优势产业个数（$rcan$）、区域优势产业邻近度综合指数（$qyys$）来体现，产业演进升级主要体现在区域优势产业个数及其邻近度增加[①]；核心解释变量为资源依赖度 rdd，也就是本章第一节利用历年《中国工业统计年鉴》所计算出来的采矿业占工业产值比重（cky）；$control$ 表示其他控制变量，本节主要是考察资源依赖对产业演进的影响，控制变量主要用被解释变量的滞后项来体现；ε 表示的是残差扰动项。计量模型的主要目的是检验资源依赖度对区域产业演进的影响是否显著。

需要说明的是，在进行计量检验时，不包括西藏，主要是西藏部分解释变量数据缺失。此外，在后面的计量检验中，为了精确体现某一年资源依赖度与产业演进的关系，会将面板数据模型退化为截面数据模型进行最小二乘法（OLS）回归。

（二）样本选择

样本一：2003—2013 年中国工业企业数据库四位代码产业演进数据。本章前两节利用 2003—2013 年中国工业企业数据库数据整理、计算出相关指标。中国工业企业数据库使用的是四位代码的行业数据，行业个数总共包括 556 个，数据量较为丰富。中国工业企业数据库数据截止到 2013 年，因此使用《中国工业统计年鉴》相关数据来分析 2013 年之后的资源依赖度与产业演进的关系。

样本二：2007—2017 年《中国工业统计年鉴》二维代码产业演进数据。《中国工业统计年鉴》中的工业行业数据是二位代码 37 个行业，比中国工业企业数据库四位代码 556 个行业要少很多，但也能够使用本章第一节的方法计算区域显性比较优势产业个数、区域优势产业邻近度综合指数以及产业密度。[②] 因此，利用《中国工业统计年鉴》2007—2017 年数据计算的显性比较优势产业个数（$rcan$）、区域优势产业邻近度综合指数（$qyys$）作为产业演进被解释变量。

需要说明的是，在样本一和样本二中，核心解释变量资源依赖度都

[①] 借鉴马海燕和于孟雨（2018）以及徐孝新和李颢（2019）等的做法，使用显性比较优势产业个数作为被解释变量来衡量产业升级；同时，产品邻近度是产品空间理论用来体现产业升级能力的核心变量，通过加总得到的区域优势产业邻近度综合指数也能够反映区域产业升级能力，因此也作为被解释变量之一。

[②] 中国工业企业数据库与《中国工业统计年鉴》虽然维度不同，但都是国家统计局对中国工业发展的年度统计，二者具有一定程度的一致性，中国工业企业数据库可以具体到四位代码行业，行业个数较多，是研究的核心数据，《中国工业统计年鉴》虽然梳理之后只有 37 个行业，但也能够对资源产业、制造业等进行区分，可以作为补充数据进行计量检验。

用采矿业占工业产值比重（cky）数据。

二 基准计量检验：2003—2013 年

（一）资源依赖度与区域产业演进的关系

产品空间理论认为，区域显性比较优势产业个数越多、区域优势产业邻近度综合指数越高，说明区域产业发展较好，且产业演进是可持续的，区域产业升级能力较强。通过散点图可以得出以下结论：

第一，资源依赖度与区域显性比较优势产业个数显著负相关。从图 7-11 可以看出，使用 2003—2013 年中国工业企业数据库测算的各省份显性比较优势产业个数与采矿业占工业产值比重（资源依赖度）呈现明显的负相关性，拟合线向右下方倾斜。如图 7-11（a）所示，2003 年资源依赖度较低的江苏、浙江、广东、上海等省份拥有较多的显性比较优势产业个数，显性比较优势产业个数在 200 个左右。而山西、青海、新疆、黑龙江、内蒙古等高资源依赖度省份显性比较优势产业个数较少，仅略高于 50 个。2013 年，如图 7-11（b）所示，资源依赖度与显性比较优势产业个数拟合线的斜率变得更加陡峭，也就是二者的负相关性得到了强化。一些资源依赖度高、发展落后省份的显性比较优势产业个数比 2003 年得到了明显的提升，如内蒙古、黑龙江、青海，显性比较优势产业个数 2003 年分别为 79 个、78 个和 53 个，2013 年提升到 98 个、105 个和 59 个，资源依赖度较高的山西显性比较优势产业个数则从 2003 年的 77 个下降为 47 个。

第二，资源依赖度与区域优势产业邻近度综合指数负相关。区域优势产业邻近度综合指数能够反映各个省份的优势产业关联情况，较好的产业关联性是进行产业链延伸的关键。从图 7-12 可以看出，在中国省级层面，无论是 2003 年还是 2013 年，资源依赖度与区域优势产业邻近度综合指数呈现明显的负相关关系，拟合线都呈现出向右下方倾斜的特征。2003 年，低资源依赖、高邻近度的省份包括江苏、浙江、上海、广东等，而 2013 年浙江、广东、江苏、上海、福建、湖南、山东、安徽、河南、湖北、江西、辽宁等区域优势产业邻近度综合指数都得到明显提升，高邻近度省份不仅包括发达地区，也包括较多快速发展的中部省份（见图 7-12）。2003 年，青海、新疆、黑龙江、山西等为高资源依赖、低邻近度；2013 年，除山西外，青海、新疆、黑龙江等区域优势产业邻近度综合指数比 2003 年有所提升。

(a) 2003年

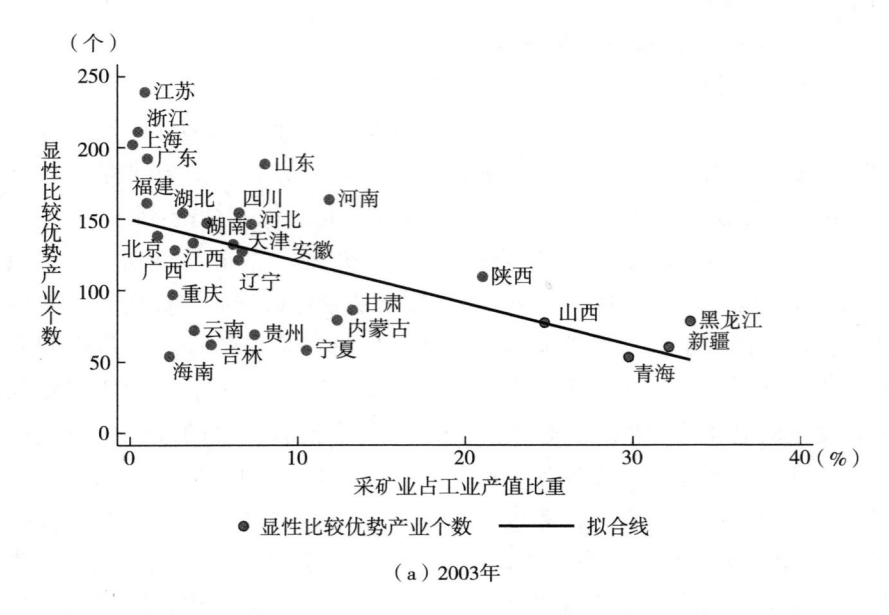

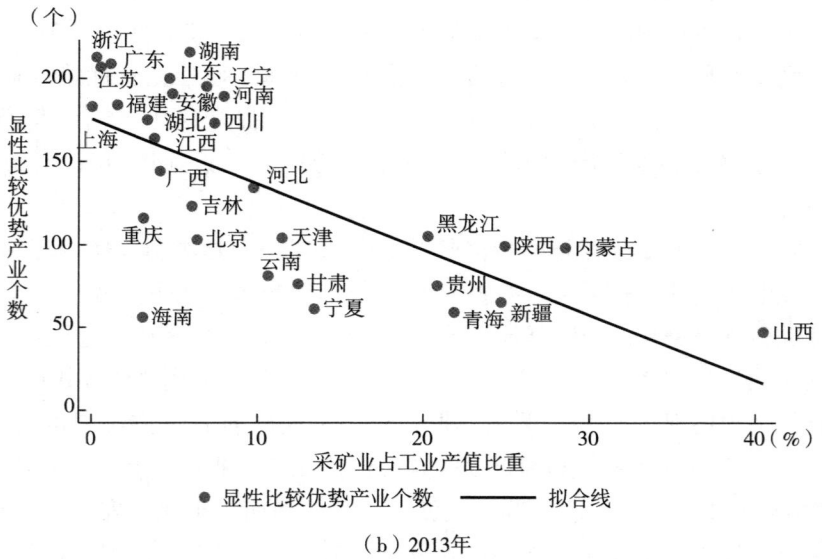

(b) 2013年

图 7-11 采矿业占工业产值比重与省份显性比较优势产业个数散点图

资料来源：利用 Stata15 绘制。

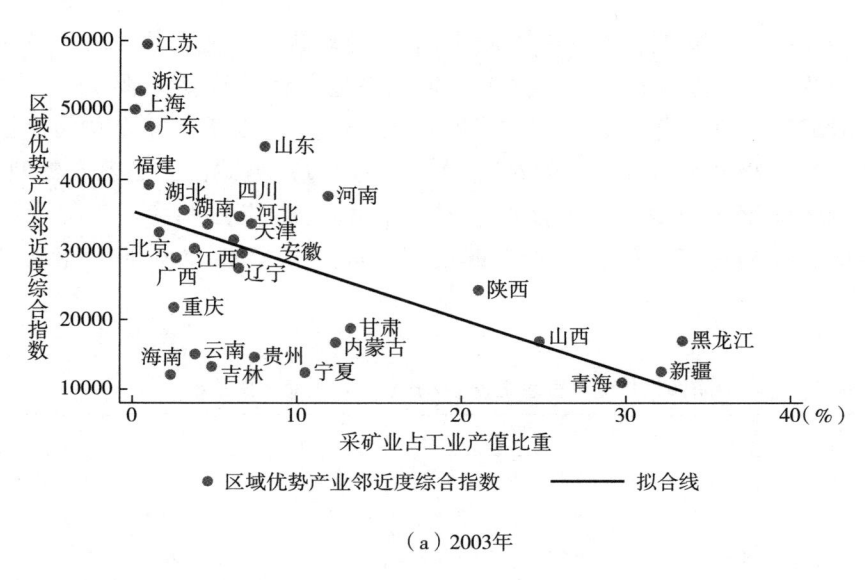

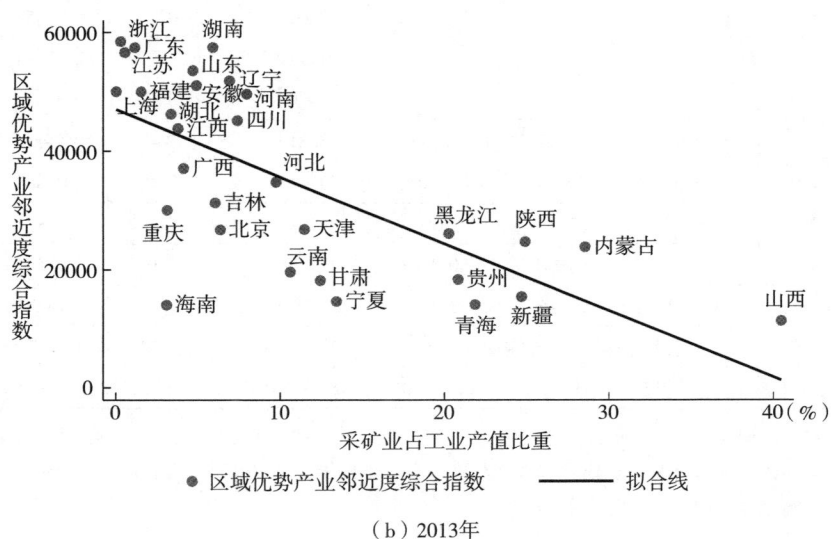

第七章 中国资源型地区产业逆向演进与锁定的实证分析 / 229

（a）2003年

（b）2013年

图 7-12 采矿业占工业产值比重与省份区域优势产业邻近度综合指数散点图
资料来源：利用 Stata15 绘制。

（二）资源依赖度对区域产业演进的总体影响检验

为更好地量化资源依赖与产业演进的关系，使用面板数据模型，以 2003—2013 年为样本。得出如下结论：

第一,资源依赖度提升显著降低显性比较优势产业个数。表7-7对资源依赖度与显性比较优势产业个数关系进行计量检验。通过列(1)的时期固定效应模型发现,采矿业占工业产值比重提升1个单位,显性比较优势产业个数降低0.9224个单位。列(2)为截面固定效应模型,资源依赖度在10%的显著性水平下不显著。列(3)则为建立双向固定效应模型进行检验,资源依赖度在10%的显著性水平下不能通过检验。

表7-7 资源依赖度对显性比较优势产业个数的总体影响检验

	无滞后项			有滞后项		
	(1) rcan	(2) rcan	(3) rcan	(4) rcan	(5) rcan	(6) rcan
cky	-0.9224*** (0.008)	-0.667 (0.108)	-0.618 (0.109)	-0.1106** (0.028)	-0.4366** (0.037)	-0.2819* (0.058)
l.rcan				0.9753*** (0.000)	0.6135*** (0.000)	0.6243*** (0.000)
常数项	131.3170*** (0.000)	131.4226*** (0.000)	128.2796*** (0.000)	3.816 (0.121)	53.3737*** (0.000)	48.2980*** (0.000)
N	327	327	327	294	294	294
R^2	0.1301	0.0231	0.133	0.4796	0.389	0.497
F/Wald值	92.19	2.746	8.116	17038.86	30.59	14.79
模型设定	时期固定效应	截面固定效应	双向固定效应	时期固定效应	截面固定效应	双向固定效应
时期(年)	2003—2013	2003—2013	2003—2013	2003—2013	2003—2013	2003—2013

注:***、**、*分别表示在1%、5%、10%的显著性水平下通过检验,括号内为p值。F/Wald值中,时期固定效应模型结果中为Wald值,双向固定效应模型回归结果中为F值。

资料来源:Stata15输出结果。

表7-7列(4)至列(6)也是分别使用时期固定效应模型、截面固定效应模型、双向固定效应模型进行检验,在解释变量中将显性比较优势产业个数的滞后项作为控制变量纳入模型。回归结果发现,资源依赖度的系数有所下降。列(4)时期固定效应模型回归结果显示,采矿业占工业产值比重提升1个单位,显性比较优势产业个数下降0.1106个单位;列(5)截面固定效应模型回归结果显示,采矿业占工业产值比重提升1

个单位，显性比较优势产业个数下降 0.4366 个单位；列（6）双向固定效应模型回归结果显示，采矿业占工业产值比重提升 1 个单位，显性比较优势产业个数下降 0.2819 个单位。无滞后项与有滞后项模型相比，资源依赖度系数有所下降，原因就在于被解释变量的滞后项解释了被解释变量变动的原因，也就是显性比较优势产业个数变化具有一定程度的路径依赖特征，列（4）至列（6）中，被解释变量滞后项的回归系数分别为 0.9753、0.6135、0.6243，且显著。

第二，资源依赖度提升导致区域优势产业邻近度综合指数显著下降。表 7-8 列（1）至列（6）被解释变量由显性比较优势产业个数调整为区域优势产业邻近度综合指数。列（1）至列（3）以采矿业占工业产值比重为解释变量。列（1）时期固定效应模型结果显示，采矿业占工业产值比重提升 1 个单位，区域优势产业邻近度综合指数下降 231.5750 个单位；列（2）截面固定效应模型回归结果显示，采矿业占工业产值比重提升 1 个单位，区域优势产业邻近度综合指数下降 208.0348 个单位；列（3）双向固定效应模型回归结果显示，解释变量在 10% 的显著性水平下未通过检验。列（4）至列（6），在解释变量中加入区域优势产业邻近度综合指数的滞后项后，采矿占工业产值比重的回归系数分别为 -32.6577、-200.7377 和 -57.14，与列（1）至列（3）相比总体上有所下降，被解释变量滞后项影响显著，也进一步显示了产业演进的路径依赖特征。

表 7-8　资源依赖度对区域优势产业邻近度综合指数的总体影响检验

	无滞后项			有滞后项		
	（1）qyys	（2）qyys	（3）qyys	（4）qyys	（5）qyys	（6）qyys
cky	-231.5750*** (0.008)	-208.0348** (0.041)	-146.3 (0.130)	-32.6577** (0.020)	-200.7377*** (0.004)	-57.14 (0.124)
l.qyys				0.9805*** (0.000)	0.4469*** (0.000)	0.5963*** (0.000)
常数项	3.06e+04*** (0.000)	3.19e+04*** (0.000)	2.98e+04*** (0.000)	1772.5126*** (0.009)	1.89e+04*** (0.000)	1.29e+04*** (0.000)
N	327	327	327	294	294	294
R^2	0.3345	0.0236	0.338	0.5507	0.187	0.586

续表

	无滞后项			有滞后项		
	（1）qyys	（2）qyys	（3）qyys	（4）qyys	（5）qyys	（6）qyys
F/Wald 值	203.42	4.574	20.33	20473.05	13.30	33.64
模型设定	时期固定效应	截面固定效应	双向固定效应	时期固定效应	截面固定效应	双向固定效应
时期（年）	2003—2013	2003—2013	2003—2013	2003—2013	2003—2013	2003—2013

注：***、**、* 分别表示在 1%、5%、10% 的显著性水平下通过检验，括号内为 p 值。F/Wald 值中，时期固定模型结果中为 Wald 值，双向固定模型回归结果中为 F 值。

资料来源：Stata15 输出结果。

（三）资源依赖度对区域产业演进的区域异质性检验

以全国为样本的总体检验中，资源依赖对显性比较优势产业个数、区域优势产业邻近度综合指数的影响为负向。为分析高资源依赖组、中资源依赖组、低资源依赖组的资源依赖对产业演进的影响是否存在区域异质性，这里进行区域异质性检验。在区域异质性检验中，仅报告双向固定效应模型、截面固定效应模型的回归结果。

第一，区域异质性检验显示，高资源依赖度对显性比较优势产业存在挤出效应。如表 7-9 所示，列（1）至列（4）分别以全国、高资源依赖组、中资源依赖组、低资源依赖组为样本进行双向固定效应检验。结果显示，高资源依赖组和全国样本总体上较为显著，采矿业占工业产值比重提升 1 个单位，全国显性比较优势产业个数下降 0.2819 个单位。高资源依赖组下降 0.3925 个单位，资源依赖对显性比较优势产业的挤出效应在高资源依赖组，也就是在资源型省份表现显著；中资源依赖组、低资源依赖组资源依赖度系数不显著，即中资源依赖组、低资源依赖组产业升级与资源依赖度的关系并不显著。此外，显性比较优势产业个数的滞后项系数较为显著，说明产业升级的路径依赖特征无论是在全国层面，还是低资源依赖度省份、中资源依赖度省份、高资源依赖度省份都是存在的。列（5）至列（8）则以全国、高资源依赖组、中资源依赖组、低资源依赖组为样本进行面板数据截面固定效应检验，结果显示资源依赖度对显性比较优势产业个数的影响与双向固定效应模型回归结果十分接近。中资源依赖组、低资源依赖组采矿业占工业产值比重回归结果不显

第七章 中国资源型地区产业逆向演进与锁定的实证分析 / 233

表7-9　资源依赖度对显性比较优势产业个数影响的区域异质性检验

	(1) rcan	(2) rcan	(3) rcan	(4) rcan	(5) rcan	(6) rcan	(7) rcan	(8) rcan
cky	-0.2819*	-0.3925*	-0.130	0.0465	-0.4366**	-0.5464*	-0.0928	-1.009
	(0.058)	(0.073)	(0.936)	(0.979)	(0.037)	(0.092)	(0.873)	(0.374)
l.rcan	0.6243***	0.3679**	0.6868***	0.4873***	0.6135***	0.3246**	0.7703***	0.4630***
	(0.000)	(0.017)	(0.000)	(0.001)	(0.000)	(0.021)	(0.000)	(0.008)
常数项	48.2980***	59.2501***	39.3985**	81.7233***	53.3737***	66.1688***	34.4916**	85.5799***
	(0.000)	(0.003)	(0.031)	(0.000)	(0.000)	(0.001)	(0.012)	(0.003)
N	294	98	96	100	294	98	96	100
R^2	0.497	0.468	0.674	0.332	0.389	0.248	0.557	0.223
F值	14.79	—	—	—	30.59	13.97	45.08	6.165
模型设定	双向固定效应	双向固定效应	双向固定效应	双向固定效应	截面固定效应	截面固定效应	截面固定效应	截面固定效应
区域	全国	高资源依赖	中资源依赖	低资源依赖	全国	高资源依赖	中资源依赖	低资源依赖
时期（年）	2003—2013	2003—2013	2003—2013	2003—2013	2003—2013	2003—2013	2003—2013	2003—2013

注：***、**、*分别表示在1%、5%、10%的显著性水平下通过检验，括号内为p值。

资料来源：Stata15输出结果。

著，而全国样本、高资源依赖组采矿业占工业产值比重则显著，采矿业占工业产值比重回归系数分别为-0.4366、-0.5464，说明资源依赖不利于显性比较优势产业个数提升。在全国、高资源依赖组、低资源依赖组、中资源依赖组中，显性比较优势产业个数滞后项系数显著，也进一步显示了产业升级的路径依赖特征。

第二，资源依赖度提升普遍不利于改善区域优势产业邻近度综合指数。在表7-10中列（1）至列（8）分别建立双向固定效应模型和截面固定效应模型进行检验。列（1）结果显示，全国层面采矿业占工业产值比重在10%的显著水平下不显著，列（2）结果显示，高资源依赖组采矿业占工业产值比重提升1个单位，区域优势产业邻近度综合指数下降91.5468个单位，说明资源依赖强化不利于提升区域产业关联度。列（3）、列（4）双向固定效应模型回归结果显示，中资源依赖组、低资源依赖组的采矿业占工业产值比重回归系数不显著。在列（5）至列（8）的截面固定效应模型回归结果中，全国样本、高资源依赖组、中资源依赖组、低资源依赖组四组回归结果中资源依赖度系数都显著。全国的采矿业占工业产值比重的系数为-200.7377，高资源依赖组的系数为-172.3201，中资源依赖组、低资源依赖组的系数则更小，为-465.2862和-586.7419。截面固定效应模型结果显示，2003—2013年，资源依赖度的提升对中资源依赖组、低资源依赖组区域优势产业邻近度综合指数的改善更加不利。

三　补充计量检验：2007—2017年

中国工业企业数据库所测算的显性比较优势产业个数、区域优势产业邻近度综合指数截止到2013年，因而使用《中国工业统计年鉴》二位代码行业数据来进行补充的计量检验，时间范围是2007—2017年。

（一）资源依赖度与区域产业演进的关系

第一，资源依赖度与省份显性比较优势产业个数的负向关系在减弱。从图7-13（a）可以看出，2007年，全国30个省份资源依赖度与显性比较优势产业个数的负向关系比较明显，拟合线向右下方倾斜且斜率较为陡峭。资源依赖度较高的新疆、黑龙江、青海、山西等省份显性比较优势产业个数都非常少，新疆的显性比较优势产业个数为5个，排在倒数第一位，山西为7个，排在倒数第二位。2007年，福建、湖南、四川等省份的显性比较优势产业个数在20个左右，广东、江苏、浙江等省份显

第七章 中国资源型地区产业逆向演进与锁定的实证分析 / 235

表 7-10 资源依赖度对优势产业邻近度综合指数影响的区域异质性检验

	(1) qyys	(2) qyys	(3) qyys	(4) qyys	(5) qyys	(6) qyys	(7) qyys	(8) qyys
cky	−57.14 (0.124)	−91.5468* (0.084)	−82.50 (0.849)	77.86 (0.879)	−200.7377*** (0.004)	−172.3201* (0.058)	−465.2862* (0.087)	−586.7419* (0.056)
l.qyys	0.5963*** (0.000)	0.3491** (0.017)	0.6790*** (0.000)	0.4282*** (0.003)	0.4469*** (0.000)	0.196 (0.112)	0.6786*** (0.001)	0.191 (0.145)
常数项	1.29e+04*** (0.000)	1.40e+04*** (0.002)	1.06e+04** (0.011)	2.31e+04*** (0.000)	1.89e+04*** (0.000)	1.82e+04*** (0.000)	1.49e+04*** (0.008)	3.26e+04*** (0.000)
N	294	98	96	100	294	98	96	100
R²	0.586	0.609	0.728	0.540	0.187	0.151	0.378	0.0590
F	33.64***	—	—	—	13.30***	9.578***	11.23***	4.234***
模型设定	双向固定	双向固定	双向固定	双向固定	截面固定	截面固定	截面固定	截面固定
区域	全国	高资源依赖	中资源依赖	低资源依赖	全国	高资源依赖	中资源依赖	低资源依赖

注：***、**、*分别表示在1%、5%、10%的显著性水平下通过检验，括号内为p值。
资料来源：Stata15输出结果。

性比较优势产业个数在 15 个左右。如图 7-13（b）所示，2017 年 30 个省份采矿业占工业产值比重与显性比较优势产业个数的负向关系明显减弱，拟合线仅略微表现出向右下方倾斜的趋势，资源依赖度比较高的新疆、

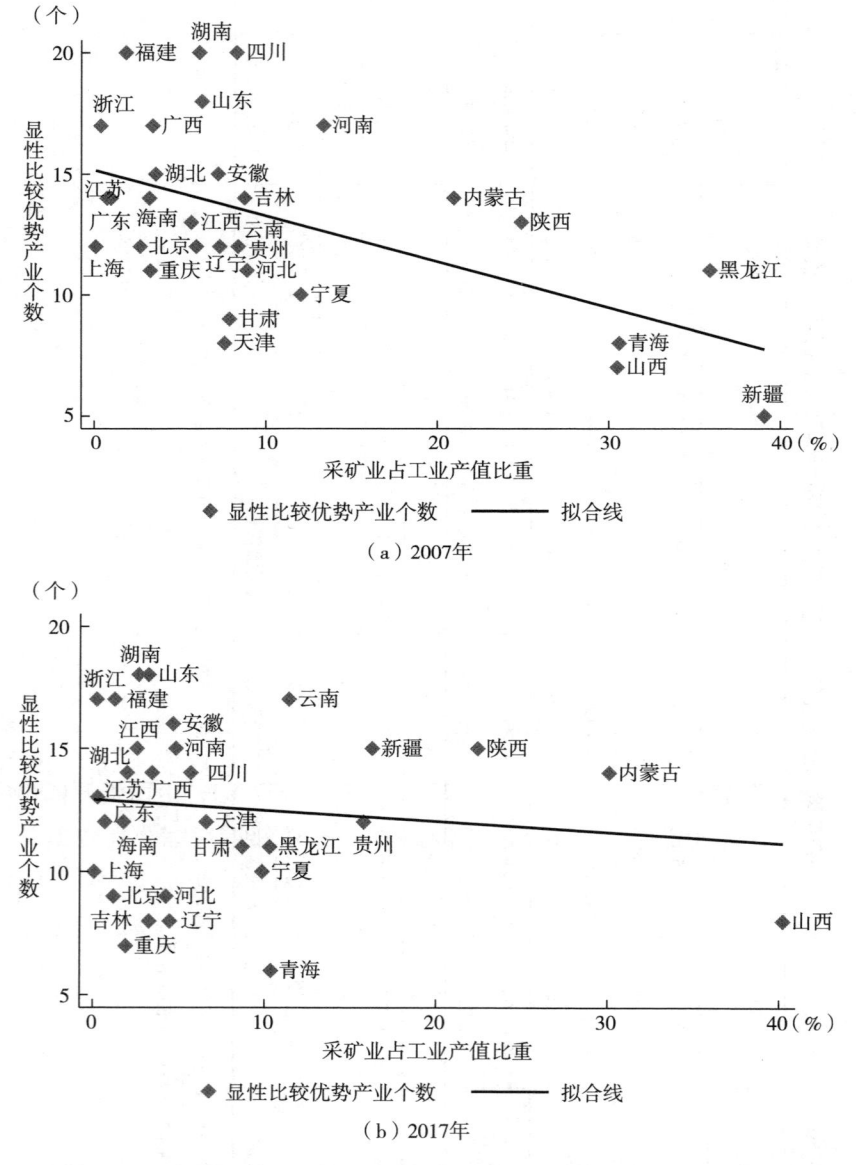

(a) 2007年

(b) 2017年

图 7-13 采矿业占工业产值比重与省份显性比较优势产业个数散点图

资料来源：利用 Stata15 绘制。

陕西、内蒙古等省份的显性比较优势产业个数在 15 个左右，只有山西省为 8 个，山西的高资源依赖与低显性比较优势产业个数特征较为明显。虽然到 2017 年，黑龙江、青海、宁夏等省份的显性比较优势产业个数并没有明显的提升，但是其资源依赖度与 2007 年相比还是有了一定程度的下降。总体来看，2007—2017 年，全国各个省份资源依赖度总体上呈现了一定程度的下降态势，而在中国国内产业转移进程中，中西部省份的显性比较优势产业个数在提升，资源依赖与显性比较优势产业个数的负向关系开始减弱，中西部的资源型省份表现出一定程度的产业转型升级特征。

第二，资源依赖度与区域优势产业邻近度综合指数的负向关系也在弱化。图 7-14 显示，2007—2017 年资源依赖度与区域优势产业邻近度综合指数的负向关系也呈现出减弱的趋势。2007 年，资源依赖度较高的新疆、山西、青海三个省份的区域优势产业邻近度较低，分别为 75.85、107.43 和 125.45，黑龙江虽然资源依赖度也较高，但是作为老工业基地，区域优势产业邻近度综合指数相对较好，为 180.63。2007 年，天津、甘肃、宁夏等省份区域优势产业邻近度综合指数也相对较低，也都是资源依赖度相对较高的省份，其中，天津虽然是直辖市，在分组中处于中等资源依赖组，以石油为主的资源开发，导致工业结构中资源依赖度一直较高，采矿业占工业产值比重最高的时候是 2011 年，达到 12.27%。2017 年，青海、黑龙江的资源依赖度比 2007 年有所下降，但其区域优势产业邻近度也同样下降，且青海下降为全国最低的省份，2017 年，青海的区域优势产业邻近度下降为 92.46，黑龙江下降为 177.64，山西资源依赖度从 2007 年到 2017 年一直较高，且区域优势产业邻近度综合指数提升缓慢，2017 年仅为 121.87。2017 年，其他资源依赖度较高的新疆、内蒙古、陕西等省份区域优势产业邻近度综合指数在 200—250，比 2007 年总体有所提升。2017 年，区域优势产业邻近度综合指数最高的省份为山东，达到 312.59，其他区域优势产业邻近度综合指数较高的省份为湖南、福建、浙江、安徽等东部、中部省份。总体上可以看出，2007—2017 年，采矿业占工业产值比重与区域优势产业邻近度的负相关性在减弱。

（二）资源依赖度对区域产业演进的补充计量检验

从图 7-14 可以看出，资源依赖度与显性比较优势产业个数、区域优势产业邻近度综合指数的负向关系都在减弱。这里分别以 2007 年、2013

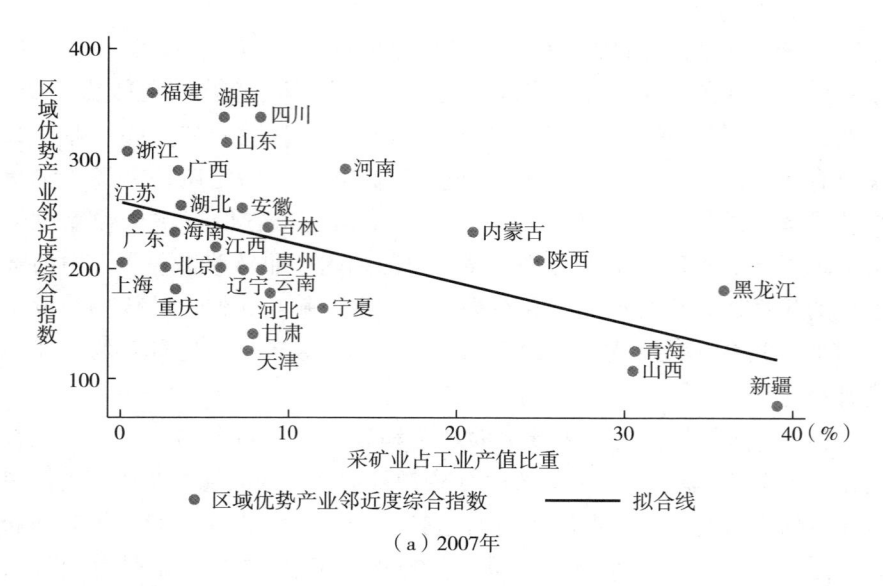

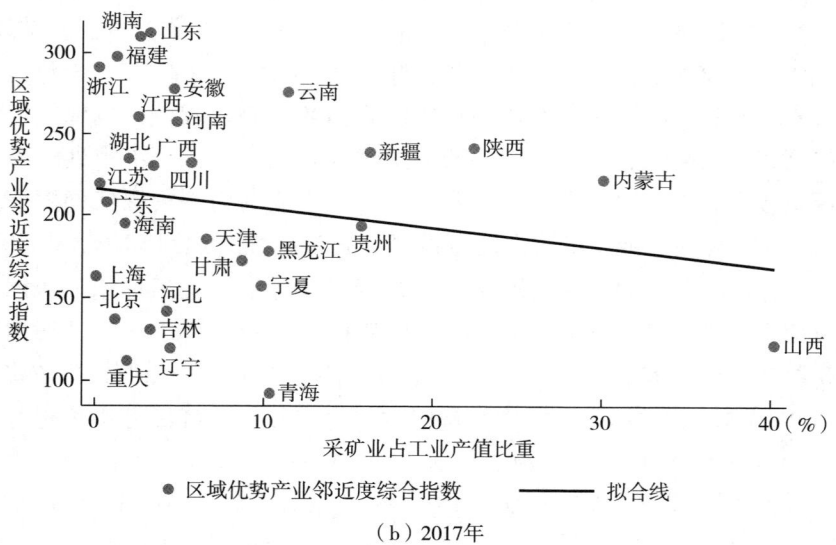

238 / 资源型地区经济转型研究：基于区域网络视角

（a）2007年

（b）2017年

图7-14 采矿业占工业产值比重与省份区域优势产业邻近度综合指数散点图
资料来源：利用Stata15绘制。

年、2017年为截面进行最小二乘法（OLS）回归，并建立时期固定效应模型、截面固定效应模型、双向固定效应模型进行检验，在回归结果中剔除不显著的模型，结果见表7-11。

表 7-11　资源依赖度对显性比较优势产业个数的补充计量检验

	（1） rcan	（2） rcan	（3） rcan	（4） rcan
cky	-0.1899 *** （0.000）	-0.1649 *** （0.001）	-0.0439 （0.490）	-0.1110 * （0.098）
常数项	15.1659 *** （0.000）	15.1073 *** （0.000）	12.9038 *** （0.000）	14.3346 *** （0.000）
N	30	30	30	330
R^2	0.294	0.293	0.0141	0.0414
F/Wald 值	17.56	14.03	0.490	17.91
模型设定	截面 OLS	截面 OLS	截面 OLS	时期固定
时期（年）	2007	2013	2017	2007—2017

注：***、**、* 分别表示在 1%、5%、10% 的显著性水平下通过检验，括号内为 p 值。F/Wald 值中，时期固定模型结果中为 Wald 值，其他回归结果中为 F 值。

资料来源：Stata15 输出结果。

第一，高资源依赖度与显性比较优势产业个数的负向关系逐渐减弱。中国省域截面数据模型回归中，如表 7-11 列（1）所示，2007 年资源依赖度提升 1 个单位，显性比较优势产业个数下降 0.1899 个单位；在列（2）中，2013 年采矿业占工业产值比重提升 1 个单位，显性比较优势产业个数下降 0.1649 个单位；列（3）结果显示，2017 年，采矿业占工业产值比重的回归系数不显著。从 2007 年、2013 年、2017 年的回归结果可以看出，采矿业占工业产值比重回归系数的绝对值越来越小，说明资源依赖度与显性比较优势产业个数的负相关关系在减弱。在 2007—2017 年的面板模型回归中，只有时期固定效应模型显著，采矿业占工业产值比重提升 1 个单位，显性比较优势产业个数下降 0.1110 个单位。

第二，资源依赖带来区域优势产业邻近度综合指数下降，但这一趋势在弱化。从表 7-12 中可以看出，2007 年采矿业占工业产值比重提升 1 个单位，区域优势产业邻近度综合指数下降 3.6650 个单位。2013 年，采矿业占工业产值比重提升 1 个单位，区域优势产业邻近度综合指数下降 3.4856 个单位。2017 年，采矿业占工业产值比重系数不显著。2007—2017 年时期固定效应模型显示，资源依赖与区域优势产业邻近度综合指数负相关，采矿业占工业产值比重提升 1 个单位，区域优势产业邻近度综合指数下降 2.0477 个单位。2007—2017 年截面固定效应模型显示，采矿业占工业产值比重在 10% 的显著性水平下不显著，总体上看，资源依赖度提升不利于改善区域优势产业邻近度综合指数；但截面数据回归模型结果显示，随着时间变化，资源依赖度的下降等原因，资源依赖度与区域优势产业邻近度综合指数的负向关系在减弱。

表 7-12 资源依赖度对区域优势产业邻近度综合指数影响的补充计量检验

	（1）qyys	（2）qyys	（3）qyys	（4）qyys	（5）qyys
cky	-3.6650*** (0.000)	-3.4856*** (0.000)	-1.203 (0.253)	-2.0477* (0.067)	-2.123 (0.140)
常数项	260.7954*** (0.000)	259.8236*** (0.000)	216.1298*** (0.000)	243.7706*** (0.000)	235.6167*** (0.000)
N	30	30	30	330	330
R^2	0.317	0.347	0.0312	0.2371	0.0472
F/Wald 值	20.96***	22.68***	1.362***	160.21***	2.305***
模型设定	截面 OLS	截面 OLS	截面 OLS	时期固定效应	截面固定效应
时期（年）	2007	2013	2017	2007—2017	2007—2017

注：***、**、* 分别表示在 1%、5%、10% 的显著性水平下通过检验，括号内为 p 值。F/Wald 值中，时期固定模型结果中为 Wald 值，其他回归结果中为 F 值。

资料来源：Stata15 输出结果。

第四节 本章小结

本章在全国及省域层面对资源型地区是否存在产业锁定进行实证分析，依据资源依赖度对省域进行分组基础上，使用产品空间理论构建中国典型省份产业空间网络图，并利用显性比较优势产业个数、区域优势产业邻近度综合指数、产业密度等指标对高资源依赖省份、中资源依赖省份、低资源依赖省份及全国总体水平进行比较研究，最后使用计量模

第七章　中国资源型地区产业逆向演进与锁定的实证分析 / 241

型、散点图，考察了资源依赖对区域产业演进的影响。主要结论如下：

（1）在明晰显性比较优势产业、产业邻近度、生产能力禀赋、产业密度等概念的基础上，借助 Matlab、Cytoscape 等软件，使用 2003—2013 年中国工业企业数据库四位代码行业数据，重点在邻近度计算中将赋值范围从传统的 [0, 1] 拓展为 [-1, 1]，进而创新性地构建出中国正（负）产业空间网络基准图。

正产业空间网络基准图呈现"核心致密—边缘稀疏"结构，表示同一大类的产业因产业关联性较高而聚集在一起，核心位置产业与周围许多产业都有较高的邻近度，而外围产业只与少数产业有较高的邻近度，连接稀疏且与核心产业连接距离较远。核心区域主要由纺织品等轻工业和电气机械与器材、电子通信设备、交通运输设备等高邻近度装备制造业构成，边缘区域主要为采矿业、炼焦、金属冶炼以及电力、热力、燃气及水的生产和供应业等低邻近度资源产业，反映了资源产业与核心制造业的邻近度较低、距离较远。

负产业空间网络基准图与正产业空间网络有很大差别，在负产业空间网络基准图中，连接在一起的是最不可能共存的产业，其分布呈现出许多小范围由一个产业与多个产业之间构成的"中心—外围"结构，表示"中心"产业与"外围"产业的互斥，或者说相互抑制的关系。"中心"大多是采矿业，水泥制造，电力、热力、燃气及水的生产和供应业等资源产业，与之相连的是受这些资源产业"抑制"的装备制造、纺织等产业。

（2）使用正负产业空间网络基准图、显性比较优势产业个数、区域优势产业邻近度综合指数、产业密度对 2003—2013 年不同资源依赖组及全国进行比较发现，高资源依赖地区优势产业数量少，位于正产业空间网络边缘和负产业空间网络"中心"地带；山西、青海等资源型省份优势产业邻近度综合指数明显低于浙江、江苏、广东、安徽、湖南等中、低资源依赖省份；高资源依赖组的产业密度也相对较低，生产能力禀赋不高，产业升级能力不强。

（3）使用 2003—2013 年中国工业企业数据库所计算的显性比较优势产业个数、区域优势产业邻近度综合指数作为被解释变量进行基准计量检验，同时使用 2007—2017 年《中国工业统计年鉴》数据进行补充检验，主要考察资源依赖对产业演进的影响。在基准计量检验中，资源依赖度与显性比较优势产业个数、区域优势产业邻近度综合指数趋势拟合线呈现明显的向右下方倾斜特征，资源依赖度提升会导致显性比较优势产业个数、区域优势产业邻近度综合指数显著下降；区域异质性检验显示，高资源依赖度对显性比较优势产业个数存在挤出效应，资源依赖度提升普遍不利于改善区域优势产业邻近度综合指数，尤其在中、低资源依赖区域。补充检验显示，资源依赖度与显性比较优势产业个数、区域优势产业邻近度综合指数也呈现负相关，但随时间演进，负向关系在减弱。

第八章　中国资源型地区经济转型的建议

本章在前面理论分析、实证检验的基础上，根据研究结论，提出相关政策建议。资源型地区内部需要开展资源产业管制，提升资源型地区内生发展动力；对外需要优化区域开放网络，提升网络权力与地位，改善资源型地区与其他地区的网络联系。

第一节　资源产业管制与提升资源型地区内生发展动力

建立合理的资源收益分配机制、完善资源收益分配的制度体系是避免资源过度繁荣与资源依赖过度的前提。因此，要立足资源型地区可持续发展的要求，开展资源产业管制，合理分配资源收益。在党的二十大报告中明确指出，要"坚持按劳分配为主体、多种分配方式并存，构建初次分配、再分配、第三次分配协调配套的制度体系"。在建立资源收益三次分配机制的同时，要合理使用资源收益，健全资源型地区制造业发展激励政策，加大对人力资本、科技创新投入的支持力度，完善公共服务、基础设施等配套服务设施建设，进而在政府政策的引导下，逐渐形成资源型地区可持续发展的内生动力。

一　建立三次资源收益分配机制

资源收益分配，不仅涉及一次分配、二次分配，还涉及三次分配，一次分配靠市场、二次分配靠政府、三次分配则主要靠非正式制度（习惯与道德影响下的慈善机制、重复博弈机制等）的实施。因而，可以基于三次收入分配理论构建资源收益分配机制：一次分配主要涉及资源所有者权益、资本劳动所得、企业利润、生态环境补偿、土地地租等；二次分配主要涉及税收、国家资源所有者权益和国有资本上缴收益，以及中央政府对资源型地区历史欠账的转移支付和专项支出；三次分配主要涉及资源企业在矿区履行企业社会责任、促进民生事业改善等方面的公益性支出。

（一）基于市场交易机制的资源收益一次分配

在资源收益的一次分配当中，市场机制起着决定性的作用（见表8-1）。雇用劳动力、借贷资本、占用土地、获得资源使用权、获得生态环境使用权都可以按照市场交易的方式支付工资、利息、地租、资源租金、生态环境补偿费用等，这是资源企业生产的私人成本。另外，资源企业的最终目的是获得利润。

表8-1 面向资源型地区可持续发展的资源收益三次分配机制设计

分配形式	具体类型	分配依据	支付方	受益方	用途
基于市场交易机制的资源收益第一次分配	劳动者工资	按要素分配	资源企业	劳动者	劳动者支配
	资本利息	按要素分配	资源企业	资本拥有者	资本拥有者支配
	资源所有者权益	按要素分配	资源企业	资源所有者（中央与地方政府）	资源所有者支配
	生态环境补偿	按要素分配	资源企业	生态环境产权主体（矿区居民）	生态环境修复、居民赔偿等
	土地地租	按要素分配	资源企业	土地拥有者（矿区居民）	土地拥有者支配、搬迁安置等
	利润	初次分配剩余	资源企业	资源企业	分红、转型投资等
基于政府调控的资源收益二次分配	税收（环境税、企业所得税、个人所得税、增值税等）	政府公共财政职能	资源企业、劳动者等	中央与地方政府	用于一般预算财政支出（教育、环保、道路、转移支付等）
	国家资源所有者权益	区域可持续发展；资源所有权	资源所有者（中央与地方政府）	中央与地方政府	用于资源型地区资本形成（投资、公共支出、转型激励等）
	国有资本上缴收益	区域可持续发展；国有资本所有权	国有企业/国资委	中央与地方政府	国有资本金注入、民生投入、国企历史遗留问题解决等
	转移支付和专项支出	历史欠账	中央政府	地方政府	用于资源型地区生态破坏、矿区枯竭转型等历史遗留问题解决

续表

分配形式	具体类型	分配依据	支付方	受益方	用途
基于资源企业履责的资源收益三次分配	公益支出	利益相关者博弈、慈善动机	资源企业	矿区居民	资源企业履行社会责任（建学校、修路、供水、发放补贴、捐赠等）

第一，雇用劳动力需要支付工资。在资源企业（主要为矿业中的探矿企业、采矿企业）的生产中，离不开生产要素劳动的参与，劳动者通过出售劳动的方式为资源企业创造价值，需要按照对资源企业生产的贡献程度参与资源收益分配。劳动参与资源收益分配的形式为工资收入，分配的依据为按照要素分配（按劳分配），分配的机制为市场谈判机制、合约机制，劳动者通过与资源企业谈判签订劳动合约的方式规定工资收入水平，劳动者获得的工资收入归劳动者自身支配。由于在矿井下面工作存在工作条件差、劳动强度大、风险性高等特点，资源企业需要对工作环境相对较差的劳动者进行额外的工资补偿。

第二，使用资本需要支付利息。资源产业属于资本密集型产业，在矿产开发过程中需要大量的资本投入，而资源企业可能自身的资本积累无法满足这一需求，需要从金融机构或者民间融资等，资源企业要为借贷的资本支付报酬。资本参与资源收益分配的形式为利息，分配的依据为按照生产要素分配，分配的机制为市场定价机制。资源企业与银行签订贷款协议，约定利息率及还款付息的方式，利息率是由市场来决定的；另外，如果资源企业无法从正规金融当中获得融资，就有可能从民间进行融资，尤其是在矿产品价格高涨的时候，为了推进资源开发，会从民间以高额的利息获得融资，甚至借高利贷，这也成为制约资源企业生产成本下降的重要因素。许多资源企业在矿产品价格下跌时无法还本付息，造成债务风险。资源企业的资本投入在用于形成矿井基础设施、开采设备的同时，有一部分也形成了资源企业的安全投入，用于防范资源开发的高风险。

第三，消耗自然资源需要向资源所有者[①]支付有偿使用费用（价值补

---

① 我国法律规定矿藏等自然资源归国家所有，国务院代表国家行使所有权，在实际工作中主要由中央、地方政府来实现自然资源的有偿使用。

偿、所有者权益)。以矿产开发为核心的资源产业就是要将矿产资源转变为矿产品,这就需要资源企业从资源所有者手中购买资源的使用权。资源所有者参与资源收益分配的形式为所有者权益,分配的依据为按照生产要素分配,分配的机制为市场机制。自然资源所有者需要通过市场的方式出让自然资源使用权,虽然所有者需要从资源企业获得耗竭性租金、级差租金、稀缺性租金等不同类型的租金,但是它们都属于资源所有者的权益,可以通过市场的方式实现所有者权益的最大化;如果资源所有者不能够通过市场的方式实现所有者权益,将可能带来所有者权益的流失问题。

第四,占用土地需要向土地拥有者(矿区居民)支付地租。自然资源开发无论是矿井建设还是矿产品储存都需要占用大量的土地,为了避免资源开发地面塌陷导致财产损失,资源企业也需要租用、征用资源上的地表使用权,这些都需要资源企业向土地拥有者支付费用以获得土地使用权。土地拥有者参与资源收益分配的形式为获得地租,分配的依据为按生产要素分配,分配的机制为市场机制。资源企业通过与土地拥有者进行谈判协商,获得土地的使用权,谈判协商也是供求双方议价的结果,是市场机制的体现。在矿区,资源开发占用的是矿区农民的耕地或者农民的居住用地,这都是农民赖以生存的家园,一旦农民失去土地,则可能变为失地农民,失去生活的来源,因而在征用、租用农民土地时,农民为了获得生活保障,可能会向资源企业要求较高的土地补偿。

第五,资源企业向生态环境产权主体(矿区居民)支付补偿费用。生态环境具有公共品的性质,其产权归属难以明晰,因而资源开发导致生态环境破坏,这构成资源企业生产的外部成本。现阶段,中国正在开展生态环境产权制度改革,以使生态环境就可以像土地、资本、劳动一样进行市场交易,生态环境补偿费用也可以像工资、利息、地租一样,内生化为企业的私人成本。生态环境产权主体通过获得生态环境补偿的方式参与资源收益分配,分配的依据是按要素分配(资源开发过程中生态环境作为要素投入使用),分配的机制是市场机制。由于生态环境具有公共品性质,在确定产权主体时,可以通过代理人(矿区居民)行使产权主体的各项权利,但是在市场交易时,产权主体并不是为了获得资源收益,更多的是要求资源企业在对生态环境利益受损群体(矿区居民)进行补偿的同时,提取生态环境补偿费用用于生态环境的修复,补偿的标准是确保生态环境质量不降低。

（二）基于政府调控的资源收益二次分配

在资源型地区，政府可以通过参与资源收益二次分配的方式促进区域可持续发展。政府进行资源收益二次分配的方式主要包括以下几方面。

第一，从资源产业征税用于公共财政支出。在资源产业发展中，中央与地方政府通过征税的方式获得了部分资源收益，这些税收（环境税、企业所得税、个人所得税、增值税等）主要用于公共财政支出，为经济社会发展提供公共服务，包括改善生态环境，修建道路，提供水利，加大教育、医疗、养老、救济等社会保障支出等。税收用于二次分配的方式为企业、劳动者向中央与地方政府部门交税，然后政府用于公共财政支出，分配的依据为政府的公共财政职能，分配的机制为政府强制征收及计划安排。需要指出的是，生态环境具有公共品的性质，仅仅依靠资源企业自身的生态环境补偿、修复是不够的，市场交易无法完全解决生态环境问题，因而需要政府的参与；由于资源开发所造成的负外部性可能较为严重，因此与其他行业征收的环境税费相比，在资源型地区需要额外的环境税费来促进资源开发的生态环境治理。

第二，国家资源所有者权益用于资源型地区各类资本形成。在资源所有者权益国家所有的情况下，政府代表国家支配国家资源所有者权益。资源所有者权益可以看作自然资本价值的体现，本着区域可持续发展的原则，要推动资源型地区的自然资本向物质资本、人力资本转化。因而，政府在支配资源所有者权益时，需要加大资源型地区的自然资本、物质资本和人力资本投资。国家所有者权益用于二次分配的方式为用于资源型地区资本形成，分配的依据为区域可持续发展的需要，以及资源所有权特点，分配的机制为政府安排。

第三，国有资本上缴收益可以用于国有资本金注入、民生投入、国企历史遗留问题解决等。对于国有资源企业来讲，其资本主要是来自国家的投资，那么企业获得的利润就需要向国家公共财政上缴，对于这一部分收益的分配方式，政府可以用于对资本金缺乏的国有资源企业的扶持，也可以用于民生投入，也可以用来解决国有企业历史遗留问题。分配的依据为区域可持续发展的需求，以及资本权特点，分配的机制为政府安排。

第四，政府加大对资源型地区转移支付和专项支出。资源型地区的资源收益分配体系不可能从一开始就是完善的，在长期的资源开发中，可能有一些历史遗留问题，比如资源枯竭导致矿区职工失业、生态环境负债积累较多、资源所有者权益没有实现等。而资源型地区可能无力负担这些历史遗留问题，这就需要国家加大对资源型地区的转移支付和专项支出。分配的依据为解决历史遗留问题，分配的机制为政府安排。国家公共财政不是对当期资源收益的二次分配，而是对以往资源收益分配不合理导致历史遗留问题的弥补。

（三）基于资源企业履责的资源收益三次分配

资源收益的第三次分配主要是资源企业将获得的利润用于矿区的公益性支出，是资源企业履行社会责任的体现。在矿产资源所在地，资源企业与矿区居民属于利益相关者，贫富差距可能导致矿区可持续发展受到影响，因而资源企业应在矿区履行社会责任。资源企业利润参与资源收益三次分配的形式为矿区公益支出，分配的依据为利益相关者博弈、慈善动机，分配的机制为资源企业自愿行为。资源企业为履行企业社会责任而开展的公益支出主要来自资源企业的获利，主要包括为矿区建学校、修路、供水、为居民发放生活补贴、捐赠等。政府在资源企业履行社会责任方面的主要作用在于对资源企业的公益支出予以税费减免。

二　健全区内制造业发展激励政策

对于资源型地区而言，缺乏的恰恰是制造业主导产业。资源型地区在发展资源优势产业的同时，要利用资源收益，培育扶持制造业成长为主导产业、支柱产业。激励资源型地区制造业发展可以从以下几方面着手。

第一，培育制造业主导产业、支柱产业。在工业化进程中，资源型地区的资源产业成为主导产业，同时也存在制造业。制造业发展与其他资源禀赋、区位优势、产业基础等密切相关。资源型地区可以从已有的制造业中选择产业规模大、市场前景广阔、关联性强的制造业作为未来主导产业、支柱产业进行培育。资源型地区也可以根据产业梯度转移规律，与其他发达地区进行联系，通过产业转移承接来培育制造业优势产业。此外，资源型地区也可以面向未来，发展具有前景的战略性新兴产业、未来产业。

第二，完善市场机制下的传统产业退出机制。资源型地区的资源传统优势产业具有强资产专用性、沉没成本较高的特点，如果在市场机制下传统资源产业自由退出受阻，就会占用有限的资源禀赋，从而导致制造产业发展所需要的资源禀赋相对不足，间接制约产业结构的优化调整。所以，要完善产业进入退出转化机制，资源型地区要淘汰资源开采、初加工等产业落后产能以及"两高"企业、僵尸企业，通过政策调整与市场机制相结合，实现对资源的最优化配置，为资源型地区经济高质量发展释放更多禀赋资源，为新能源、新材料、装备制造、生物医药、大数据等新兴产业、未来产业提供所需的资源条件，推进资源型地区资源禀赋的合理高效利用。

第三，建立资源收益扶持制造业发展的转型基金。资源型地区在资源繁荣中积累的资源收益，要避免用于资源产业的扩大再生产而造成资源部门过度膨胀。要将资源收益特别是政府部门和资源企业的资源收益用于设立转型基金、转产基金等，扶持资源型地区本土制造业的发展。资源型地区可以根据资源产品价格的波动规律，在资源产品价格的高涨时期，积累转型基金，扶持制造业发展，避免制造业在资源繁荣中走向消亡；在资源产品价格的低落阶段，资源产业和制造业的收益比价相对较低，有利于制造业的发展，此时可以加快使用基金促进制造业的发展。对于资源企业而言，考虑到资源开采的可耗竭性以及收益的波动性，资源企业可以在积累一定的资源收益之后，投资具有可持续发展前景的制造业，政府可以要求资源企业设立转产基金，只有转产发展制造业才可以使用此类基金，进而提高资源企业转型发展的积极性。

第四，营造有利于制造业发展的浓郁氛围。阻碍资源型地区制造业发展的，不仅仅是资源发现、资源产品价格高涨所带来的资源收益，也不仅仅是产业结构的资源依赖。阻碍资源型地区制造业发展的深层次原因，包括资源型地区内部形成了资源依赖文化以及制造业发展缺乏氛围。培育制造业优势产业，需要在资源型地区有意识地营造制造业振兴崛起、集聚发展的氛围。资源型地区政府、企业家、百姓都需要摒弃资源依赖观念，树立制造业是区域经济可持续发展持久动力的理念，通过宣传引导、政策扶持等为制造业发展创造氛围、带来机遇，为资源型地区整个社会带来制造业领域的创业热情、就业导向。

三 加大人力资本、创新支持力度

资源型地区要避免资源依赖对人力资本、科技创新的挤出效应，加快要素禀赋升级。重点要将政府部门、企业、百姓（包括矿区居民）手中的资源收益，用于人力资本投资和创新投入，提升人力资本积累与创新能力。

第一，促进自然资本向人力资本的转化。促进资源型地区可持续发展关键是要加快自然资本向人力资本、知识资本等资本形态的转化，进而在可持续发展理念下保持资本总量（财富总量）不减少。一是要加大教育、健康等方面的人力资本投资。人力资本的改善对于区域经济长期发展具有重要的推动作用，资源型地区实现转型离不开人力资本的积累与改善，需要政府、百姓等加大高等教育、职业教育等教育投入，为经济转型积累更多人才。二是要根据资源型地区产业结构转型、就业结构转型的难点，开展有针对性的人力资本培训与积累。资源型地区经济转型过程中要准确把握转型产业，尤其是战略性新兴产业对于人力资本的特定需求，要开展多种形式的人才引进、技能提升和专业培训，推动资源型地区传统产业的职工再就业和新兴产业的人力资本提升。三是要加大人才引进的投入力度。资源型地区要坚持培育人才与引进人才并重，要将资源收益用于其他发达地区人才的引进，通过人才补贴、人才公寓、人才一卡通等优惠政策吸引人才，特别是要根据转型产业需要，从其他地区引进资源型地区承接产业、战略性新兴产业等所需人才，助力人才与产业协同转型。

第二，改善资源型地区创新生态系统。资源型地区要建立创新生态系统，就是以高科技企业为创新纽带，以政府、高校、科研机构、金融机构等为要素构成网络结构。企业是创新生态系统中的主体，要有创新发展的内在动力，增加创新资金投入力度，推动技术创新。就资源型地区企业而言，要调整分配机制，把更多的资源收入分配到技术创新中去。资源型地区技术创新可以提高生产效率、节约成本，人力资源管理创新能发挥人才的最大效用，销售渠道创新可使企业增加销售获得利润。政府要创造良好的创新环境和氛围，对创新生态系统中的创新活动给予政策上的支持和帮助；高校和科研机构可以直接和企业科技部门联系，为企业的创新提供理论和技术支持，应加大教育投入力度，调整人才培养方式，培养更多创新人才。资源型地区要围绕产业转型升级来打造创新生态系统，特别要是要围绕转型领域的制造业、高新技术产业打造产业创新生态子系统，在新兴产业、未来产业领域要以产业创新生态子系统培育新主导产业。

第三，打造尊重人才、尊重创新创造的转型环境。大力培育企业家精神，创造有利于企业家公平竞争和施展才华的舞台，营造保护企业家合法权益的法治环境，创造企业家有序竞争的市场环境，厘清政府和市场的边界，构建"亲""清"新型政商关系。高度重视社会文化环境的建设，大力弘扬劳模精神、工匠精神，增强各行业从业人员的职业荣誉感和责任感，形成崇尚创新创造的社会氛围，建立合理激励制度，推动和加快相关的知识产权和技术专利的保护工作，让各行各业的从业人员努力钻研科学技能，不断壮大知识型、技能型、创新型劳动者大军，助力资源型地区经济转型。

四 完善经济转型配套服务设施

资源依赖导致经济服务能力较弱、基础设施落后。服务经济转型要利用资源收益完善生产性服务、公共服务等，改善资源型地区的基础设施。要建立完善的营商服务、生产性服务、公共服务等服务体系，健全基础设施，为资源型地区经济转型提供配套的服务与设施保障。

第一，优化资源型地区营商服务环境。赵建英（2018）认为，优化营商环境是经济高质量发展中政府需要提供的公共产品之一。国务院《优化营商环境条例》指出，优化营商环境重点要持续深化简政放权、放管结合、优化服务改革，最大限度地减少政府对市场资源和要素的直接配置，最大限度地减少政府对市场活动的直接干预，注重加强和规范事中、事后监管，着力提升政务服务能力和水平，切实降低制度性交易成本，更大程度地激发资源型地区的市场活力、社会创造力和经济发展动力。[1] 具体是要坚持市场化、法治化和国际化的原则，为资源型地区经济转型发展塑造良好的营商环境。以数字政府建设为牵引，将大数据、人工智能、区块链等数字化变革性力量全面融入建设廉洁政府、法治政府、服务型政府、效能政府的各领域、各环节、全流程。要提高政务服务事项全流程网上办理效率，健全平台统一受理，部门归口负责、联动办理的新型政府服务沟通机制。要构建便利化的营商服务环境。要按照市场经济运行的基本规律，尊重企业的市场主体地位，坚持为企业服务的原则，在资源型地区经济转型中为转型企业在企业注册、获得电力、行政

---

[1]《优化营商环境条例》，中国政府网，http://www.gov.cn/zhengce/content/2019-10/23/content_5443963.htm。

审批、缴纳税费等方面提供便利化的服务①。

第二，加大资源型地区产业转型升级的金融、物流等生产性服务业支持。促进资源型地区金融发展重点：一是建立资源型地区金融存款就地放贷机制。资源收益是资源型地区金融机构存款的重要来源，由于资源型地区在制造业领域、高新技术领域缺乏投资机会，资源型地区的存款经常是在区外转化为贷款。政府需要对资源型地区的金融机构进行管制，规定金融机构须将在资源型地区吸收的存款中一定比例用于资源型地区的投资建设。二是建立资源型地区信贷向制造业领域、创新领域倾斜机制。应给予积极转型发展制造业、开展创新的企业提供信贷倾向政策，在对企业提供资金保障的同时还应该降低贷款利率，给予转型企业一定的优惠政策，搞好企业转型的服务。对于落后企业、高污排放企业，在资金信贷上应给予一定的限制，充分发挥金融在促进产业转型中的导向作用。促进资源型地区物流业发展，重点要在服务资源产业专用性物流的基础上，完善针对制造业产品的物流体系，保障资源型地区制造业产品能够通过物流运输至全国其他地区。

第三，加强资源型地区内部交通、通信、开发区等基础设施与平台建设。为更好地服务经济转型、改善对外关系，资源型地区内部首先要降低区域内部的交通、通信成本。资源型地区要着力改善交通基础设施，方便区内各城市之间的联系，通过高速公路、国道、省道、县乡公路等建立四通八达的区域内部交通网络，方便区内企业主体、要素主体等的流通与联系。要加强5G等新基建建设，提高通信网络建设水平，降低区内企业、居民的网络联系成本，提高网络联系效率。开发区作为制造业集群发展的平台，能够实现制造业发展的集聚经济效益，但开发区在资源型地区则发展相对落后。资源型地区要将开发区作为基础设施建设的重点领域，在区内合理规划建设国家级、省级开发区，重点要完善开发区内标准化厂房、水电路网等基础设施建设，实现企业可以"拎包入驻"。

第四，构建资源型地区产城融合发展机制。资源型地区要改变矿区建设与城镇化发展相分离的发展模式，要根据制造业的发展特点，建立

---

① 《中共中央　国务院关于营造更好发展环境支持民营企业改革发展的意见》，《社会主义论坛》2020年第1期。

产城融合发展体制机制。在资源型地区转型过程中要注重都市圈、中心城市、大县城、开发区在空间布局和产城融合过程中的战略支撑作用，推动构建开放型区域合作新体制，着重破除在产城融合中，城镇空间格局不优，大城市和中心城市龙头作用、集聚辐射能力不强，城镇群发展缓慢，县城对农村带动力不够等问题，突出资源型城镇组团各自比较优势，应用共享经济的资源功能增强资源和市场的共享乘数效应，在资源型产业集群发展中实现资源型地区的产城融合和高质量发展。积极推进开发区与城市的融合发展，明确开发区的主导产业类型，促进转型产业在开发区集群发展，城市建设要为开发区提供必要的劳动力、资本、技术等要素保障和公共服务保障，提升资源型地区开发区建设品质，将开发区打造成为资源型地区产业转型升级的空间载体。

第二节 优化区域网络与改善资源型地区对外合作能力

主要从完善交通网络、吸引人口流入、加强创新合作、激发创业活力、融入全国生产网络等方面，提出优化开放网络、提升资源型地区对外合作能力的建议。

一 加快"铁公机"建设完善对外交通网络

第一，优化综合运输通道布局。资源型地区大规模的矿产原料和矿物制品需要通过各种交通运输方式输往全国乃至世界各地。因此，有必要强化资源能源输送干线、专线的规划建设。一方面，要科学制定交通运输基础设施线路规模、技术规格、修建时序，精准填补既有路网空白区、扩建运能受限路段，提高资源型地区运输能力。另一方面，要着力改革交通基础设施经营管理模式，加快推进铁路、公路、航空等多种交通设施有效衔接，提升货运枢纽站场保障能力，充分挖掘交通基础设施潜力，提升交通网整体运营效率。

第二，提升交通基础设施"数字"含量。中国数字经济发展已经步入深层应用、规范共享的新阶段，加强交通基础设施数字建设是适应新一轮科技革命的必然要求，更是资源型地区抢抓发展新机遇、拓展经济转型新空间的重要举措。一方面，积极搭建省市县多层级综合交通运输信息平台，完善交通运输数据库建设和各业务应用系统研发，切实提高交通实时信息掌控能力和突发事件应急处理能力。另一方面，着力推进交通基础设施智能化升级，完善智能铁路、智慧公路、智慧航道等智能化建设，加强对重点运输通道重点运输项目运行情况的有效监测，提升运输通道安全畅通保障水平和交通枢纽通行效率。

第三，提高城市群都市圈交通通达程度。现阶段，中国资源型地区普遍存在经济增长动力不足、产业结构单一、技术人才基础薄弱等问题，仅仅依靠自身孤立发展实现转型较为困难，需要与周边区域建立较为紧密的合作关系。对于都市圈内的资源型地区，应当以市郊铁路等轨道交通线为骨干，打通市内市外各条铁路、公路通道，提高都市圈交通基础设施连通性，进而依托辐射能力较强的中心区，实现"1小时通勤圈"经济产业协同发展。对于城市群内的资源型地区，应加强城际交通建设，坚持以轨道交通和高速公路为骨干，提高城际运输通道的运输速度与降低运输费用并举，增强与城市群内各城市间的交通联系，助力本地区企业的转型发展。

第四，增强区内居民出行便利性。交通便利性是评判一个地区是否宜居的重要因素。资源型地区交通便利性的改善将有助于吸引人才流入，从而提高该地区综合竞争力。因此，资源型地区要基于所在区域经济发展水平与人口流动规模，合理布局高铁、机场建设，积极融入高铁、航空网络，有效提高高技能人才在地区间的流动性。同时，积极推进资源型地区客运站改扩建或迁建新建工作，切实提高居民出行的便利性和舒适性。当然，高铁、航空等交通方式的建设也需要与本地区产业发展和其他便民设施建设协同，以避免因"虹吸效应"过大而产生的负向影响。

二　加紧人才、劳动力流入升级要素禀赋

第一，提高人口收入水平，缓解人口流失局面。缓解中国逐渐凸显的资源型地区人口收缩、人口流失问题，重在吸引人口集聚，而流动人口居留意愿受工资的影响显著，因此，资源依赖度高的地区应逐步提高当地职工平均工资，提高居民生活消费水平。首先，要提高最低工资标准，缩小地区收入差距。其次，要提高流动人才工资水平，特别是高等人才的工资水平。工资水平是由市场机制决定的，因此政府需为企业提供优良的营商环境，如放宽市场准入、维护市场秩序、出台税收减免优惠政策等，提升企业市场竞争力，使其有能力及意愿支付更高的工资水

平。另外，为减轻企业负担，可以适当对接收失业安置人员、吸引高层次人才的企业给予政策优惠。

第二，鼓励自主创新创业，吸引人口流入。资源型地区应发挥土地和劳动力成本低的优势，引进发达地区的资金，吸引其在本地投资、创办企业等，从而为本地居民提供更多的就业岗位和发展机会，实现两地经济的协同发展，进而缓解人口收缩的局面。资源型地区也应立足自身资源禀赋和产业基础，营造鼓励创新、创业的良好氛围，提供良好的创业土壤，从而吸引有创业意愿的人才流入。

第三，实施全面开放人才政策，提高人力资本水平。资源型地区应实施全面的人才引进政策，建立合理的人才流动机制，搭建人才交流平台，成立人才引进专门部门，为地区经济发展积累人力资本。对于研发型人才，为其制定具有激励作用的薪酬体系，为重大科研课题提供研究绿色通道，在材料、设备、数据上享受优先使用权。对于创业型人才，要为其提供良好的创业环境，给予税收、场地、住宿等政策上的优惠，调动人才创业的积极性。

第四，提升公共服务水平，增强人口吸引力。公共服务水平差距是引起人口跨省流动的重要因素。资源型地区要不断健全社会保障服务体系，加大对养老服务和新生儿补贴等的社会保障力度。要着力解决新进人口和回流人口子女的医疗保障、上学和家庭住房等核心问题，为流入人口提供良好的社会福利。此外，资源型地区要加快教育、卫生等公共服务体制改革，加大为城市居民生产生活服务基础设施的资金投入，整合城市闲置设施，全面改善城市公共配套设施滞后面貌。可按照适度优先原则，推进人才服务类生活设施建设，如国际教育、高品质生活配套等，也可按人才层次给予住房、教育、医疗等方面经济补贴，吸引人才流入。

第五，改善生态环境，提高人口居住舒适度。空气质量、生态环境影响人口流动。资源型地区应着重改善因燃煤、重化工产业等带来的空气污染，提高人口居住舒适度等，实现资源、人口与经济相适应的动态平衡，遏制资源依赖带来的人口收缩。资源型地区可以优化土地利用结构，在土地开发过程中将部分闲置废弃土地规划为城市绿地，提高城市环境质量，以吸引人口的回流。对于煤炭、石油等资源枯竭引发的人口收缩城市，应在保护环境的基础上，推进体育休闲、养老养生等绿色产业的发展，提升城市吸引力与竞争力。

三 加强科技创新互动合作改善转型动力

第一，引进培育创新主体，促进资源型地区融入创新网络。一方面，要提高对外开放程度，将资源型地区的发展纳入相应层次的城市体系中，鼓励企业走出国门，走向国际市场，融入国家以国内大循环为主体、国内国际双循环相互促进的新发展格局当中。另一方面，要强化企业自主创新的主体地位，建立以企业为主体的技术创新体系。构建企业科技研发平台，加强企业与各高校、科研院所之间的合作，深化科技成果转化，打破区域体制机制障碍，促进创新资源流动，搭建区域创新协同高效的合作网络。

第二，加大科技投入力度，建设区际科技信息交流平台。资源型地区可以通过财政拨款和减税让利的方式，鼓励科研单位加速技术进步和产品研发，同时对区域间科技创新合作重大突破进行奖励，充分激发区域间科技创新合作的活力。还可以与较为发达的地区共建畅通的科技信息交流平台，比如创新交流网站、创新研讨会、科技合作交流展等，为各区域之间进行信息交流、寻找技术突破点、了解国内外科技学术动态提供高效的服务平台，从根本上增强区域间科技创新合作的原动力。

第三，改善交通基础设施建设，促进区域创新合作提升。交通基础设施的发展能够通过促进人口集聚对区域创新的影响，高级人才的流入给企业发展带来活力，也能够带动其他创新要素及资源的流动，对区域的创新发展带来积极影响。为促进区域的投资和创新发展，各区域要充分利用交通基础设施为区域带来的投资便利，以此来改善信息不对称和不透明，挖掘投资机遇，营造良好的投资环境，最大限度地发挥资本对区域创新的带动作用。

四 吸引区内外创业资源增强发展活力

第一，改善内部生态环境，提高创业舒适度。一个拥有良好自然、人文环境的地区会更容易受到创新企业和人才的青睐。资源型地区的发展往往对当地自然环境造成不同程度的破坏，导致生态环境加速恶化，从而进一步抑制创业活力。应加大对资源型地区生态环境的保护，增加城市绿化面积，建设绿化带、公园等公共设施提升城市宜居能力；对污染企业进行监督整治，减污减排，严格控制氮氧化物、温室气体等排放，推进企业产业链绿色转型升级。

第二，出台优惠政策，降低创业成本。资源型地区的土地资源和场地资源往往比较丰富，因此可以在土地、人才、资金等方面给予创业者更多的优惠政策，设立专门的创业资助基金，提高创新创业补贴力度，降低创业成本和经营成本，保障创业人才能够全身心投入到科研创业中来。同时，明确创业资金的发放条件，强化前期的审批监管以及后期的使用监督，保障资金的规范使用，做到专款专用，既有利于实现创业资源和创业人才的集聚，又能够避免侵吞挪用资金的情况发生。对于创业人才提供专属人才公寓，为创业人才引进提供过渡性保障，既能实现对资源的合理分配，又能对创业人才起到有效的激励作用。

第三，加强宣传力度，吸引创业人才与企业。一是资源型地区可以采取"线上+线下"的方式，如在政府网站、自媒体平台等，或组建政策宣传队深入发达地区各类创新型企业、开发园区开展宣讲，营造爱才敬才的良好氛围；二是相关职能部门与各高校、科研院所、地方政府等对接，邀请目标人才前往本地实地考察，交流沟通，并邀请优秀在校大学生到本地企业带薪实习，扩大本地区引进政策的影响力；三是与区外的优质企业、成熟企业、创业成功的企业相对接，吸引其设立分支机构，或引入经营模式等。

第四，建立孵化基地，提升创业活力。资源型地区可以通过建立创业孵化基地，并把其作为帮助各类人才、大学生、失业者和其他劳动人员自主创业的重要载体，为创业者提供完备的场地、设施。鼓励各地在创业孵化基地建立创业公共服务平台，为广大创业者提供信息咨询、人力资源和融资支持等服务，帮助创业者解决实际问题，促进创业项目的顺利启动和发展。同时，协调有关部门和机构，积极为创业主体服务，保障创业活动的稳定性。将孵化基地建设成为一个能够提供科技研发、企业登记、咨询服务、商务等多项服务的综合性机构，为创业者筛选项目、提供培训和组织活动等，帮助创业主体快速成长，为资源型地区创业活动不断注入新动能。

五 培育制造优势产业融入生产网络

产业关联是促进产业演进升级的重要途径。在依托产业关联构建的全国产业空间关联网络中，资源型地区的资源主导产业、优势产业位于"边缘"位置，不利于其通过产业关联派生出更多优势制造产业。资源型地区要避免落入"资源优势陷阱"，重点要发挥产业关联效应。在资源产业、制造业领域促进产业群落化发展，通过产业关联，形成以制造业为核心的产业集群，形成多样化的优势产业结构。根据产品空间理论，资源型地区要通过产业关联，培育制造业发展优势，迈向全国产业关联网络"核心"地带，提升在全国制造业生产网络的地位。

第一，要遵循邻近性原则，发展资源型产业的深度关联产业。在生产技术、生产要素、基础设施等方面生产能力越相似的产业，其产业关联性越高、产业距离越近。因而，与优势产业距离较近的关联产业更容易实现升级。各地区优势产业往往呈现聚集效应，这符合产业发展的演化原则，地区会朝着与已有优势产业紧密关联的方向发展，从距离较近的产业开始逐渐延伸。资源型地区可以立足于当前资源开采初加工为主的产业现状，依托资源禀赋和产业基础，引导关联性高的产业联动发展，发挥路径依赖对产业转型升级的作用，延伸发展新能源、新材料、现代化工、节能环保等深度关联产业，实现产业结构的渐进式升级。

第二，要将装备制造等"核心区"产业作为转型升级重点突破方向。装备制造业、纺织业、食品加工等位于产业空间网络的主要"核心区"、次级"核心区"，具有高度的产业关联性，通过发展"核心区"产业，更容易实现相关产业的扩散与升级，从而推动产业结构的转变。资源型地区要实施适度偏离传统比较优势的产业政策，打破路径依赖式的产业发展路径，利用资源型地区装备制造、电子信息、纺织、食品加工等"核心区"产业的现有基础，有针对性地选择"核心区"领域的某些产业主动开展培育，不断提升"核心"地带制造业的集群式累积装备制造业生产能力，因地制宜发展纺织、食品等轻工业，承接其他发达地区相关产业转移，助力产业结构跳跃至产业空间的"核心区"，发挥"核心区"产业关联性强的优势，进而通过产业扩散，实现产业结构的跃迁式升级。

第三节 本章小结

本章主要结论如下：

（1）激发资源型地区内生发展动力，需要开展资源产业管制，要基于三次收入分配理论构建资源收益分配机制，健全区内制造业发展激励政策，加大人力资本、创新支持力度，完善经济转型配套服务设施。

（2）改善资源型地区对外合作能力，需要优化区域开放网络，要加快"铁公机"建设完善对外交通网络，加紧人才、劳动力流入升级要素禀赋，加强科技创新互动合作改善转型动力，加大吸引区内外创业资源增强发展活力，加倍培育制造优势产业融入全国生产网络。

参考文献

一 中文文献

艾志红：《创新网络中网络结构、吸收能力与创新绩效的关系研究》，《科技管理研究》2017 年第 2 期。

安頔、胡映洁、万勇：《中国城市网络关联与经济增长溢出效应——基于大数据与网络分析方法的研究》，《地理研究》2022 年第 9 期。

安树伟、郭文炯、安祥生等：《山西经济地理》，经济管理出版社 2018 年版。

安树伟、张晋晋：《山西高质量发展战略研究》，《经济问题》2019 年第 5 期。

安勇、赵丽霞：《土地财政竞争的空间网络结构及其机理》，《中国土地科学》2020 年第 7 期。

安俞静、刘静玉、李宁等：《中原城市群铁路网络可达性及经济联系格局》，《长江流域资源与环境》2018 年第 9 期。

奥蒂：《资源富足与经济发展》，首都经济贸易大学出版社 2006 年版。

毕鹏翔、唐子来：《基于新视角的区域城市创新网络空间特征再研究——以长三角地区为例》，《城市发展研究》2022 年第 2 期。

边云涛、赵康杰、景普秋：《资源依赖、产业生态与区域产业演进——基于全国省域层面的实证检验》，《经济问题》2021 年第 1 期。

边云涛：《基于产业生态视角的资源型区域产业演进研究》，博士学位论文，山西财经大学，2021 年。

茶洪旺、郑婷婷、袁航：《资源诅咒与产业结构的关系研究——基于 PVAR 模型的分析》，《软科学》2018 年第 7 期。

种照辉、覃成林、叶信岳：《城市群经济网络与经济增长——基于大数据与网络分析方法的研究》，《统计研究》2018 年第 1 期。

陈冬、孔墨奇、王红建：《投我以桃，报之以李：经济周期与国企避税》，《管理世界》2016年第5期。

陈丽娴：《生产性服务业空间关联的产业结构优化效应研究——基于社会网络分析的视角》，《经济评论》2022年第5期。

陈清怡、千庆兰、姚作林：《广东省城市创新发展水平及其网络结构演化》，《经济地理》2021年第4期。

陈锐、王宁宁、赵宇等：《基于改进重力模型的省际流动人口的复杂网络分析》，《中国人口·资源与环境》2014年第10期。

陈双、周锐、高峻：《基于腾讯迁徙大数据的长三角城市群春运人口流动时空特征》，《人文地理》2020年第4期。

陈文锋：《研发投入、创新网络与战略性新兴产业赶超发展》，《吉首大学学报》（社会科学版）2021年第5期。

陈文新、潘宇、马磊：《交通基础设施、空间溢出与全要素生产率——基于丝绸之路经济带面板数据的空间计量分析》，《工业技术经济》2017年第10期。

陈娱、金凤君、陆玉麒等：《京津冀地区陆路交通网络发展过程及可达性演变特征》，《地理学报》2017年第12期。

程利莎、王士君、杨冉：《基于交通与信息流的哈长城市群空间网络结构》，《经济地理》2017年第5期。

程中海、柴永乐：《交通基础设施、对外贸易与全要素生产率》，《华东经济管理》2021年第5期。

崔婷婷、陈宪：《人口流动与城市创新能力——来自中国副省级及以上城市的证据》，《科技管理研究》2021年第11期。

戴靓、纪宇凡、王嵩等：《中国城市知识创新网络的演化特征及其邻近性机制》，《资源科学》2022年第7期。

邓向荣、曹红：《产业升级路径选择：遵循抑或偏离比较优势——基于产品空间结构的实证分析》，《中国工业经济》2016年第2期。

邓金钱：《政府主导、人口流动与城乡收入差距》，《中国人口·资源与环境》2017年第2期。

丁亮、徐志乾、章俊岫等：《长三角城市网络外部性的空间异质性》，《地理研究》2022年第9期。

丁如曦、刘梅、李东坤：《多中心城市网络的区域经济协调发展驱动效应——以长江经济带为例》，《统计研究》2020 年第 11 期。

董利红、严太华：《技术投入、对外开放程度与"资源诅咒"：从中国省际面板数据看贸易条件》，《国际贸易问题》2015 年第 9 期。

段成荣：《〈人口迁移与发展——中国改革开放以来的实证〉评介》，《人口研究》2006 年第 5 期。

段德忠、杜德斌、谌颖等：《中国城市创新网络的时空复杂性及生长机制研究》，《地理科学》2018 年第 11 期。

范雅辰、曹卫东、陈枳宇等：《基于千强高新技术企业的中国城市创新网络研究》，《世界地理研究》2021 年第 5 期。

方晨晨、蒋惠园、陈莎雯等：《交通网络对湖北省经济联系驱动作用的空间异质性分析》，《经济地理》2021 年第 7 期。

冯立杰、李雪、王金凤：《创新网络架构特征组态对知识转移绩效的影响机制》，《科技进步与对策》2023 年第 3 期。

冯宗宪、姜昕、赵驰：《资源诅咒传导机制之"荷兰病"——理论模型与实证研究》，《当代经济科学》2010 年第 4 期。

傅沂、李静苇：《路径构造框架下资源型城市转型的演化博弈与仿真分析》，《工业技术经济》2019 年第 12 期。

盖文启、王缉慈：《论区域的技术创新型模式及其创新网络——以北京中关村地区为例》，《北京大学学报》（哲学社会科学版）1999 年第 5 期。

高天跃：《新结构经济学下的贵州省产业结构调整与优化路径研究》，《西南民族大学学报》（人文社会科学版）2015 年第 10 期。

高兴民、张祥俊：《地区创业水平影响因素的空间计量分析》，《中国科技论坛》2015 年第 4 期。

高勇、钱省三、李平等：《区域创新网络形成的机理研究》，《科技管理研究》2006 年第 5 期。

高湛、韦胜：《基于订单大数据的长三角公路货运网络特征分析》，《地域研究与开发》2022 年第 1 期。

古恒宇、周麟、沈体雁等：《基于空间句法的长江中游城市群公路交通网络研究》，《地域研究与开发》2018 年第 5 期。

谷国锋、李俏、周伊楠：《东北地区城市群经济增长空间关联网络结构演变》，《地域研究与开发》2020 年第 2 期。

郭海霞：《资源型城市转型的国际镜鉴》，《重庆社会科学》2015 年第 11 期。

郭伟、曾祥静、张鑫：《高铁网络、空间溢出与区域旅游经济增长》，《统计与决策》2020 年第 7 期。

韩瑞玲、李玲玲、姚海芳：《中国客运航空网络节点结构及其外部性因素的空间异质性研究》，《世界地理研究》2022 年第 5 期。

韩亚芬、孙根年、李琦：《资源经济贡献与发展诅咒的互逆关系研究》，《资源科学》2007 年第 6 期。

郝晓伟、杨曦、闵维方：《"资源诅咒"是否会挤出教育投入?》，《教育与经济》2022 年第 1 期。

何雄浪、姜泽林：《自然资源禀赋、制度质量与经济增长——一个理论分析框架和计量实证检验》，《西南民族大学学报》（人文社会科学版）2017 年第 1 期。

何雄浪、严红：《区域创新网络的经济效应及其落后地区发展的路径选择》，《西南民族大学学报》（人文社会科学版）2010 年第 9 期。

贺灿飞、董瑶、周沂：《中国对外贸易产品空间路径演化》，《地理学报》2016 年第 6 期。

贺灿飞、金璐璐、刘颖：《多维邻近性对中国出口产品空间演化的影响》，《地理研究》2017 年第 9 期。

贺卫：《政府创租行为研究》，《上海交通大学学报》（社会科学版）2002 年第 1 期。

胡彬：《生产网络、新型空间形式与全球城市崛起：亚太路径之比较与启示》，《经济管理》2015 年第 1 期。

胡军、覃成林、朱卫平等：《中国区域协调发展机制体系研究》，中国社会科学出版社 2014 年版。

胡尧、严太华：《资源依赖：增长诅咒还是贫困陷阱?》，《中国人口·资源与环境》2019 年第 4 期。

胡援成、肖德勇：《经济发展门槛与自然资源诅咒——基于我国省际层面的面板数据实证研究》，《管理世界》2007 年第 4 期。

黄爱莲、朱俊蓉、彭聪：《中国边境省域旅游经济空间结构演变及特征研究》，《经济问题探索》2021 年第 1 期。

黄春芳、韩清：《长三角高铁运营与人口流动分布格局演进》，《上海经济研究》2021年第7期。

黄晓东、马海涛、苗长虹：《基于创新企业的中国城市网络联系特征》，《地理学报》2021年第4期。

黄兴国、彭伟辉、何寻：《成渝地区双城经济圈技术创新网络演化与影响机制研究》，《经济体制改革》2020年第4期。

霍恩比：《牛津高阶英汉双解词典（第8版）》，商务印书馆2014年版。

霍利斯·钱纳里、谢尔曼·鲁宾逊、摩西·赛尔奎因：《工业化和经济增长的比较研究》，吴奇、王松宝等译，格致出版社、上海三联书店、上海人民出版社2015年版。

蒋小荣、汪胜兰：《中国地级以上城市人口流动网络研究——基于百度迁徙大数据的分析》，《中国人口科学》2017年第2期。

焦敬娟、王姣娥、金凤君等：《高速铁路对城市网络结构的影响研究——基于铁路客运班列分析》，《地理学报》2016年第2期。

金凤君：《基础设施与经济社会空间组织》，科学出版社2012年版。

金璐璐、贺灿飞、周沂等：《中国区域产业结构演化的路径突破》，《地理科学进展》2017年第8期。

景普秋、范昊：《矿业收益管理与经济增长奇迹：博茨瓦纳经验及对中国的启示》，《中国地质大学学报》（社会科学版）2013年第2期。

景普秋、范昊：《挪威规避资源诅咒的经验及其启示》，《经济学动态》2011年第1期。

景普秋、张宇：《撒哈拉以南非洲地区石油收益管理及其绩效研究》，《兰州商学院学报》2012年第6期。

景普秋：《基于矿产开发特殊性的收益分配机制研究》，《中国工业经济》2010年第9期。

景普秋：《资源收益分配机制及其对我国的启示——以矿产开发为例》，《经济学动态》2015年第1期。

靖学青：《产业结构高级化与经济增长——对长三角地区的实证分析》，《南通大学学报》（社会科学版）2005年第3期。

赖建波、潘竟虎：《基于腾讯迁徙数据的中国"春运"城市间人口流动空间格局》，《人文地理》2019年第3期。

兰秀娟：《高铁网络促进了城市群经济高质量发展吗?》，《经济与管理研究》2022 年第 6 期。

黎绍凯、朱卫平、刘东：《高铁能否促进产业结构升级：基于资源再配置的视角》，《南方经济》2020 年第 2 期。

黎智枫、赵渺希：《赛博空间视角下中国三大城市群网络特征——基于豆瓣跨城活动数据》，《人文地理》2016 年第 6 期。

李丹丹、汪涛、魏也华等：《中国城市尺度科学知识网络与技术知识网络结构的时空复杂性》，《地理研究》2015 年第 3 期。

李涵、黎志刚：《交通基础设施投资对企业库存的影响——基于我国制造业企业面板数据的实证研究》，《管理世界》2009 年第 8 期。

李涵、滕兆岳、伍骏骞：《公路基础设施与农业劳动生产率》，《产业经济研究》2020 年第 4 期。

李虹、邹庆：《环境规制、资源禀赋与城市产业转型研究——基于资源型城市与非资源型城市的对比分析》，《经济研究》2018 年第 11 期。

李敬、陈澍、万广华等：《中国区域经济增长的空间关联及其解释——基于网络分析方法》，《经济研究》2014 年第 11 期。

李兰冰：《区域创新网络的多层次发展动因与演进机制研究》，《科技进步与对策》2008 年第 11 期。

李林艳：《社会空间的另一种想象——社会网络分析的结构视野》，《社会学研究》2004 年第 3 期。

李南、李晓东、刘想等：《新疆区域经济联系网络时空格局演变》，《干旱区地理》2022 年第 6 期。

李强、高楠：《资源禀赋、制度质量与经济增长质量》，《广东财经大学学报》2017 年第 1 期。

李强、王亚仓：《高铁网络对长江经济带产业升级的影响研究》，《软科学》2022 年第 4 期。

李涛、曹小曙、黄晓燕：《珠江三角洲交通通达性空间格局与人口变化关系》，《地理研究》2012 年第 9 期。

李涛、徐翔、张旭妍：《孤独与消费——来自中国老年人保健消费的经验发现》，《经济研究》2018 年第 1 期。

李天籽、陆铭俊：《中国人口流动网络特征及影响因素研究——基于腾讯位置大数据的分析》，《当代经济管理》2022 年第 2 期。

李夏苗、曾明华：《交通网络演化规律》，同济大学出版社 2010

年版。

李言睿、马永红：《区域创新网络的网络特征对知识创新绩效的影响研究》，《预测》2021年第5期。

李永周、高楠鑫、易倩等：《创新网络嵌入与高技术企业研发人员创新绩效关系研究》，《管理科学》2018年第2期。

李雨婕、肖黎明：《中国绿色金融网络空间结构特征及影响因素分析——基于企业—城市网络转译模型的视角》，《世界地理研究》2021年第1期。

李卓伟、王士君、程利莎等：《东北地区人口流动与多元交通网络格局的偏离和关联》，《地理科学进展》2022年第6期。

梁娟、蔡猷花、陈国宏等：《中国科技服务业集群识别与多层次创新网络演化》，《科技管理研究》2022年第13期。

梁丽娜、于渤：《技术流动、创新网络对区域创新能力的影响研究》，《科研管理》2021年第10期。

林毅夫、付才辉、安桂武：《吉林省经济结构转型升级研究报告（征求意见稿）》，北京大学新结构经济学研究中心报告，2017年。

林毅夫、付才辉：《基于新结构经济学视角的吉林振兴发展研究——〈吉林报告〉分析思路、工具方法与政策方案》，《社会科学辑刊》2017年第6期。

刘守英、杨继东：《中国产业升级的演进与政策选择——基于产品空间的视角》，《管理世界》2019年第6期。

刘安乐、杨承玥、明庆忠等：《跨省山区陆路交通网络可达性评价——以乌蒙山区为例》，《地域研究与开发》2017年第1期。

刘秉镰、武鹏、刘玉海：《交通基础设施与中国全要素生产率增长——基于省域数据的空间面板计量分析》，《中国工业经济》2010年第3期。

刘承良、殷美元、黄丽：《基于多中心性分析的中国交通网络互补性的空间格局》，《经济地理》2018年第10期。

刘冲、吴群锋、刘青：《交通基础设施、市场可达性与企业生产率——基于竞争和资源配置的视角》，《经济研究》2020年第7期。

刘传明、马青山：《黄河流域高质量发展的空间关联网络及驱动因素》，《经济地理》2020年第10期。

刘建华、李伟:《基于修正引力模型的中原城市群创新空间联系研究》,《地域研究与开发》2019 年第 5 期。

刘兰剑、司春林:《创新网络 17 年研究文献述评》,《研究与发展管理》2009 年第 4 期。

刘梅、赵曦:《城市群网络空间结构及其经济协调发展——基于长江经济带三大城市群的比较分析》,《经济问题探索》2019 年第 9 期。

刘生龙、胡鞍钢:《交通基础设施与中国区域经济一体化》,《经济研究》2011 年第 3 期。

刘心怡:《粤港澳大湾区城市创新网络结构与分工研究》,《地理科学》2020 年第 6 期。

刘星晨:《中国人口跨省流动时空格局及影响因素研究》,硕士学位论文,山西财经大学,2022 年。

刘奕彤、李光武、孙露霆:《中国的城市网络研究——基于社会网络分析的一个文献综述》,《城市发展研究》2021 年第 11 期。

刘莹、李琳、张喜艳:《中国区域经济协同网络演变及成因分析——以 2003—2017 年中国 40470 组两两城市对为样本》,《地理研究》2020 年第 12 期。

刘勇:《交通基础设施投资、区域经济增长及空间溢出作用——基于公路、水运交通的面板数据分析》,《中国工业经济》2010 年第 12 期。

刘育波:《经济开放对中国城市全要素生产率的影响研究》,硕士学位论文,山西财经大学,2020 年。

刘育红:《"新丝绸之路"经济带交通基础设施投资与经济增长的动态关系分析》,《统计与信息论坛》2012 年第 10 期。

龙小宁、高翔:《交通基础设施与制造业企业生产率——来自县级高速公路和中国工业企业数据库的证据》,《华中师范大学学报》(人文社会科学版)2014 年第 5 期。

鲁渤、周祥军、宋东平等:《公路交通通达性与经济增长空间效应研究》,《管理评论》2019 年第 9 期。

陆丰刚:《人口流失影响了东北地区经济增长吗?——基于东北地区户籍人口流失测算数据》,《人口与发展》2021 年第 5 期。

陆军、毛文峰:《城市网络外部性的崛起:区域经济高质量一体化发展的新机制》,《经济学家》2020 年第 12 期。

陆云泉、许爽、刘平青：《协同创新网络与组织创新绩效的关系》，《北京理工大学学报》（社会科学版）2018 年第 5 期。

吕拉昌、李勇：《基于城市创新职能的中国创新城市空间体系》，《地理学报》2010 年第 2 期。

吕拉昌、梁政骥、黄茹：《中国主要城市间的创新联系研究》，《地理科学》2015 年第 1 期。

吕拉昌、孟国力、黄茹等：《城市群创新网络的空间演化与组织——以京津冀城市群为例》，《地域研究与开发》2019 年第 1 期。

马海燕、于孟雨：《产品复杂度、产品密度与产业升级——基于产品空间理论的研究》，《财贸经济》2018 年第 3 期。

马海涛：《知识流动空间的城市关系建构与创新网络模拟》，《地理学报》2020 年第 4 期。

马涛、常晓莹、黄印：《高铁网络接入、企业绩效提升与创新促进——基于准自然实验的上市公司样本分析》，《经济与管理研究》2020 年第 3 期。

马伟、王亚华、刘生龙：《交通基础设施与中国人口迁移：基于引力模型分析》，《中国软科学》2012 年第 3 期。

马为彪、吴玉鸣、许丽萍：《高铁开通与长三角区域经济发展差距——基于中心—外围的分析视角》，《经济问题探索》2022 年第 8 期。

马忠东、王建平：《区域竞争下流动人口的规模及分布》，《人口研究》2010 年第 3 期。

迈克尔·帕金：《经济学》，人民邮电出版社 2015 年版。

孟庆时、熊励、余江等：《创新网络双重嵌入、网络耦合与产业升级：基于上市企业面板数据的实证分析》，《科技进步与对策》2022 年第 9 期。

苗长虹、胡志强、耿凤娟等：《中国资源型城市经济演化特征与影响因素——路径依赖、脆弱性和路径创造的作用》，《地理研究》2018 年第 7 期。

聂辉华、蒋敏杰：《政企合谋与矿难：来自中国省级面板数据的证据》，《经济研究》2011 年第 6 期。

牛仁亮、张复明：《资源型经济现象及其主要症结》，《管理世界》2006 年第 12 期。

牛文元：《可持续发展理论的内涵认知——纪念联合国里约环发大会20周年》，《中国人口·资源与环境》2012年第5期。

覃成林、韩美洁：《中国区域经济多极网络空间发展格局分析》，《区域经济评论》2022年第2期。

覃成林、黄丹：《区域经济多极网络空间组织识别方法及应用——以广东为例》，《经济经纬》2022年第2期。

覃成林、贾善铭、杨霞、种照辉：《多极网络空间发展格局：引领中国区域经济2020》，中国社会科学出版社2016年版。

邱衍庆、钟烨、刘沛等：《粤港澳大湾区背景下的穗莞深创新网络研究》，《城市规划》2021年第8期。

邱洋冬、陶锋：《"资源诅咒"效应的微观机制解释——基于企业创新与技术选择视角》，《西安交通大学学报》（社会科学版）2020年第5期。

任会明、叶明确、余运江：《中国三大城市群金融网络空间结构与演化特征》，《经济地理》2021年第12期。

任梦瑶、肖作鹏、王缉宪：《中国城际专线物流网络空间格局》，《地理学报》2020年第4期。

荣朝和：《交通—物流时间价值及其在经济时空分析中的作用》，《经济研究》2011年第8期。

邵海琴、王兆峰：《长江中游城市群人居环境空间关联网络结构及其驱动因素》，《长江流域资源与环境》2022年第5期。

邵帅、齐中英：《西部地区的能源开发与经济增长——基于"资源诅咒"假说的实证分析》，《经济研究》2008年第4期。

邵帅、齐中英：《资源输出型地区的技术创新与经济增长——对"资源诅咒"现象的解释》，《管理科学学报》2009年第6期。

邵帅、杨莉莉：《自然资源丰裕、资源产业依赖与中国区域经济增长》，《管理世界》2010年第9期。

邵帅、尹俊雅、王海等：《资源产业依赖对僵尸企业的诱发效应》，《经济研究》2021年第11期。

沈诗杰、沈冠辰：《中国省际人口流动的空间结构特征研究》，《人口学刊》2020年第4期。

盛广耀：《中国省际人口流动网络的演化及其解释》，《中国人口·资源与环境》2018 年第 11 期。

盛彦文、苟倩、宋金平：《城市群创新联系网络结构与创新效率研究——以京津冀、长三角、珠三角城市群为例》，《地理科学》2020 年第 11 期。

史桂芬、李真：《人口流动助推地区经济增长的机制研究——基于长三角城市群的面板数据》，《华东经济管理》2020 年第 6 期。

宋德勇、杨秋月：《环境规制打破了"资源诅咒"吗？——基于跨国面板数据的经验分析》，《中国人口·资源与环境》2019 年第 10 期。

孙浩进：《我国资源型城市产业转型的效果、瓶颈与路径创新》，《经济管理》2014 年第 10 期。

孙久文、苏玺鉴、闫昊生：《新时代东北振兴的产业政策研究》，《经济纵横》2019 年第 9 期。

孙久文：《探寻中国区域经济发展新格局——评〈多极网络空间发展格局——引领中国区域经济 2020〉》，《财经智库》2017 年第 2 期。

孙儒泳：《动物生态学原理》，北京师范大学出版社 2001 年版。

孙天阳、成丽红：《中国协同创新网络的结构特征及格局演化研究》，《科学学研究》2019 年第 8 期。

孙天阳、陆毅、成丽红：《资源枯竭型城市扶助政策实施效果、长效机制与产业升级》，《中国工业经济》2020 年第 7 期。

孙伟增、牛冬晓、万广华：《交通基础设施建设与产业结构升级——以高铁建设为例的实证分析》，《管理世界》2022 年第 3 期。

孙文浩、张杰：《高铁网络对制造业企业创新的动态影响》，《北京工业大学学报》（社会科学版）2021 年第 6 期。

孙晓华、郑辉：《资源型地区经济转型模式：国际比较及借鉴》，《经济学家》2019 年第 11 期。

孙永平、叶初升：《自然资源丰裕与产业结构扭曲：影响机制与多维测度》，《南京社会科学》2012 年第 6 期。

孙宇、彭树远：《长三角城市创新网络凝聚子群发育机制研究——基于多值 ERGM》，《经济地理》2021 年第 9 期。

索琪、王梓豪、王文哲：《电子信息产业协同创新网络时空演化分析》，《复杂系统与复杂性科学》2022 年第 4 期。

唐宜红、俞峰、林发勤等：《中国高铁、贸易成本与企业出口研究》，

《经济研究》2019 年第 7 期。

涂建军、徐桂萍、姜莉等：《成渝地区双城经济圈流空间网络特征》，《西南大学学报》（自然科学版）2022 年第 1 期。

涂建军、朱月、李琪等：《基于网络空间结构的长江经济带城市影响区划定》，《经济地理》2017 年第 12 期。

汪伟：《公共投资对私人投资的挤出挤进效应分析》，《中南财经政法大学学报》2009 年第 5 期。

王长建、卢敏仪、陈静等：《城市网络视角下华为手机全球价值链的建构与重构》，《地理科学进展》2022 年第 9 期。

王斌、万栗江、罗坚：《成渝城市群创新网络空间结构演化及优化策略研究——基于社会网络分析法》，《工业技术经济》2022 年第 3 期。

王滨：《对外直接投资在我国经济发展中的作用——挤进和挤出效应的实证分析》，《国际贸易问题》2006 年第 1 期。

王常君、曲阳阳、吴相利：《资源枯竭型城市的经济—人口收缩治理研究——基于黑龙江省资源枯竭型城市的现实分析》，《宏观经济研究》2019 年第 8 期。

王成、王茂军、柴箐：《城市网络地位与网络权力的关系——以中国汽车零部件交易链接网络为例》，《地理学报》2015 年第 12 期。

王聪：《基于生产性服务业的长三角城市网络空间演化特征》，《经济地理》2017 年第 12 期。

王大洲：《企业创新网络的进化与治理：一个文献综述》，《科研管理》2001 年第 5 期。

王锋正、孙玥、赵宇霞：《全球价值链嵌入、开放式创新与资源型产业升级》，《科学学研究》2020 年第 9 期。

王佳希、杨翘楚：《中国在全球创新网络中的地位测度——来自美国专利数据库的证据》，《中国科技论坛》2022 年第 7 期。

王姣娥、杜德林、金凤君：《多元交通流视角下的空间级联系统比较与地理空间约束》，《地理学报》2019 年第 12 期。

王姣娥、景悦：《中国城市网络等级结构特征及组织模式——基于铁路和航空流的比较》，《地理学报》2017 年第 8 期。

王姣娥、莫辉辉：《中国航空网络演化过程的复杂性研究》，《交通运输系统工程与信息》2014 年第 1 期。

王丽艳、马光荣：《帆随风动、人随财走？——财政转移支付对人口流动的影响》，《金融研究》2017年第10期。

王丽艳、许敬轩、马光荣：《解码资源地区经济发展：机制演变及展望》，《经济学家》2021年第9期。

王录仓、刘海洋、刘清：《基于腾讯迁徙大数据的中国城市网络研究》，《地理学报》2021年第4期。

王娜：《生产能力禀赋对中国区域产业升级的影响研究》，硕士学位论文，山西财经大学，2020年。

王宁宁、陈锐、赵宇：《基于网络分析的城市信息空间与经济空间的综合研究》，《地理与地理信息科学》2018年第4期。

王鹏、钟敏：《粤港澳大湾区创新网络与城市经济韧性》，《华南师范大学学报》（社会科学版）2021年第6期。

王启轩、程遥：《公路货运视角下城市群网络特征及绩效探讨——以我国三大城市群为例》，《城市规划学刊》2020年第2期。

王倩娜、谢梦晴、张文萍等：《成渝城市群区域生态与城镇发展双网络格局分析及时空演变》，《生态学报》2023年第4期。

王圣云、宋雅宁、温湖炜等：《双向联系视域下长江经济带城市群网络结构——基于时间距离和社会网络分析方法》，《经济地理》2019年第2期。

王石、王华、冯宗宪：《资源价格波动、资源依赖与经济增长》，《统计与信息论坛》2015年第2期。

王巍、路春艳、王英哲：《黑龙江省资源型城市人口流失问题与对策》，《中国人口·资源与环境》2018年第S2期。

王巍、马慧：《高速铁路网络、劳动力转移与产业空间集聚》，《当代经济管理》2019年第12期。

王先鹏、何金廖：《社会资本视角下城市商会网络及其影响——以浙江省内异地商会为例》，《城市问题》2022年第1期。

王小华、杨玉琪、罗新雨等：《中国经济高质量发展的空间关联网络及其作用机制》，《地理学报》2022年第8期。

王小鲁、胡李鹏、樊纲：《中国分省份市场化指数报告2021》，社会科学文献出版社2021年版。

王晓娟、田慧、孙小军：《交通基础设施建设对省份进口的影响——

来自公路与铁路里程数的证据》,《宏观经济研究》2019 年第 11 期。

王新越、刘晓艳:《高铁影响下黄河流域旅游经济网络结构演变及其优化》,《经济地理》2022 年第 9 期。

王雪微、赵梓渝、曹卫东等:《长三角城市群网络特征与省际边界效应——基于人口流动视角》,《地理研究》2021 年第 6 期。

王垚、钮心毅、宋小冬等:《人流联系和经济联系视角下区域城市关联比较——基于手机信令数据和企业关联数据的研究》,《人文地理》2018 年第 2 期。

王雨飞、徐海东、王光辉:《快速交通网络化影响下的城市空间关联与经济溢出效应研究——以航空及高铁网络为例》,《中国管理科学》2023 年第 6 期。

王越、王承云:《长三角城市创新联系网络及辐射能力》,《经济地理》2018 年第 9 期。

王赟赟、陈宪:《市场可达性、人口流动与空间分化》,《经济评论》2019 年第 1 期。

王长建、卢敏仪、陈静等:《城市网络视角下华为手机全球价值链的建构与重构》,《地理科学进展》2022 年第 9 期。

王智勇:《市场化、重工业化与"新东北现象"——基于东北 37 个地级市 1989—2012 年面板数据的分析》,《当代经济科学》2018 年第 5 期。

魏津生:《国内人口迁移和流动研究的几个基本问题》,《人口与经济》1984 年第 4 期。

温忠麟、叶宝娟:《中介效应分析:方法和模型发展》,《心理科学进展》2014 年第 5 期。

吴群锋、刘冲、刘青:《国内市场一体化与企业出口行为——基于市场可达性视角的研究》,《经济学》(季刊) 2021 年第 5 期。

吴亚君:《高铁服务供给对中国区域创新合作的影响研究》,硕士学位论文,山西财经大学,2021 年。

席强敏、李国平、孙瑜康等:《京津冀科技合作网络的演变特征及影响因素》,《地理学报》2022 年第 6 期。

鲜果、曾刚、曹贤忠:《中国城市间创新网络结构及其邻近性机理》,《世界地理研究》2018 年第 5 期。

谢明慧、黄耿志、张旭：《基于文化演出消费视角的中国城市网络空间结构与影响因素研究》，《世界地理研究》2022年第6期。

信猛、陈菁泉、彭雪鹏等：《农业碳排放驱动因素——区域间贸易碳排放转移网络视角》，《中国环境科学》2023年第3期。

熊彬、胡振绅：《空间视角下资源型城市转型效率差异演化及影响因素分析——以东北地区资源型城市为例》，《华东经济管理》2019年第7期。

熊若愚、吴俊培：《政府提供公共服务受到了资源诅咒吗》，《财贸经济》2020年第6期。

徐孝新、李颢：《生产能力禀赋与中国产业转型升级路径——基于产品空间理论的视角》，《当代财经》2019年第2期。

徐浩、祝志勇、李珂：《营商环境优化、同群偏向性与技术创新》，《经济评论》2019年第6期。

徐康宁、王剑：《自然资源丰裕程度与经济发展水平关系的研究》，《经济研究》2006年第1期。

许冰、来逢波：《高铁网络、高端服务业集聚与区域创新——基于中国地级城市层面的经验证据》，《贵州师范大学学报》（社会科学版）2022年第3期。

许佳琪、梁滨、刘承良等：《中美城际科技创新合作网络的空间演化》，《世界地理研究》2019年第4期。

许劼、张伊娜：《基于跨城人流布局的都市圈识别与空间网络模式研究——以长三角核心区为例》，《城市问题》2021年第8期。

许培源、吴贵华：《粤港澳大湾区知识创新网络的空间演化——兼论深圳科技创新中心地位》，《中国软科学》2019年第5期。

薛峰、李苗裔、党安荣：《中心性与对称性：多空间尺度下长三角城市群人口流动网络结构特征》，《经济地理》2020年第8期。

薛雅伟、张剑：《基于双标分类与要素演化的油气资源城市"资源诅咒"情景模拟》，《中国人口·资源与环境》2019年第9期。

颜咏华、郭志仪：《中国人口流动迁移对城市化进程影响的实证分析》，《中国人口·资源与环境》2015年第10期。

杨继东、罗路宝：《产业政策、地区竞争与资源空间配置扭曲》，《中国工业经济》2018年第12期。

杨莉莉、邵帅、曹建华：《资源产业依赖对中国省域经济增长的影响及其传导机制研究——基于空间面板模型的实证考察》，《财经研究》2014年第3期。

杨天荣、匡文慧、刘卫东等：《基于生态安全格局的关中城市群生态空间结构优化布局》，《地理研究》2017年第3期。

姚华松、许学强：《西方人口迁徙研究进展》，《世界地理研究》2008年第1期。

姚永玲、邵璇璇：《中国城市人口空间网络结构及其影响因素》，《人口与经济》2020年第6期。

叶堃晖、袁欣：《基于复杂网络视角的高速铁路网络特性分析》，《资源开发与市场》2018年第1期。

叶文平、李新春、陈强远：《流动人口对城市创业活跃度的影响：机制与证据》，《经济研究》2018年第6期。

叶裕民、黄壬侠：《中国流动人口特征与城市化政策研究》，《中国人民大学学报》2004年第2期。

殷德生、吴虹仪、金桩：《创新网络、知识溢出与高质量一体化发展——来自长江三角洲城市群的证据》，《上海经济研究》2019年第11期。

余泳泽、庄海涛、刘大勇等：《高铁开通是否加速了技术创新外溢？——来自中国230个地级市的证据》，《财经研究》2019年第11期。

岳钦韬：《近代长江三角洲地区的交通发展与人口流动——以铁路运输为中心（1905—1936）》，《中国经济史研究》2014年第4期。

曾刚、陆琳忆、何金廖：《生态创新对资源型城市产业结构与工业绿色效率的影响》，《资源科学》2021年第1期。

张复明、景普秋：《资源型经济的形成：自强机制与个案研究》，《中国社会科学》2008年第5期。

张复明、景普秋：《资源型经济及其转型研究述评》，《中国社会科学》2006年第6期。

张复明：《矿产开发负效应与资源生态环境补偿机制研究》，《中国工业经济》2009年第12期。

张复明：《资源型区域面临的发展难题及其破解思路》，《中国软科学》2011年第6期。

张复明等：《破解"资源诅咒"：矿业收益、要素配置与社会福利》，商务印书馆2016年版。

张景华：《自然资源是"福音"还是"诅咒"：基于制度的分析》，《上海经济研究》2008年第1期。

张克中、陶东杰：《交通基础设施的经济分布效应——来自高铁开通的证据》，《经济学动态》2016年第6期。

张莉娜、吕祥伟：《中国式财政分权、劳动力流动与区域经济增长》，《经济问题探索》2021年第6期。

张梦婷、俞峰、钟昌标等：《高铁网络、市场准入与企业生产率》，《中国工业经济》2018年第5期。

张米尔、孔令伟：《资源型城市产业转型的模式选择》，《西安交通大学学报》（社会科学版）2003年第1期。

张明斗、翁爱华：《长江经济带城市水资源利用效率的空间关联网络及形成机制》，《地理学报》2022年第9期。

张培文、杜福民、王雪等：《近十年中国客运航空网络空间结构演化及分析研究》，《世界地理研究》2021年第6期。

张生玲、李跃、酒二科等：《路径依赖、市场进入与资源型城市转型》，《经济理论与经济管理》2016年第2期。

张婷婷、陈瑛、王孟林：《基于航空联系的中国城市网络格局演变分析》，《世界地理研究》2022年第1期。

张伟丽、晏晶晶、聂桂博：《中国城市人口流动格局演变及影响因素分析》，《中国人口科学》2021年第2期。

张文霞、李正风：《芬兰从资源型国家到创新型国家的历程》，《科学对社会的影响》2006年第1期。

张旭、孙传祥：《基于环境污染型企业的中国城市网络空间结构研究》，《地理研究》2022年第9期。

张学良、吴胜男、许基兰：《基于企业联系的长三角城市网络结构演变研究》，《南通大学学报》（社会科学版）2021年第5期。

张学良：《中国交通基础设施促进了区域经济增长吗——兼论交通基础设施的空间溢出效应》，《中国社会科学》2012年第3期。

张一帆：《高铁开通对中国资源型城市经济转型发展的影响研究》，硕士学位论文，山西财经大学，2019年。

张禹、陈春春:《高铁网络、旅行时间与城市创新质量》,《科学决策》2021年第4期。

张召华:《交通基础设施改善能够缓解企业间资源错配吗——来自高铁建设的证据》,《现代经济探讨》2020年第1期。

赵建英:《全力优化营商环境 推动经济转型发展》,《前进》2018年第5期。

赵康杰、景普秋:《矿产品价格冲击下的资源型区域经济增长波动研究——基于山西与全国的比较》,《中国地质大学学报》(社会科学版)2014年第3期。

赵康杰、李娜:《环境舒适性对中国城市创业活跃度的影响研究》,《城市发展研究》2022年第8期。

赵康杰、王娜、边云涛:《推动以制造业为主的产业转型升级》,《山西日报》2019年9月16日。

赵康杰、王娜:《中西部资源型地区承接东部三大经济圈产业转移研究——以山西为例》,《晋阳学刊》2019年第4期。

赵康杰、吴亚君、刘星晨:《中国创新合作网络的演进特征及影响因素研究——以SCI论文合作为例》,《科研管理》2022年第7期。

赵康杰、吴亚君:《高铁网络与经济网络演进特征及协同关系研究——以中国省域中心城市为例》,《华东经济管理》2020年第2期。

赵伟伟、白永秀:《资源诅咒实证研究的文献综述》,《世界经济文汇》2009年第6期。

赵星、王林辉:《异质性交通网络密度、劳动力流动与全要素生产率》,《中国流通经济》2020年第5期。

赵映慧、初楠臣、郭晶鹏等:《中国三大城市群高速铁路网络结构与特征》,《经济地理》2017年第10期。

赵梓渝、王士君:《2015年我国春运人口省际流动的时空格局》,《人口研究》2017年第3期。

郑尚植、徐珺:《市场化进程、制度质量与有条件的"资源诅咒"——基于面板门槛模型的实证检验》,《宏观质量研究》2018年第2期。

钟业喜、冯兴华、文玉钊:《长江经济带经济网络结构演变及其驱动机制研究》,《地理科学》2016年第1期。

钟业喜、郭卫东：《中国高铁网络结构特征及其组织模式》，《地理科学》2020 年第 1 期。

周灿、曾刚、曹贤忠：《中国城市创新网络结构与创新能力研究》，《地理研究》2017 年第 7 期。

周黎、李程宇：《分阶段视角下资源强度与地区经济的关系及其演变——基于 37 个国家的实证分析》，《中国人口·资源与环境》2019 年第 12 期。

周麟、古恒宇、何泓浩：《2006—2018 年中国区域创新结构演变》，《经济地理》2021 年第 5 期。

周密、孙浬阳：《专利权转移、空间网络与京津冀协同创新研究》，《科学学研究》2016 年第 11 期。

周锐波、邱奕锋、胡耀宗：《中国城市创新网络演化特征及多维邻近性机制》，《经济地理》2021 年第 5 期。

周晓博、魏玮、董璐：《资源依赖对地区经济增长的影响——基于经济周期和产业结构视角的分析》，《现代财经》（天津财经大学学报）2017 年第 7 期。

周晓艳、侯美玲、李霄雯：《独角兽企业内部联系视角下中国城市创新网络空间结构研究》，《地理科学进展》2020 年第 10 期。

周正柱、杨静、张泽安：《长三角城市群创新联系网络时空演变分析》，《江苏大学学报》（社会科学版）2022 年第 5 期。

朱鹏程、曹卫东、张宇等：《人口流动视角下长三角城市空间网络测度及其腹地划分》，《经济地理》2019 年第 11 期。

朱桃杏、吴殿廷、马继刚等：《京津冀区域铁路交通网络结构评价》，《经济地理》2011 年第 4 期。

朱文涛：《高铁服务供给对省域制造业空间集聚的影响研究》，《产业经济研究》2019 年第 3 期。

朱艳硕、王铮、程文露：《中国装备制造业的空间枢纽—网络结构》，《地理学报》2019 年第 8 期。

诸竹君、黄先海、王煌：《交通基础设施改善促进了企业创新吗？——基于高铁开通的准自然实验》，《金融研究》2019 年第 11 期。

二　英文文献

Abid M., Ngaruiya G., Scheffran J., et al., "The Role of Social Networks in Agricultural Adaptation to Climate Change: Implications for Sustainable Agriculture in Pakistan", *Climate*, Vol. 5, No. 4, 2017, p. 85.

Ahuja G., "Collaboration Networks, Structural Holes, and Innovation: A Longitudinal Study", *Administrative Science Quarterly*, Vol. 45, No. 3, 2000, pp. 425-455.

Akcigit U., Grigsby J., Nicholas T., "Immigration and the Rise of American Ingenuity", *American Economic Review*, Vol. 107, No. 5, 2017, pp. 327-331.

Akhavan M., Ghiara H., Mariotti I., et al., "Logistics Global Network Connectivity and Its Determinants: A European City Network Analysis", *Journal of Transport Geography*, Vol. 82, 2020, pp. 1-9.

Aleskerov F., Meshcheryakova N., Rezyapova A., et al., "Network Analysis of International Migration", available at SSRN: https://ssrn.com/abstract=3196966, 2016.

Algieri B., "The Dutch Disease: Evidences from Russia", *Economic Change and Restructuring*, Vol. 44, No. 3, 2011, pp. 243-277.

Alves L. G., Mangioni G., Rodrigues F. A., et al., "Unfolding the Complexity of the Global Value Chain: Strength and Entropy in the Single-layer, Multiplex, and Multi-layer International Trade Networks", *Entropy*, Vol. 20, No. 12, 2018, pp. 1-14.

Amaral L. A. N., Scala A., Barthelemy M., et al., "Classes of Small-world Networks", *Proceedings of the National Academy of Sciences*, Vol. 97, No. 21, 2000, pp. 11149-11152.

Andris C., O'Sullivan D., "Spatial Network Analysis", in Fischer M. M., Nijkamp P. (eds.), *Handbook of Regional Science*, Berlin: Springer Berlin Heidelberg, 2021, pp. 1727-1750.

Aoyama Y., Murphy J. T., Hanson S., *Key Concepts in Economic Geography*, SAGE Publications, 2010.

Arezki R., Ploeg F. V. D., "Can the Natural Resource Curse be Turned into a Blessing? The Role of Trade Policies and Institutions", *Oxcarre Research Paper*, No. 2008-01, 2008.

Arin K. P., Braunfels E., Grechna D., et al., "Resource Curse:

Reconciling Medium and Long Term Results", Available at SSRN, https://papers.ssrn.com/sol3/papers.cfm? abstract_id=4091282, 2022.

Atallah S., "Political Transition in Resource Economies", *International Journal of Economic Theory*, Vol. 14, No. 3, 2016, pp. 233-255.

Atkinson G., Hamilton K., "Savings, Growth and the Resource Curse Hypothesis", *World Development*, Vol. 31, No. 11, 2003, pp. 1793-1807.

Auty R. M., *Sustaining Development in Mineral Economies: The Resource Curse Thesis*, London: Routledge, 1993.

Auty R. M., *Resource Abundance and Economic Development*, Oxford: Oxford University Press, 2001.

Azoulay P., Jones B. F., Kim J. D., et al., "Immigration and Entrepreneurship in the United States", *American Economic Review: Insights*, Vol. 4, No. 1, 2022, pp. 71-88.

Badeeb R. A., Lean H. H., Clark J., "The Evolution of the Natural Resource Curse Thesis: A Critical Literature Survey", *Resources Policy*, Vol. 51, 2017, pp. 123-134.

Balassa B., "Trade Liberalisation and 'Revealed' Comparative Advantage", *Manchester School*, Vol. 33, No. 2, 1965, pp. 99-123.

Banister D., Berechman Y., "Transport Investment and the Promotion of Economic Growth", *Journal of Transport Geography*, Vol. 9, No. 3, 2001, pp. 209-218.

Barina A., Barina G., Udrescu M., "Appliance of Network Theory in Economic Geography", Available at arXiv, https://arxiv.org/pdf/1906.08946.pdf, 2019.

Barnes J. A., "Class and Committees in a Norwegian Island Parish", *Human Relations*, Vol. 7, No. 1, 1954, pp. 39-58.

Baron R. M., Kenny D. A., "The Moderator-mediator Variable Distinction in Social Psychological Research: Conceptual, Strategic, and Statistical Consideration", *Journal of Personality and Social Psychology*, Vol. 51, No. 6, 1986, pp. 1173-1182.

Barrat A., Barthelemy M., Pastor-Satorras R., et al., "The Architecture of Complex Weighted Networks", *Proceedings of the National Academy of*

Sciences, Vol. 101, No. 11, 2004, pp. 3747-3752.

Baum-Snow N., Brandt L., Henderson J. V., et al., "Roads, Railroads, and Decentralization of Chinese Cities", *Review of Economics and Statistics*, Vol. 99, No. 3, 2017, pp. 435-448.

Belaid F., Dagher L., Filis G., "Revisiting the Resource Curse in the MENA Region", *Resources Policy*, Vol. 73, 2021, pp. 1-14.

Bhattacharyya S., "Commodity Boom - bust Cycles and the Resource Curse in Australia: 1900 to 2007", *Australian Economic History Review*, Vol. 61, No. 2, 2021, pp. 186-203.

Blit J., Skuterud M., Zhang J., "Can Skilled Immigration Raise Innovation? Evidence from Canadian Cities", *Journal of Economic Geography*, Vol. 20, No. 4, 2020, pp. 879-901.

Bombelli A., Santos B. F., Tavasszy L., "Analysis of the Air Cargo Transport Network Using a Complex Network Theory Perspective", *Transportation Research Part E: Logistics and Transportation Review*, Vol. 138, 2020, pp. 1-21.

Bott E., "Urban Families: Conjugal Roles and Social Networks", *Human Relations*, Vol. 8, No. 4, 1955, pp. 345-384.

Brunnschweiler C. N., Bulte E. H., "The Resource Curse Revisited and Revised: A Tale of Paradoxes and Red Herrings", *Journal of Environmental Economics and Management*, Vol. 55, No. 3, 2008, pp. 248-264.

Burt R. S., *Structural Holes: The Social Structure of Competition*, Boston: Harvard University Press, 2009.

Capello R., "The City Network Paradigm: Measuring Urban Network Externalities", *Urban Studies*, Vol. 37, No. 11, 2000, pp. 1925-1945.

Cardillo A., Scellato S., Latora V., et al., "Structural Properties of Planar Graphs of Urban Street Patterns", *Physical Review E*, Vol. 73, No. 6, 2006, pp. 1-8.

Castells M., *The Rise of the Network Society*, Oxford: Blackwell, 1996.

Cook L. M., Munnell A. H., "How does Public Infrastructure Affect Regional Economic Performance?", *New England Economic Review*, Issue 9, 1990, pp. 11-33.

Cooke P., Schienstock G., "Structural Competitiveness and Learning Regions", *Enterprise and Innovation Management Studies*, Vol. 1, No. 3, 2000, pp. 265-280.

Corden W. M., Neary J. P., "Booming Sector and De-industrialisation in a Small Open Economy", *The Economic Journal*, Vol. 92, No. 368, 1982, pp. 825-848.

Dai L., Derudder B., Liu X., "The Evolving Structure of the Southeast Asian Air Transport Network through the Lens of Complex Networks, 1979-2012", *Journal of Transport Geography*, Vol. 68, 2018, pp. 67-77.

DeBresson C., Amesse F., "Networks of Innovators: A Review and Introduction to the Issue", *Research Policy*, Vol. 20, No. 5, 1991, pp. 363-379.

Ding R., Fu J., Du Y., et al., "Structural Evolution and Community Detection of China Rail Transit Route Network", *Sustainability*, Vol. 14, No. 19, 2022, pp. 1-19.

Donaldson D., "Railroads of the Raj: Estimating the Impact of Transportation Infrastructure", *American Economic Review*, Vol. 108, No. 4/5, 2018, pp. 899-934.

Donaldson D., Hornbeck R., "Railroads and American Economic Growth: A 'Market Access' Approach", *The Quarterly Journal of Economics*, Vol. 131, No. 2, 2016, pp. 799-858.

Donnelly R., "Aligning Knowledge Sharing Interventions with the Promotion of Firm Success: The Need for SHRM to Balance Tensions and Challenges", *Journal of Business Research*, Vol. 94, 2019, pp. 344-352.

Elburz Z., Cubukcu K. M., "Spatial Effects of Transport Infrastructure on Regional Growth: The Case of Turkey", *Spatial Information Research*, Vol. 29, No. 1, 2021, pp. 19-30.

Ezeala-Harrison F., "Structural Re-Adjustment in Nigeria: Diagnosis of Severe Dutch Disease Syndrome", *American Journal of Economics and Sociology*, Vol. 2, No. 52, 1993, pp. 193-208.

Faggini M., Bruno B., Parziale A., "Crises in Economic Complex Networks: Black Swans or Dragon Kings?", *Economic Analysis and Policy*, Vol. 62, 2019, pp. 105-115.

Fagiolo G., Mastrorillo M., "International Migration Network: Topology and Modeling", *Physical Review E*, Vol. 88, No. 1, 2013, pp. 1-11.

Fan C. C., "China on the Move: Migration, the State, and the Household", *Journal of Regional Science*, Vol. 50, No. 3, 2007, pp. 797-798.

Farhadi M., "Transport Infrastructure and Long-run Economic Growth in OECD Countries", *Transportation Research Part A: Policy and Practice*, Vol. 74, 2015, pp. 73-90.

Farzanegan M. R., "Resource Wealth and Entrepreneurship: A Blessing or A Curse?", Available at Bepress, http://works.bepress.com/mr_farzanegan/22, 2012.

Feng Z., Cai H., Chen Z., et al., "Influence of an Interurban Innovation Network on the Innovation Capacity of China: A Multiplex Network Perspective", *Technological Forecasting and Social Change*, Vol. 180, 2022, pp. 1-14.

Frankel J. A., "The Natural Resource Curse: A Survey", National Bureau of Economic Research Working Paper 15836, 2010.

Freeman C., "Networks of Innovators: A Synthesis of Research Issues", *Research Policy*, Vol. 20, No. 5, 1991, pp. 499-514.

Freeman D., "The 'Resource Curse' and Regional US Development", *Applied Economics Letters*, Vol. 16, 2009, pp. 527-530.

Frenken K., Van Oort F., Verburg T., "Related Variety, Unrelated Variety and Regional Economic Growth", *Regional Studies*, Vol. 41, No. 5, 2007, pp. 685-697.

Friedmann J., "The World City Hypothesis", *Development and Change*, Vol. 17, No. 1, 1986, pp. 69-83.

Frost I. L., "Re-examining the Relationship: Urban Economic Performance and External Economies", *R-economy*, Vol. 3, No. 3, 2017, pp. 130-138.

Gan C., Voda M., Wang K., et al., "Spatial Network Structure of the Tourism Economy in Urban Agglomeration: A Social Network Analysis", *Journal of Hospitality and Tourism Management*, Vol. 47, 2021, pp. 124-133.

Gerard B., "A Natural Resource Curse: Does it Exist within the United States?", CMC Senior Theses Paper 158, 2011.

Glaeser E. L., Ponzetto G. A. M., Zou Y., "Urban Networks: Connecting Markets, People, and Ideas", *Papers in Regional Science*, Vol. 95, No. 1, 2016, pp. 17-59.

Gregory R. G., "Some Implications of the Growth of the Mineral Sector", *The Australian Journal of Agricultural Economics*, Vol. 20, No. 2, 1976, pp. 71-91.

Gylfason T., "Natural Resources, Education, and Economic Development", *European Economic Review*, Vol. 45, No. 4-6, 2001, pp. 847-859.

Habakkuk H. J., *American and British Technology in the Nineteenth Century: The Search for Labour Saving Inventions*, Cambridge: Cambridge University Press, 1962.

Haggett P., Chorley R. J., *Network Analysis in Geography*, London: Edward Arnold, 1969.

Hartwick J., "Intergenerational Equity and the Investing of Rents from Exhaustible Resources", *American Economic Review*, Vol. 67, No. 5, 1977, pp. 972-991.

Havro G., Santiso J., "To Benefit from Plenty: Lessons from Chile and Norway", OECD Development Centre, Policy Brief, No. 37, 2008.

Herbertsson T. T., Skuladottir M., Zoega G., *Three Symptoms and a Cure: A Contribution to the Economics of the Dutch Disease*, London: Centre for Economic Policy Research, 2000.

Hidalgo C. A., "Economic Complexity Theory and Applications", *Nature Reviews Physics*, Vol. 3, No. 2, 2021, pp. 92-113.

Hidalgo C. A., Klinger B., Barabasi A. L., et al., "The Product Space Conditions the Development of Nations", *Science*, Vol. 317, No. 5837, 2007, pp. 482-487.

Hilmersson F. P., Hilmersson M., "Networking to Accelerate the Pace of SME Innovation", *Journal of Innovation & Knowledge*, Vol. 6, No. 1, 2021, pp. 43-49.

Hotelling H., "The Economics of Exhaustible Resources", *Journal of Political Economy*, Vol. 39, No. 2, 1931, pp. 137-175.

Huang Y., Hong T., Ma T., "Urban Network Externalities, Agglomeration Economies and Urban Economic Growth", *Cities*, Vol. 107, 2020, pp. 1-15.

Huggins R., Thompson P., "A Network-based View of Regional Growth", *Journal of Economic Geography*, Vol. 14, No. 3, 2014, pp. 511-545.

Humphreys M., Sachs J. D., Stiglitz J. E., et al., *Escaping the Resource Curse*, New York: Columbia University Press, 2007.

Imbert C., Seror M., Zhang Y., et al., "Migrants and Firms: Evidence from China", *American Economic Review*, Vol. 112, No. 6, 2022, pp. 1885-1914.

Iori G., Mantegna R. N., "Empirical Analyses of Networks in Finance", *Handbook of Computational Economics*, Vol. 4, 2018, pp. 637-685.

Jin Y., Shao Y., "Power-leveraging Paradox and Firm Innovation: The Influence of Network Power, Knowledge Integration and Breakthrough Innovation", *Industrial Marketing Management*, Vol. 102, 2022, pp. 205-215.

Kaluza P., Kölzsch A., Gastner M. T., et al., "The Complex Network of Global Cargo Ship Movements", *Journal of the Royal Society Interface*, Vol. 7, No. 48, 2010, pp. 1093-1103.

Karlsson C., Westin L., "Patterns of a Network Economy—An Introduction", in Johansson B., Karlsson C., Westin L. (eds.), *Patterns of a Network Economy*, Berlin, Heidelberg: Springer Press, 1994.

Ke X., Lin J. Y., Fu C., et al., "Transport Infrastructure Development and Economic Growth in China: Recent Evidence from Dynamic Panel System-gmm Analysis", *Sustainability*, Vol. 12, No. 14, 2020, pp. 1-22.

Koschatzky K., "Innovation Networks of Industry and Business-Related Services—Relations between Innovation Intensity of Firms and Regional Inter-Firm Cooperation", *European Planning Studies*, Vol. 7, No. 6, 1999, pp. 737-757.

Krätke S., "Regional Knowledge Networks: A Network Analysis Approach to the Interlinking of Knowledge Resources", *European Urban and Regional Studies*, Vol. 17, No. 1, 2010, pp. 83-97.

Kurant M., Thiran P., "Extraction and Analysis of Traffic and Topologies of Transportation Networks", *Physical Review E*, Vol. 74, No. 3, 2006.

Lai J. , Pan J. , "China's City Network Structural Characteristics Based on Population Flow during Spring Festival Travel Rush: Empirical Analysis of 'Tencent Migration' Big Data", *Journal of Urban Planning and Development*, Vol. 146, No. 2, 2020, pp. 1-14.

Lange G. M. , Wright M. , "Sustainable Development in Mineral Economies: The Example of Botswana", *Environment and Development Economics*, Vol. 9, 2004, pp. 485-505.

Larson A. , "Network Dyads in Entrepreneurial Settings: A Study of the Governance of Exchange Relationships", *Administrative Science Quarterly*, Vol. 37, No. 1, 1992, pp. 76-104.

Latora V. , Marchiori M. , "Is the Boston Subway a Small-world Network?", *Physica A: Statistical Mechanics and its Applications*, Vol. 314, No. 1-4, 2002, pp. 109-113.

Leite E. , "Innovation Networks for Social Impact: An Empirical Study on Multi-actor Collaboration in Projects for Smart Cities", *Journal of Business Research*, Vol. 139, 2022, pp. 325-337.

Liu C. , Niu C. , Han J. , "Spatial Dynamics of Intercity Technology Transfer Networks in China's Three Urban Agglomerations: A Patent Transaction Perspective", *Sustainability*, Vol. 11, No. 6, 2019, pp. 1-24.

Liu J. , Fang Y. , Chi Y. , "Evolution of Innovation Networks in Industrial Clusters and Multidimensional Proximity: A Case of Chinese Cultural Clusters", *Heliyon*, Vol. 8, No. 10, 2022, pp. 1-10.

Maloney W. F. , "Missed Opportunities: Innovation and Resource-Based Growth in Latin America", *Economia*, Vol. 3, No. 1, 2002, pp. 111-167.

Manzano O. , Gutiérrez J. D. , "The Subnational Resource Curse: Theory and Evidence", *The Extractive Industries and Society*, Vol. 6, No. 2, 2019, pp. 261-266.

Matsuyama K. , "Agricultural Productivity, Comparative Advantage and Economic Growth", *Journal of Economic Theory*, Vol. 58, 1992, pp. 317-334.

Mauro P. , "Corruption and Growth", *Quarterly Journal of Economics*, Vol. 90, 1995, pp. 681-712.

Meijers E. , "Polycentric Urban Regions and the Quest for Synergy: Is a Network of Cities more than the Sum of the Parts?", *Urban Studies*, Vol. 42, No. 4, 2005, pp. 765-781.

Mitchell J. C. , *Social Networks in Urban Situations: Analyses of Personal Relationships in Central African Towns*, Manchester: Manchester University Press, 1969.

Mueller M. , "A Half-hearted Romance? A Diagnosis and Agenda for the Relationship between Economic Geography and Actor - network Theory (ANT) ", *Progress in Human Geography*, Vol. 39, No. 1, 2015, pp. 65-86.

Murshed S. M. , Serino L. A. , "The Pattern of Specialization and Economic Growth: The Resource Curse Hypothesis Revisited", *Structural Change and Economic Dynamics*, Vol. 22, 2011, pp. 151-161.

Neffke F. , Henning M. , Boschma R. , "How do Regions Diversify over Time? Industry Relatedness and the Development of New Growth Paths in Regions", *Economic Geography*, Vol. 87, No. 3, 2011, pp. 237-265.

Nieto M. J. , Santamaría L. , "The Importance of Diverse Collaborative Networks for the Novelty of Product Innovation", *Technovation*, Vol. 27, No. 6-7, 2007, pp. 367-377.

Nonaka I. , Takeuchi H. , *The Knowledge-creating Company: How Japanese Companies Create the Dynamics of Innovation*, New York: Oxford University Press, 1995.

Orihuela J. C. , Mendieta A. , Pérez C. , et al. , "From Paper Institutions to Bureaucratic Autonomy: Institutional Change as a Resource Curse Remedy", *World Development*, Vol. 143, 2021, pp. 1-12.

Pain K. , Van Hamme G. , Vinciguerra S. , et al. , "Global Networks, Cities and Economic Performance: Observations from an Analysis of Cities in Europe and the USA", *Urban Studies*, Vol. 53, No. 6, 2016, pp. 1137-1161.

Pan J. , Lai J. , "Spatial Pattern of Population Mobility among Cities in China: Case Sudy of the National Day Plus Mid-Autumn Festival Based on Tencent Migration Data", *Cities*, Vol. 94, 2019, pp. 55-69.

Papyrakis E. , Gerlagh R. , "Resource Abundance and Economic Growth in the United States", *European Economic Review*, Vol. 51, 2007, pp. 1011-1039.

Pan F., Bi W., Lenzer J., et al., "Mapping Urban Networks through Inter-firm Service Relationships: The Case of China", *Urban Studies*, Vol. 54, No. 16, 2017, pp. 3639-3654.

Papyrakis E., Gerlagh R., "The Resource Curse Hypothesis and Its Transmission Channels", *Journal of Comparative Economics*, Vol. 32, No. 1, 2004, pp. 181-193.

Patrick G., Greg M., "Resource Booms and Crime: Evidence from Oil and Gas Production in Colorado", *Resource and Energy Economics*, Vol. 54, 2018, pp. 37-52.

Perks H., Kahn K., Zhang C., "An Empirical Evaluation of R&D-marketing NPD Integration in Chinese Firms: The Guanxi Effect", *Journal of Product Innovation Management*, Vol. 26, No. 6, 2009, pp. 640-651.

Petraite M., Mubarak M. F., Rimantas R., et al., "The Role of International Networks in Upgrading National Innovation Systems", *Technological Forecasting and Social Change*, Vol. 184, 2022, pp. 1-10.

Ravasz E., Barabási A. L., "Hierarchical Organization in Complex Networks", *Physical Review E*, Vol. 67, No. 2, 2003, pp. 1-7.

Sachs J. D., Warner A. M., "Natural Resource Abundance and Economic Growth", NBER Working Paper 5398, 1995.

Sachs J. D., Warner A. M., "Natural Resources and Economic Development: The Curse of Natural Resources", *European Economic Review*, No. 45, 2001, pp. 827-838.

Sachs J. D., Warner A. M., "The Big Push, Natural Resource Booms and Growth", *Journal of Development Economics*, Vol. 59, 1999, pp. 43-76.

Sala-I-Martin X., Subramanian A., "Addressing the Natural Resource Curse: An Illustration from Nigeria", *Journal of African Economies*, Vol. 22, No. 4, 2013, pp. 570-615.

Sassen S., *The Global City*, New York: Princeton University Press, 1991.

Scott J., "Social Network Analysis: Developments, Advances, and Prospects", *Social Network Analysis and Mining*, Vol. 1, No. 1, 2011, pp. 21-26.

Şerban A. C., Aceleanu M. I., Dospinescu A. S., et al., "The Impact of EU Immigration on Economic Growth through the Skill Composition Channel", *Technological and Economic Development of Economy*, Vol. 26, No. 2, 2020, pp. 479-503.

Sharma C., Paramati S. R., "Resource Curse versus Resource Blessing: New Evidence from Resource Capital Data", *Energy Economics*, Vol. 115, 2022, pp. 1-12.

Singh R., Chandrashekar D., Hillemane B. S. M., et al., "Network Cooperation and Economic Performance of SMEs: Direct and Mediating Impacts of Innovation and Internationalisation", *Journal of Business Research*, Vol. 148, 2022, pp. 116-130.

Song G., Yang J., "Measuring the Spatiotemporal Variation and Evolution of Transport Network of China's Megaregions", *Journal of Geographical Sciences*, Vol. 26, No. 10, 2016, pp. 1497-1516.

Stijns J. C., "Natural Resource Abundance and Economic Growth Revisited", *Resources Policy*, Vol. 30, 2005, pp. 107-130.

Sun M., Zhang X., Zhang X., "The Impact of a Multilevel Innovation Network and Government Support on Innovation Performance—An Empirical Study of the Chengdu-Chongqing City Cluster", *Sustainability*, Vol. 14, No. 12, 2022, pp. 1-17.

Taylor P. J., "Specification of the World City Network", *Geographical Analysis*, Vol. 33, No. 2, 2001, pp. 181-194.

Teng T., Cao X., Chen H., "The Dynamics of Inter-firm Innovation Networks: The Case of the Photovoltaic Industry in China", *Energy Strategy Reviews*, Vol. 33, 2021, pp. 1-9.

Thorelli H. B., "Networks: Between Markets and Hierarchies", *Strategic Management Journal*, Vol. 7, No. 1, 1986, pp. 37-51.

Tornell A., Lane P., "Voracity and Growth", *American Economic Review*, Vol. 89, 1999, pp. 22-46.

UNDP, "Meeting the Challenge of the Resource Curse: International Experiences in Managing the Risks and Realising the Opportunities of Non-Renewable Natural Resource Revenues", Available at ODI, https://cdn.odi.

org/media/documents/839. pdf, 2006.

Van der Ploeg F., Poelhekke S., "Volatility and the Natural Resource Curse", *Oxford Economic Papers*, Vol. 61, No. 4, 2009, pp. 727-760.

Wang C., Lizardo O., Hachen D. S., "Using Big Data to Examine the Effect of Urbanism on Social Networks", *Journal of Urban Affairs*, Vol. 43, No. 1, 2021, pp. 40-56.

Wang G., Li Y., Zuo J., et al., "Who Drives Green Innovations? Characteristics and Policy Implications for Green Building Collaborative Innovation Networks in China", *Renewable and Sustainable Energy Reviews*, Vol. 143, 2021, pp. 1-13.

Wang J., Cao X., "Evolution Process and Simulation of Advanced Equipment Manufacturing Innovation Network Based on Intelligent System", *Big Data*, Vol. 10, No. 3, 2022, pp. 204-214.

Wei G. D., Li X. M., "The Spatial Spillover Effect of High Speed Railway on the Beijing-Shanghai HSR Economic Zone", Proceedings of the 2018 7th International Conference on Energy and Environmental Protection (ICEEP 2018), 2018.

Xu S., Wang F., Wang K., "Evaluation and Optimization Analysis of High-speed Rail Network Structure in Northeast China under the Background of Northeast Revitalization", *Regional Sustainability*, Vol. 2, No. 4, 2021, pp. 349-362.

Yin J., Soliman A., Yin D., et al., "Depicting Urban Boundaries from a Mobility Network of Spatial Interactions: A Case Study of Great Britain with Geo-located Twitter Data", *International Journal of Geographical Information Science*, Vol. 31, No. 7, 2017, pp. 1293-1313.

Zhang W., Chong Z., Li X., et al., "Spatial Patterns and Determinant Factors of Population Flow Networks in China: Analysis on Tencent Location Big Data", *Cities*, Vol. 99, 2020, pp. 1-13.

Zhu S., Guo Q., He C., "Strong Links and Weak Links: How do Unrelated Industries Survive in an Unfriendly Environment?", *Economic Geography*, No. 2, 2021, pp. 1-23.

后　　记

　　资源型地区作为中国的重要能源、原材料基地，为国家经济社会发展做出了突出贡献。但资源型地区也面临可持续发展难题，资源型地区经济转型备受实践界和理论界关注。"资源诅咒"与资源型地区经济转型的文献丰富，本书最初尝试从区域开放的角度研究资源型地区经济转型问题，在前期准备中发现，区域网络是当前区域经济学、经济地理学研究区际关系的前沿理论与方法。因此，在2018年，以"多维区域网络视角下经济发展不平衡与资源型地区经济转型研究"为题申请获批了国家社科基金项目（批准号：18BJL081）。本书是此项国家社科基金项目的最终成果，项目于2018年6月立项，2023年6月结项，历时五年。

　　本书包括八章内容，由本人及研究生共同完成，具体分工如下。第一章为导论，主要由赵康杰完成；第二章为区域网络与资源型地区经济转型的文献述评，主要由边云涛、李娜、王娜、刘育波、武曦、崔丽珍、赵亚男、付昕昱、彭凯文等完成；第三章为多维区域网络视角下"资源诅咒"与资源型地区经济转型的理论框架，主要由赵康杰、边云涛完成；第四章为交通基础设施缓解资源型地区"资源诅咒"研究，主要由李娜完成；第五章为构建中国人口跨省流动网络分析资源型地区人口流失问题，主要由武曦、刘星晨完成；第六章为构建创新合作网络、创业关联网络分析资源依赖对创新能力、创业活力的影响，"创新"部分由彭亚兰、吴亚君、赵亚男完成，"创业"部分由李娜完成；第七章为构建产业空间关联网络分析资源型地区产业逆向演进与锁定，主要由边云涛完成；第八章为政策建议，主要由赵康杰及各位研究生共同完成。最后，由赵康杰完成统稿工作。

　　在课题研究过程中，在《科研管理》《华东经济管理》《城市发展研究》《城市问题》《经济问题》等核心刊物围绕创新合作网络、高铁网络、创业活力、资源型地区产业转型等发表论文7篇；利用第四次经济普查数据，构建全国产业空间关联网络，分析资源型地区的优势产业与转型路径，形成的政策建议得到地方省委、省政府领导批示及相关部门采纳；7名研究生通过参与课题研究，撰写学位论文毕业，其中3人获得年度山西省优秀学位论文。

感谢山西财经大学资源型经济转型协同创新中心、资源型经济转型发展研究院对课题研究、本书出版的大力支持。也向边云涛、李娜、吴亚君、王娜、刘育波、彭亚兰、武曦、刘星晨、崔丽珍、赵亚男、彭凯文、付昕昱等参与课题研究、参与书稿写作的各位研究生表示感谢。另外，在课题研究、本书出版过程中，也得到了山西财经大学博士生导师景普秋教授、资源型经济转型发展研究院任建辉博士、山西省社会科学院刘晓明副研究员、农工党山西省委会参政议政部董泽琼的指导和帮助，他们的智慧和灵感也是研究得以有效开展的重要思想来源。

本书是基于区域网络视角研究资源型地区经济转型的尝试之作，尚存在一些不足之处。比如本人及研究生涉足区域网络研究不深，只是使用社会网络分析软件分别研究人口流动、创新合作、创业关联、产品空间等网络，多维区域网络间关系尚缺乏研究。本人将在后续对区域网络的研究中不断加以改进和完善。

当前，在加快推进中国式现代化背景下，促进区域协调发展、高质量发展为资源型地区经济转型提供了机遇，也为新时代研究资源型地区经济转型提供了广阔空间，本书只是从区域网络视角为资源型地区经济转型研究提供了初步参考，以期更多同仁参与资源型地区转型发展研究，形成更多、更好的学术成果。

赵康杰
2023年9月